初めて学ぶ人のための
経済入門

鳴瀬成洋・飯塚信夫 共編

［改訂版］

培風館

執筆者一覧

第 1 章	玉井義浩，中西勇人
第 2 章	玉井義浩，大滝英生
第 3 章	品川俊介
第 4 章	清水俊裕，飯塚信夫
第 5 章	五嶋陽子
第 6 章	小川　浩
第 7 章	酒井良清
第 8 章	西村陽一郎
第 9 章	比佐章一
第 10, 13 章	鳴瀬成洋
第 11 章	松村　敏，谷沢弘毅
第 12 章	松村　敏，飯塚信夫
第 14 章	川村哲也

本書の無断複写は，著作権法上での例外を除き，禁じられています。
本書を複写される場合は，その都度当社の許諾を得てください。

改訂版はしがき

　本書初版は，大学で初めて経済学を学ぶ学生のための入門書として，初年次教育に大きな貢献をしてきました。このたび，その改訂版を刊行することになりました。改訂版も経済学教育について初版の考え方を継承しています。すなわち，経済学を学ぶにあたり，経済理論の基礎を理解することはもとより，とりわけ日本経済の制度や実態，歴史についての基礎知識を持つことが必要である，ということを基本姿勢として，各章とも執筆されています。

　改訂版は，大学における半期14回の授業に合わせ，14章構成としました。第1章から第4章では，ミクロ経済学，マクロ経済学の基礎を学びます。第5章から第10章は，現代経済の主要な構成要素である財政，社会保障，金融，企業，労働市場，国際経済について基礎的知識を得ることを目的としています。第11・12章では，戦後日本経済の歴史，第13章では，戦後世界経済の展開について概観します。第14章では，経済学の歴史的展開が描かれます。この章から多様な経済学があることを知ることができるでしょう。

　本書初版を上梓したのが2010年ですから，改訂版刊行まで11年といういささか長い時間が経過しました。この間，日本経済，世界経済とも，大きな変化を経験しました。2008年のリーマン・ショックを契機に世界同時不況が発生し，その影響は日本経済にとっても，当初の予想を超える大きなものとなりました。2011年3月11日，死者15899人，行方不明者2526人（2021年3月1日時点）の被害を出した東日本大震災が発生し，日本経済は甚大な打撃を受けました。2012年末に安倍晋三が首相に返り咲き，「アベノミクス」という独自の経済政策が実行されました。また，安倍政権のもとで「働き方改革」が始まりました。世界経済に目を向けると，2016年にはアメリカで，既成勢力に対する民衆の不満がトランプを大統領に押し上げました。また，アメリカは，中国の急速な台頭に警戒を強め，米中対立が深まっています。改訂版ではこうした最近の出来事についてもなるべく盛り込むようにしました。ただ，新型コロナウィルス感染拡大の日本経済および世界経済への影響や，脱炭素化に向けての世界的潮流などの問題については扱うことができませんでした。これらの問題は，次回の改訂に委ねたいと思います。

　経済学には，「需要」「供給」「貨幣」「労働」「資本」など，私たちが日常的に使い，何となく知っている言葉が頻繁に出てきます。にもかかわらず，経済学がとっつきにくいのは，それが一つの学問として，厳密さと体系性をもって組み立てられているからです。効率的で明解な説明をするために，数式が使われるのが珍しくないこともその理由の一つでしょう。この点に関し，経済学者の都留重人（1912～2006年）は次のように述べています。「越えなければならないハードルをはっきりさせていけば，経済学もけっしてむずかしいものではない」（『経済学はむずかしくない』講談社現代新書，1964年，5ページ）。みなさんが本書を越えるべき最初のハードルとして設定してじっくり読み，経済学の基礎を理解し，より専門的な学習に進んでいくことを期待します。

　改訂版は神奈川大学経済学部に勤務する教員が中心となって作成しましたが，「第8章　企業のマネジメント」については，中央大学商学部の西村陽一郎先生に執筆していただきました。西村先生には，勤務先が変わり慌ただしい中で第8章をご執筆いただいたことに，心より感謝申し上げます。

　改訂版を作成する計画が具体化したのは，2018年の後半からです。2010年から初版を用いて「経済入門」の授業を行ってきた経験と反省から，執筆者全員で各章の内容を検討し，各章の原稿を読んで意見交換をしてきました。当初は改訂版刊行に向けて順調に作業が進んでいましたが，2020年4月以降，新型コロナウィルス感染拡大の影響で，対面でこうした作業を行うことは不可能になり，編集は著しく遅滞しました。このような中で出版に向けて迅速に作業を行っていただいた，培風館の山本新さんに御礼申し上げます。

2021年3月　東日本大震災10年

鳴瀬成洋
飯塚信夫

目　　次

第1章

経済学の役割

本章のねらい　経済学を学び，経済現象の背後に貫徹する法則を理解するには，さまざまな意味において客観的なものの見方が必要です。

　本書の冒頭にあたり，この章ではまず，大学での本格的で専門的な経済学の学習および経済現象の理解のために必要な視点とは何かを紹介した上で，本書全体の構成と概要を紹介します。

1.1　経済学を学び始めるにあたって

　経済学は，前提の多い学問です。読者のみなさんは「○○という前提，△△という前提，□□という前提，××という前提の下では☆☆が成り立つ」というような説明にたびたび出会うことでしょう。そんな世界があるのだろうか，と思う読者がほとんどでしょう。そして，その前提が本当に正しいのか否かについて，ほとんどの教科書では例が与えられているだけで，実証実験の結果は与えられません。このことは，初学者にとっては受け入れがたいものだと思います。中学校の数学の文章題のような，現実にはほとんど起きないし，考えなくても良い問題のように感じるかもしれません。しかし，複雑な現象について考察するためには，簡単化された設定の下での丁寧な考察が必要です。建築などにおいて，私たちの生活にさまざまな恩恵をもたらしている力学も，はじめはとても単純な物体の運動から考察が始まります。たとえば，中学校において，物体の運動についての学習は静止した物体の観察とその理解から始まったでしょう。ボールを平面に置いて1秒後にボールがどの位置にあるのか予測できなければ，複数の建材からなる建築物のふるまいも予測できないでしょう。たしかに，なんとなく建築物のふるまいは予測できるかもしれませんが，大地震のような普段体験しない自然災害に耐えられる建築物を設計することは容易でないはずです。これは経済現象の考察においても同じことです。ですから，簡

単化された設定の下で，しっかり自分の頭の中に世界を描き，思考実験を繰り返すことで，複雑な社会現象を考察するための体力を培ってください。

1.2　資源の有限性・希少性と経済学固有の役割

1.2.1　資源の有限性・希少性

　私たちは，常に資源の有限性・希少性という制約に直面しています。ここで問題となっている「資源の有限性」とは，「現在この宇宙にどれだけの物質が存在するか」という問題ではなく，「一定時間，たとえば今日 1 日の間に利用できる資源がどれだけか」という問題です。そして，経済学でいう「資源」とは，「生産に用いられる要素」を意味し，人々の労働や資金，時間などを含んだ幅広い概念です。

　このような意味で捉えた資源については，その「有限性」を超えることは不可能です。読者の中には，宇宙開発によって将来的には，人類にとって利用可能な資源は事実上，無尽蔵となり，資源の有限性など問題にならなくなるのではないか，という疑問を抱く人もいるかもしれません。現にアメリカには，火星を百年単位の時間をかけて生命に都合の良い環境をもつ星に改造し，地球から溢れる人口を移住させる，という計画（Terra Forming）を提唱する科学者のグループが存在します。火星改造を例に資源の有限性・希少性という制約を考えてみましょう。

　　　A を選べば B を選べなくなる　　火星全体の環境の改造には実に多大な科学者・技術者の知恵，人々の労力，桁外れの国家予算の投入が必要となります。しかし，それだけの予算や人的資源があるなら，それらを，地球を住み良い星にするための技術の開発や途上国の医療改善等に振り向けてはどうでしょうか。それで地球が住みよくなれば，わざわざ人類が地球を脱出する必要はなくなります。

　つまり，火星の改造のために科学者の知恵や人々の労力や国家予算といった資源が投入されるということは，その裏で，人類のために有用な他の活動のためにそれらの資源を用いることが，できなくなることを意味します。「火星も地球も，両方とも住みよい星にする方策があるはずだ。それが科学の進歩というものだ。」という反論があるかもしれませんが，一人の科学者が同時に二つの実験や研究を行うのは不可能です。

　「ならば科学者の数を 2 倍にすればよい」と反論する向きもあるでしょうが，仮に科学者の数を倍に増やせたとしても，その分，今度は他の仕事をする人の数が減ってしまい，別の経済活動が疎かになってしまいます。結局，われわれ

はどれほどあがいても，何かを行うと別の何かを行えなくなる，という事態を免れず，資源の有限性を打破できないのです。

1.2.2 経済学固有の役割

そこで，経済学の出番となります。われわれがより良い生活を送るためには，宇宙開発だけでなく，衣・食・住に関する財の生産や，さまざまなサービス（商業・運輸・医療・法曹サービスなど）も必要です。将来の技術開発のための基礎科学の研究も必要ですし，人間には物質的豊かさのみならず芸術への渇望もあります。

社会を維持発展させるこれらの諸活動を，われわれは「資源の有限性」という制約の中で行わなければなりません。そこで，人々がより幸福になるために，限られた資源をどの活動にどれだけ振り分けるべきかという，資源配分のバランスが問題となります。資源の有限性・希少性という制約の下で，人々がより幸福になるために，ある意味で望ましい幸福の水準を達成するための資源配分とは何か，それを実現するにはどのような制度が必要か，を追求するのが経済学なのです。望ましい幸福の水準という言葉の考え方には，人々の幸福の最大化，不幸の最小化，幸福度の平等化，最も不幸な人の幸福度をできるだけ高いものにする，などさまざまな考え方があります。

幸福の水準の測り方　各々の幸福を数量的に測る方法を決めておくと，政策や社会の望ましさを数の大小関係で判断できるので便利です。幸福をどのように測るかという問題に正解は存在しません。しかし，幸福のようなものを数量として測ることが目的であれば，技術的に計算しやすい測り方をすることが賢明です。ここでは，経済学でしばしば用いられる幸福を測るための基本的な概念を紹介します。財（たとえばパン）を買うのに支払ってもよいと各々の消費者が思っている金額を支払意思額といいます。財の価格が支払意思額よりも低ければ消費者は財を購入しますが，「支払意思額よりも安かった分（すなわち支払意思額と実際の価格の差）」得をしたと感じるでしょう。これを社会における消費者全員に関して足し合わせたものを消費者余剰と呼びます。同様に，財（たとえばパン）を売るのに，その価格で売れるなら生産しても良いと各々の生産者が思っている額を受取許容額（意思額）といいます。財が受取許容額よりも高い価格で売れるなら生産者は財を生産しますが，「受取許容額よりも高かった分（すなわち実際の価格と受取許容額の差）」財を売る（生産する）ことで生産者は得をしたと感じるでしょう。これを社会における生産者全員に関して足し合わせたものを生産者余剰と呼びます。このほかにも，経済学において幸福感のようなものを測るための概念として厚生というものがあります。

経済学では各経済主体（個人・企業・政府など）が生産や消費について実際に行っている選択によって，有限な資源が，人々の幸福の水準を最大化するた

めに無駄なく利用・配分されるのか，が問題となります。次の項では，この選択がどうあるべきかに関して考慮すべきことを述べます。

1.2.3　選択・便益・費用

前項の議論を二つの命題にまとめましょう。

命題1：一定の時間内に利用可能な資源は，有限である。

命題2：あることを選択すると，別の選択はあきらめざるを得なくなる。

命題2はひとことでいえば，あちら立てればこちらが立たず，というトレードオフ（trade off）関係を表しているともいえますが，重要なのは，一つの選択が必ず他のあらゆる選択を不可能にするという点です。

「そんな馬鹿な。あれもこれも選択できるはずだ」，と疑問を抱く人もいるかもしれません。たとえば1.2.1項の「火星改造」をめぐる議論において，「火星改造」にも「地球環境保全」にも人や資金を割くという選択です。

しかし，このような「両掛け」は，二つの対象の選択ではなく，「どちらにも少しずつしか人や資金を割かない」という一つの対象の選択なのです。「両掛け」を選択すると，「地球環境保全（あるいは火星改造）により多く人や資金を割く」という選択はあきらめざるを得ないのですから，やはり命題2が貫徹するのです。

客観的なものの見方に基づく意思決定（その1）　「火星改造への専念」を選択するにせよ「地球環境改善への専念」を選択するにせよ「両掛け」を選択するにせよ，複数ある選択肢の中から一つを選択し，その他をあきらめるという選択ですし，私たちの経済行動は常にこの連続です。しかも，資源の有限性より，可能な選択の範囲は限られています。「国の予算で立派な道路も立派な介護施設も作ってもらって，しかも税負担はタダにしてほしい」というような虫の良い話はこの世の中には存在しないのです。ならば，あれもこれもという「虫の良い話」にしがみつくのではなく，選ぶことのできない選択肢は，いさぎよくあきらめ，選べる対象の中での最善のものを選ぼう，と次の段階に話を進めるのが，賢明な態度といえます。

費用と便益の比較と，機会費用　選べる対象の中から最善の選択をするには，それぞれの選択の費用（cost）と便益（benefit）の比較が必要です。便益という言葉には馴染みが無いかもしれませんが，費用と比較されるものですから，比較可能である必要があります。そして選択の際に費用を支払うかわりに得られるものが便益です。ですから，正確な定義はミクロ経済学やマクロ経済学の教科書に譲りますが，たとえば，消費者にとっては消費から得られる幸福感をおカネで測ったものだと考えておいてください。先ほど紹介した余剰も便益の概念に含まれる言葉です。選択とは一つの対象を選ぶために他をあきらめるこ

とですから，ある選択の際は単にその選択のために直接かかる費用を考慮するだけでなく「他の選択をあきらめてまでその選択を行うべきか」を考慮する必要があります。これは専門的には機会費用（opportunity cost）を考慮することに相当します。

　たとえば，高校野球で大活躍し注目を集めた選手には，高校卒業後直ちにプロ入りし大きな所得を得る道が開けています。才能に恵まれた選手にとって，大学進学はプロ入りが少なくとも 4 年遅れ，その間に得られたかもしれない年俸をあきらめることを意味します。彼が大学進学すべきかどうかを考える際には，「4 年間の学費に見合った便益が大学進学にあるか」を考えるだけでは十分ではなく，「4 年間の学費を負担した上，プロ入りしたら得られる 4 年間の年俸を棒に振ってまで大学に進学する意味があるか」まで考えるべきです。つまり，プロ選手として稼げるであろう 4 年間の年俸は，大学進学の便益を得るにはあきらめねばならない一種の費用です。この，ある選択(A)により放棄されたもののうち最善の機会から得られたはずの便益のことを，「A の機会費用」と呼びます。高校野球で活躍した選手にとって，高校卒業後直ちにプロ入りしたら得られる 4 年間の年俸は，大学進学の機会費用といえます。

客観的なものの見方に基づく意思決定（その 2）　大学進学のような個人の私生活に関する選択について，仮に機会費用の見込み違いがあったとしても，影響はその個人とその周辺にとどまりますが，巨額の税金の投入に関する選択については影響が国民生活全般に及ぶので，機会費用への配慮はきわめて重要です。巨額の予算を投じる事業についてはどれを選択しても，その遂行は巨大な機会費用を伴い，他の選択肢による便益を得る機会を社会全体から奪うのだという事実を，本来は納税者も政治家も認識すべきなのです。

　しかしこのようなことは，社会全体を見通す視点，あるいは自分自身を客観的に観察する視点をもたないと中々気付かないことです。大の大人でも，利害に関することになると社会全体を見通す視点を失いがちですが，社会経済現象の背後にある法則は，自分との関係で世界を把握する世界観にしがみついていては決して理解できません。経済現象を理解するには，社会と自分の双方を客体化する見方を身に付ける必要があるのです。

経済学的問題設定の副産物　ここまでの議論から，経済学で扱う問題は，制約の下での最大化（最小化）問題としての側面があるといえるでしょう。このような問題を数学の言葉で言うと制約付き最適化問題といいます。これは，政府の行動を考えずとも，あらゆるところに適用可能です。「500 円を財布に入れて持ってきた個人が，昼食に何を買うのか」という，きわめて経済学らしい問題から「試験 1 週間前から試験日までの 7 日間に，試験の合計得点を最大化するために，いったいどの教科を何時間勉強するのか」「箱根駅伝までの 1 年間，

ゴールでの順位をできるだけ上げるために，どの練習をどれだけ行うのか」「限られた予算と自分の偏差値を所与として，できるだけ就職に有利な大学に行くには，どの大学の入試を受験するのか」のような問題も同様の問題構造をしています。したがって，このような制約付き最適化問題について知られている性質は経済学に適用できますし，経済学の問題で明らかになったことは，同様の構造を持った別の問題に適用可能です。ゆえに，経済学の結果の適用範囲はきわめて広いといえるでしょう。また，制約付き最適化問題について理解を深めることは経済学を学ぶ上で大きな助けになることを示唆しています。実際，経済政策から企業の経営戦略，選挙，不法輸入の摘発，環境問題，テレビゲームなど，あらゆる問題に数学や経済学の考え方は適用されています。同時に，数学や経済学もまた，これらの現実的な問題からの要請を受けて発展しています。

1.3　経済活動のサイクルと社会的分業

前節で，経済学の目的が，有限な資源を利用して人々をできるだけ幸福にするための資源配分を追求することにあると述べましたが，この節では経済活動における資源利用の具体的プロセスを一通り概観します。

1.3.1　生産・分配・消費

あらゆる経済活動の中でも最も切実で重要なのは，「生きるために食べる」，つまり食料の「消費」でしょう。人類が食料を得るには，人々の労働や，農地にするための土地，機械をはじめとする生産設備（資本）を投下して食料を生産することが必要です。

この「生産と消費」は，あらゆる経済システムに共通の基本的な経済活動です。ほとんどの人々は，複数の人間で構成される「社会」の中で生き，協力して経済活動を行なっています。そこで，生産活動の成果を，誰にどれだけ分配するのか，という問題が発生します。生産活動の成果は，その生産活動に貢献した経済主体（労働を提供した人，土地や資本（資金）を提供した人）に所得として分配されます。経済活動は，生産活動の成果が所得として分配され，人々はその所得を支出して生産物を消費し，再び生産を行う，という生産→分配→消費の一連のサイクルから成り立っています。

なお，私たちは毎日，食料や衣服など目に見える物（財）に限らず，宅配便を頼み，理容店で散髪し，医療機関を利用するなど，サービスの消費も行なっています。これらのサービスを生み出す行為も，生産活動です。

1.3.2　社会的分業と市場

私たちは毎日，おびただしい種類の財やサービスを消費していますが，その

ほとんどは，自分が生産したものではなく，毎日食べるご飯は稲作農家に，電車に乗るときは鉄道会社の従業員に，病気になれば医師に頼るという具合に，生活に必要な財・サービスのほとんどを他人に依存しています。また，稲作農家や鉄道会社の従業員や医師もまた，生産や消費において他人の生産物に依存しています。このように，現代社会は，人々の生存に必要なさまざまな財・サービスの生産活動を多くの人々で分担し，互いに支えあう社会的分業によって成り立っています。私たちの誰もが，自分では生産できない財・サービスまで消費でき，質・量ともに豊かで高度な文明生活を享受できるのも，ひとえに社会的分業のおかげです。

交換と市場　　社会的分業によって個々人は社会全体の生産活動のごく一部に特化するため，自分が生産する余剰の財やサービスを，他者が生産する財やサービスと交換する必要があります。経済学では，この交換が行われる場（ば）を抽象化して市場（しじょう，market）と呼びます（「いちば」とは読みません）。

　この，交換が行われる「場」とは，目に見える場所である必要もなく，1カ所にまとまっている必要もありません。経済学では同質の財・サービスが取引されている場であれば，どこであろうが，一括りにして捉えます。

交換における貨幣の重要性　　市場におけるあらゆる交換の仲立ちとして，現代の経済では貨幣（おカネ）が用いられます。貨幣が無くても物々交換が可能ですが，たとえば大工さんが物々交換でパソコンを買う場合，「家の修理や建て替えを望んでいる人で，しかもパソコンを売りたがっている人」を見つけるか，何度も物々交換を繰り返すかしないと，パソコンを入手できません。一方，貨幣が決済手段として定着した社会では，大工仕事で得た貨幣でパソコンをすぐに買えます。貨幣は交換において取引相手を探す費用を大幅に軽減する役割を果たしています（貨幣については第7章で詳しく学びます）。

1.3.3　重要な3種類の市場

　社会を形成するさまざまな取引は，図1.1のように主に三つの市場の取引に大別できます。

財・サービスの市場　　まず，一つ目は財・サービスの市場です。ここでは，家計が買手として，売手である企業から財・サービスを買い，対価として，財・サービスの価格に基づいて代金を支払います。この市場で財・サービスの価格がどのように決まるのかについては，第2章で詳しく学びます。

労働市場　　企業は家計に売る財・サービスを生産するために，逆に家計の提供する労働を購入して（雇用して）財・サービスを生産します。この取引の

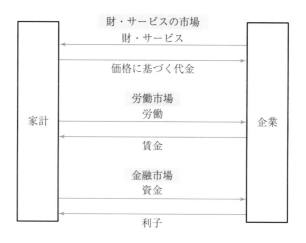

図 1.1　三つの重要な市場

行われる場が労働市場です。労働市場では家計は労働サービスの売手として自分の自由な時間を企業の生産のために提供し，対価として貨金を受け取ります。家計と企業の間の賃金その他労働条件についての取引は，現実にはいわゆる就職活動や転職活動，アルバイトやパートタイマーを企業が募集し個人がそれに応じる，などさまざまな場面で生じますが，これらすべてが「労働市場」での取引とみなされます。労働市場の実態については，第9章で詳しく取り上げます。

**　金融市場**　　企業は財・サービスを生産するため，労働以外にも土地や生産設備を必要とします。これらの生産要素，あるいはその購入や賃借のための元手を資本と呼びます。一方，家計は逆に，働いて得た賃金のすべてを財・サービスの購入（消費）には回さず，一部を老後の備えなどのために貯蓄します。この家計の余剰資金が，資本を必要とする企業へ融通されれば好都合です。家計の余剰資金（貯蓄）を企業へ貸し付け，企業がその対価として，利子を家計に払う，という金融取引が行われる市場を金融市場と呼びます。

**　貨金・利子も一種の「価格」である**　　図 1.1 では，財・サービスの「価格」，労働に対する「賃金」，資本に対する「利子」と，三つの用語を提示しましたが，賃金や利子も，広い意味では「価格」に相当します。すなわち，賃金は，労働につく価格のことであり，利子は資本の提供というサービスにつく価格を意味します。

**　補足**　　なお，図 1.1 では省略されていますが，取引は家計と企業の間だけでなく，企業同士の間でも存在します（企業間取引）。また，第 5 章，第 6 章で学ぶとおり現代の経済では政府部門も重要な取引主体です。さらに，経済活動は国内で完結するものではなく，国際的拡がりをもっています。特に財の多

くや一部のサービス，資本は，国境を簡単に越えて取引されます（第 10 章）。

1.4 本書の構成と内容の概略

　第 1 章を締めくくるにあたり，第 2 章以下の各章の内容と重要な論点を概説
します。

　市場のはたらき（第 2 章）　　第 2 章では二つのテーマを扱います。一つは
市場における財やサービスの価格がどのように決まるか，二つ目は，そうして
決まる「価格」と「取引量」が社会全体の経済厚生をより高めるような資源配
分をどのように実現するか，という問題です。

　現代の日本におけるような資本主義の経済システムでは，売りたいものを売
り，買いたいものを買う自由が基本的に認められていますが，選択を人々が自
由に行うと，不必要な品が大量に生産されてしまったり，必要な品の生産が不
足してしまったりするなどの混乱が生じるおそれがあります。ところが，第二
次世界大戦後 1989 年までの，アメリカとソ連が対峙した冷戦時代には，日本
やアメリカなど市場経済体制をとった資本主義国で豊かな社会が実現した一
方，計画経済体制によって資源配分についての重要な意思決定を一元化したソ
連や東欧など旧社会主義諸国では，基礎的な食料品の入手のためにも人々が長
蛇の列に並ぶ光景が日常化するなど，物不足が常態化していました。人々が自
由に選択を行う市場経済のほうがかえって豊かな社会を実現したのは，市場経
済がもつ，人々の私的利益を社会全体の利益に結びつける見えざる手と呼ばれ
るはたらきによります。見えざる手が機能する鍵となるのが価格とインセン
ティブです。市場で形成される価格には，費用と便益についての情報を伝達す
るはたらきがあります。さらに市場経済では「社会に必要なものを提供した企
業が多くの利潤を得る」ことが認められるため，それが人々にとって勤勉に働
くインセンティブ（誘因）となり，個々人が自分の利益しか考えなくても社会
に必要なものが十分供給されるようになるのです。

　市場の限界（第 3 章）　　資源配分の効率性をもたらす市場経済の見えざる
手が機能するためには，市場がいくつかの前提条件を満たしている必要があり
ます。しかし，現実の経済において，これらの前提条件がすべて満たされると
は限りません。たとえば，市場が独占状態にある場合，公害や感染症のような
市場を介さない影響が経済主体間にある場合，財・サービスに関する情報が市
場参加者に行き渡らない場合などは，市場のメカニズムは十分に機能せず，資
源配分は効率的なものとはなりません。

　その一方で，市場メカニズムが機能していても生じてしまう問題も存在しま

す。経済的な格差や不平等といった所得分配の公平性の問題です。現実の社会には，裕福な家に生まれ，自分の努力とは無関係に豊かな生活をおくることができる人がいる一方で，不慮の事故・病気や災害により経済的に困窮する人もいます。こうした，格差や不平等の問題は，市場に解決を委ねることはできません。

　第 3 章では，このような，市場が機能しないことによって生じる資源配分の問題と，市場が機能していても生じてしまう所得分配の問題について学びます。市場がこうした限界を抱えていることから，その機能を補う政府の役割が重要になってきます。その具体的な内容は第 5 章・第 6 章のテーマとなります。

GDP とは何か（第 4 章）　　第 4 章では，視点を広く取り，一国全体の経済を巨視的に捉えます。1.2 節で経済学の目的が，人々の幸福をより大きくするための資源配分の追求にあると述べましたが，人々の幸せの大小を測ることはできるでしょうか。人々の「幸福感」は多分に主観的で，血圧や体温のように客観的に直接これを測定することはできません。しかし，経済的な幸福感は財やサービスの消費を通じて得られるものですから，生産・分配・消費される財やサービスの量が多ければ，人々がより幸福になる可能性は増すと推測できます。生産・分配・消費される財・サービスの付加価値の大きさについては，国際的に統一された基準で算出される経済指標が整っており，代表的な指標が GDP（Gross Domestic Product：国内総生産）です。第 4 章では，まず，この GDP がどのような性質をもった指標なのかの基本を学びます。

　さらに，GDP がどのように分配されているのか，GDP 成長率がどのような要因で変動しているのか，日本の景気変動を示す「景気動向指数」等を学びます。

財政（第 5 章）　　第 5 章では，政府がどのように市場のはたらきを補完するのかを取り上げます。具体的には，政府の経済活動を意味する財政には資源配分機能，所得再分配機能，経済安定機能の三つの役割があります。資源配分機能は非排除性と非競合性の両方の特徴を有する純粋公共財を中心として供給しますが，いずれか一方の特徴しか有しない準公共財の供給にも関わります。所得再分配機能は，要素市場で決定された所得分配を税制，社会保障制度，ならびに財政調整制度等を利用して所得を再分配します。経済安定機能は財政制度に埋め込まれた自動的作用を踏まえて，景気変動の緩和，雇用の確保，物価の安定，国際収支の均衡と長期的な経済成長のために裁量的財政政策を行います。3 機能を果たす上で必要な財源と支出の内容は予算過程で決められます。日本の国の予算制度を取り上げるとともに，財政状況について省察します。日本の国民負担は他の国々と比較して重いのかについて検証してみます。

社会保障（第 6 章）　　出生から死亡までの間に，人々は貧困，病気，障害，

失業，予想外の長生きなどのさまざまな困難に直面する可能性があります。これらの困難の多くは交換を基本とする市場メカニズムでは解決できませんし，個人や家族の努力による対応にも限界があります。このような困難に対して生活の安定や最低限の生活保障を目指す公的な仕組みを社会保障と呼びます。

　さまざまな困難に対し，どれを社会保障で対応するかの判断は社会によって異なります。病気を例にとると，日本では社会保障に含まれる公的健康保険が基本ですが，アメリカでは民間保険が基本で社会保障に含まれる部分はごく一部です。

　日本の社会保障制度では，さまざまな困難に対して，社会保険，公的扶助，社会福祉，公衆衛生という四つの基本的な公的な枠組みで対応しています。第6章では社会保険と公的扶助を中心に，どのような困難に，どのような仕組みで対応しているかを学びます。

金融（第7章）　　1.3節でみたように，あらゆる市場取引は貨幣（おカネ）を仲立ちにして行われます。そして，社会には，家計が稼いだ所得のうち消費せずに貯蓄する分を，企業など，生産活動のために資金を必要とする部門へ貸し付けるという，金融市場の資金の流れがあります。このような資金の融通を金融と呼びますが，第7章では「おカネとは何か」という問題と金融市場の仕組みについて学びます。

　「おカネとは何かなら，子どものときから知っている。財布の中にあるお札やコインのことだろ？」というのは，実は，大学生の答えとしては失格です。本来のおカネには，お札やコインなどの現金通貨以外のものが含まれ，実はその「現金以外のおカネ」のほうがおカネとしてはずっとウェイトも大きく重要なのです。それが何なのか，また，おカネの創出に関して中央銀行（日本では日本銀行）や一般の金融機関が果たしている役割について，第7章で学びます。

企業のマネジメント（第8章）　　農業や家庭内手工業が生産の主流だった時代とは異なり，現代経済では財・サービスの生産の主体として，法人企業の占める位置が極めて重要となっています。その中でも，大企業が経済社会に与える影響力は非常に大きく，また，大企業の多くは株式会社という形態をとり，内部の組織や外部の利害関係者との関係も非常に複雑になっています。

　このように，生産活動の単位としての企業の重要性から，最近の経済学では企業そのものが固有の分析対象となりつつあります。第8章では，株式会社の仕組みやコーポレート・ガバナンス（経営者の行動と株主の利益を一致させるような仕組み）を学びます。

労働市場（第9章）　　図1.1にみるとおり，財・サービスの生産は家計が労働力を供給することによって行われます。この章では，労働市場での家計と企

業の取引の実態を学びます。

　企業は財・サービスの生産のために労働力を雇うのですから，企業の労働需要（どれだけの人を雇いたいと思うか）の大きさは，財・サービス市場における景気の動向の影響を強く受けることになります。たとえば不況で財・サービスの市場で売行きが悪くなると，企業にとって一部の人手は不要となるため，労働者の解雇・失業者の増加という問題が生じます。

　第 9 章では，失業とは何かを学ぶとともに，現在の日本の労働市場の実態を，景気と失業の動向，男女間の賃金格差や正規雇用と非正規雇用の二極化の問題などのトピックスを交えて現実のデータから捉えます。

　国際経済（第 10 章）　　私たちの経済社会を成り立たせている社会的分業は，一国内で完結するものではなく国際的に広がっており，国際分業を形成しています。貿易や投資などの国際経済取引が行われることにより，社会の生産力はさらに発展し，私たちはいっそうの豊かさを享受することができます。第 10 章では，まず，現実のデータに基づき，日本の貿易の特徴を明らかにします。ここでは，1980 年代以降，日本貿易の構造が大きく変化している点に注目してください。次に，さまざまな国際経済取引を国民経済の観点から体系的に記録した国際収支の仕組みと，最近の日本の国際収支の特徴を解説します。そして，国際経済取引における為替レートの役割とその最近の動向について学びます。

　戦後日本経済の歴史（第 11 章，第 12 章）　　日本は不況や失業という問題を抱えながらも，第 4 章で学ぶとおり，国民一人当たりの GDP で世界の上位を占め，世界全体からみれば非常に豊かで恵まれた国です。子どもの多くが満足な医療も受けられないような国の人々の目には，便利で快適な日本の生活水準は，天国のように映るでしょう。しかし日本経済が昔から今日のような姿だったわけではありません。特に第二次世界大戦の敗戦（1945 年）直後の日本では，国民のほとんどが食糧難にあえぎ，戦争で親も住む家も失った，今で言うストリートチルドレンが路頭にさまよい，戦時中の空襲の影響で生産活動も麻痺状態だったことを考えると，その後の日本の復興と経済発展，特に 1955 年以降 1970 年代初頭に至る高度経済成長期の発展がいかに驚異的であったかがわかります。日本経済は戦後，量的に拡大しただけでなく，質的にも大きく変化し日本の社会や国土の様相はわずか一世代の間に激変しました。第 11 章と第 12 章では，第二次世界大戦敗戦の 1945 年以降，戦後復興から高度経済成長期，安定成長期，バブル期とその後の不況を経て現在に至る日本経済の軌跡，経済発展を可能にしたさまざまな条件を学びます。

　戦後世界経済（第 13 章）　　日本の高度経済成長を支えた要因として，さまざまな国内的要因と並んで，海外から安価な原材料が供給されたことや広範な

輸出市場が存在したことが挙げられます。これらの国際的要因は自由貿易体制によってもたらされたものです。戦後の自由貿易体制は国際通貨基金（IMF）と関税及び貿易に関する一般協定（GATT）が両輪となって形成されたもので，IMF・GATT 体制とも呼ばれます。IMF・GATT 体制は世界貿易の拡大をもたらし，先進資本主義諸国の成長に貢献する一方，冷戦，南北問題，国際通貨危機などの対立や混乱を抱えながら展開していきます。1990 年代以降，戦後世界経済は，市場メカニズムが世界的規模で浸透する「グローバリゼーションの時代」を迎えます。第 13 章では，自由貿易体制の形成，展開，変容の過程，そして金融危機後の世界経済について学びます。

　経済学の歴史（第 14 章）　　この本の締めくくりにあたり，第 14 章では経済の歴史ならぬ，経済「学」の歴史を取り上げ，現代に至る経済学の発展の足跡をふり返ります。経済「学」の発展の歴史をたどることは，学問の歴史にとどまらず，実は社会の発展の歴史をたどることでもあります。というのも，古今の偉大な経済学者の多くは，それぞれが生きた時代の社会経済問題と向き合い，時代の要請に応えようと格闘する中から学説を生み出してきたからです。この章で古今の経済学者の思索や論争の足跡をたどることで，経済学者がこれまでどのような現実の社会的課題と取り組み，どのような問題意識から経済学を発展させたのかを学び，今後の専門科目の講義の理解に役立ててください。

スタディガイド

① ジョセフ・スティグリッツ，カール・ウォルシュ（藪下史郎訳）『入門経済学（第 4 版）』東洋経済新報社，2012 年
② Ｎ・グレゴリー・マンキュー『マンキュー入門経済学（第 3 版）』東洋経済新報社，2019 年
③ 竹内健蔵『あなたの人生は「選ばなかったこと」で決まる不選択の経済学』日経BP，2017 年
　①②は経済学の入門書として標準的な教科書です。③は機会費用について記述されています。

練習問題 1

1.1　資源の有限性について説明しなさい。

1.2　機会費用について例を挙げて説明しなさい。

1.3　社会的分業について例を挙げて説明しなさい。

第2章

市場のはたらき

本章のねらい　私たちが豊かな文明生活を享受できるのは，人々がさまざまな種類の財・サービスを「職業」という形で分担し効率的に生産する，社会的分業という社会の仕組みを作っているからです。そのような社会的分業が円滑に行われる背景には，人々が財・サービスを取引する市場があります。市場では，人々の自由な行動を社会全体の利益のための秩序に導く，見えざる手と呼ばれるはたらきがあります。この「見えざる手」という言葉は，高校の「政治・経済」でも登場する用語ですが，この章では，この「見えざる手」が機能する理由を，より掘り下げて学びます。

2.1　社会的分業

銀行員のAさんは朝の出勤前のひととき，テレビのニュースを見ながら朝食のパンをトースターで焼いています。このパンは昨日，Aさんが勤め帰りに近所のパン屋さんで買ったものです。テレビは今から20年前，Aさんが新婚の時に買ったものですが，さすがに最近映りが悪くなったので，Aさんは「4K放送も始まったことだし，そろそろ最新式のテレビに買い換えようかな」と考えています。

さて同じころ，パン屋さんは店先に，その朝焼きあがったパンを並べて，開店準備をしています。パン屋さんは最近，新しい機械を導入し，まとまった資金をAさんの勤め先の銀行から融資してもらいました。原料の小麦粉の原料の小麦は主にアメリカ産だとのことです。この手作りパン屋さんのパンは昔から味に定評があり，パン屋さんの経営は堅調で，パン屋さんは，「最新式の大画面テレビを買って，好きなスポーツを迫力ある大画面で観戦したいな」と考えています（図2.1）。

ここで，Aさんは他人が作ったトースターで他人が作ったパンを焼き，他人が作ったテレビで，他人が取材したニュースを見，いわば生活のほとんどを他

14

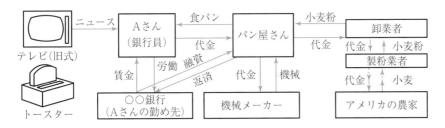

図 2.1 社会的分業の例

人が作ったモノやサービスに頼って生活しています。しかし，その代わり，銀行に勤めることで，社会に必要な金融サービスの担い手となっています。

一方，パン屋さんは，機械を買うための資金の提供を A さんの勤め先の銀行に，原料の小麦粉の供給を，それこそ顔も見たことのないようなアメリカの農家に頼っていますが，その代わり，パンを焼くことで，社会に必要な食料の供給の一翼を担っています。

このように，現代の社会では，ほとんどの人が，生活に必要なモノやサービスを「他人」に頼り，他人から市場（market）通じて購入しています。そのためのおカネは，自分が社会にとって必要なモノやサービスの生産活動の，ごく一部を「職業」という形で分担することで得ています。このように現代社会は複雑な社会的分業によって成り立っています。

2.2 市場による資源配分

これだけ複雑な分業で成り立っている社会が円滑に運営されるためには，

① 誰が何をどれだけ必要としているか，に関する情報を集約し，

② 誰が何を作るかを決め（職業の決定），

③ 何をどれだけ作るか決め（適切な生産量の決定），

コラム　市場とは？

経済学では，交換の行われる「場（ば）」を，目に見えない場も含め，交換されている財・サービスの共通性に着目して一括りで「市場」と呼びます。たとえば，「A 君が○×大学へ授業料を納め，授業を受けている」という状況を経済学では「**教育サービスの市場**で，○×大学が教育サービスを売り，それを A 君が購入している」という具合に理解します。また，「大学 4 年生の B さんが就職活動として C 社の面接を受けた」という状況を経済学では「B さんと C さんが**労働市場**で向き合い，B さんは C 社に自分の労働力を売り込むための宣伝活動をした」と捉えます。

これらのいずれの例でも，「教育サービスの市場」や「労働市場」という，何か目に見える具体的に一つにまとまった場所があるわけではありませんが，経済学では共通の性質の財・サービスが交換されている場は一括りで「市場」として捉えます。

④　作ったものを誰にどれだけ配るかを決める（分配に関する決定），

という一連の決定が必要です。あまりに複雑なので，①～④を「誰か」が一元的に行わないと，社会全体が混乱しそうです。

しかし，現代日本のような資本主義経済にそのような「誰か」がいるでしょうか。まず，①の情報を一元的に集めている「人」はいません。次に②についても，職業の選択は基本的に個人の自由です（パン屋さんは，パン屋さんになるにあたり，「お上」の命令でなったわけではなく，自分の自由意志でパン屋さんになったのです）。また，③についても，パン屋さんは自分がどれだけの量のパンを作るかを，社会全体のことを考えて決めているわけではありません。最後の④についても，個々のパン屋さんは自分の店に買いに来たお客さんにパンを売ることだけを考えているわけで，基本的に誰もが自由に自分の買いたいものを買いたい店から買い，売りたいものを売りたい人に売っています。

個々人がこれほど自由に行動しているのに，社会全体でパンを極端に作り過ぎたり，逆にパンが極端に不足したりするような混乱が起こらずに済んでいるのはなぜでしょうか。その秘密を解く鍵は，市場で形成される価格（price）にあります。

それでは，財・サービスの価格が市場でどのように決まり，その価格が社会全体でどれほど重要な役割を果たしているか，以下考えましょう。

2.2.1　需要曲線：価格に対する買手の態度

市場では買手と売手が向き合って取引し，価格が決まります。買手は財・サービスの自分にとってのニーズと価格を比べ，買うか買わないかを決めるでしょう。

図2.2の右下がりの曲線は，食パンを例に，そのような状況を示したものです。これは，ある同じ品質の食パンに着目し，「その食パン1斤当たりの価格がいくらのときに社会全体で1日に人々がどれだけその食パンを買おうとする

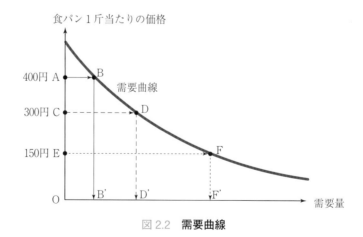

図 2.2　需要曲線

か」を表したもので，**需要曲線**（demand curve）と呼ばれます。

　もし食パン1斤当たりの価格がかなり高く，たとえば図2.2のA点のように400円だとした場合，「朝はどうしてもパンでなければいやだ」というこだわりを持っている人は別として，それほど食パンにこだわりを持っていない人は食パンを買い控え，朝食を和食に切り替えるなどして支出を節約するでしょう。そこで，この価格の下では，人々はあまり食パンを買わず，図のように線分ABの長さ（あるいはOB′の長さ）分しか買わないと考えられます。しかし，1斤当たりの価格が300円，150円と下がるにつれ，それほどパン食に強いこだわりを持っていない人でもパンを購入するようになる，あるいは和食を減らしてパン食を増やす人が増えるので，社会全体で人々が買う食パンの量も次第に増えると考えられます（OB′の長さ→OD′の長さ→OF′の長さ）。したがって，**需要曲線は右下がり**となります。

> **図の読み方についての注意！**　需要曲線の図は，「縦軸（価格）が原因で横軸（需要量）が結果」と読む（**数学の関数のグラフと因果関係が逆**）

　需要曲線のグラフを読み解くにあたり，注意しなければならないのは，高校の数学や理科で登場するグラフと横縦の因果関係が逆だということです。数学の関数のグラフは，通常，原因となる変数の値を横軸に，結果となる変数の値を縦軸に取り，図2.3の左図のように読み取るのが「習わし」です。

　ところが，ここで紹介した需要曲線と次の項で紹介する供給曲線は，原因となる価格を縦軸に取り，その結果決まる量を横軸に取って描かれるので，関数のグラフを読むのと逆の手順で読み取らなければなりません（図2.3の右図）。

　このように需要曲線と供給曲線のグラフの書き方（縦軸と横軸の因果関係）について，数学の関数のグラフと逆の習わしができあがってしまったのは単なる偶然なのですが，原因となる価格を縦軸に取って描くこの習わしには，何か

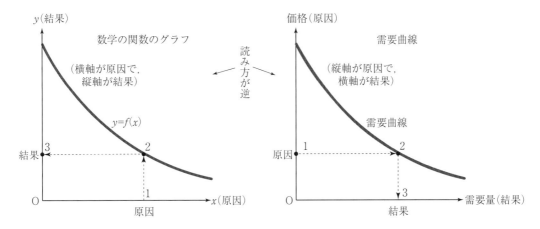

図2.3　**需要曲線の読み方の注意**

と便利な点がある（どのように便利かは，みなさんがこれからミクロ経済学，マクロ経済学，経済政策などの科目を学ぶうちに自然と理解できます）ので，習慣として定着しています。

2.2.2 供給曲線：価格に対する売手の態度

一方，食パンの売手である個々のパン屋さんはどのように生産量を決定するでしょうか。個々の町のパン屋さんは，社会全体のパンの生産量のことなど考えなくてもさしあたり営業できますが，ただし次のことは考える必要があります。

商品の売手は，市場を無視した価格設定はできない　たとえば，あるパン屋さんAが売っているのと同じ質のパンを，近隣の別のパン屋さんBも売っているとき，パン屋さんAはパン屋さんBより高い価格をつけようものなら，自分のお客さんがパン屋さんBへ逃げてしまうので，結局パン屋さんAも同じ品質のパンにはパン屋さんBと同じ価格をつけざるをえなくなります。こうして，同じ品質のパンはほぼ同じ価格（市場価格）で取引されるようになります。

このように，個々の店は自分の売る商品の価格設定を自由に行っているように見えて，実のところ，市場の相場からあまりにかけ離れた価格設定は行えないケースがほとんどです。売手の価格設定は市場に対して受け身の側面をもっています。

このことを踏まえて，「この価格だったらパンが売れる（パンを買ってもらえる）という市場価格がある水準に決まった場合に，個々のパン屋さんがその価格に応じてどのようにパンの生産・販売計画を立て，その結果，経済全体にどれだけの量のパンが供給されるようになるか」をグラフで表したものを供給曲線（supply curve）と呼びます。

図2.4は供給曲線の一例です。需要曲線と同様，この図も，縦軸の価格が原因を表し，それに対応して全国のパン屋さんがどれだけパンを売り出すか（供給量）という結果を横軸で表します。

図のように，供給曲線は通常，右上がりになると考えられます。つまり市場価格が高いなら，パン屋さんはより多くのパンを売り出すようになります。これには以下の二つの理由が考えられます。

まず一つ目の理由は，市場価格が高くなるなら既存の店が増産に励むと考えられることです。通常は，1日に売り出すパンの量を増やそうとすると，個々のパン屋さんはいろいろな無理をする必要が生じます。たとえば，増産のための原料の発注を増やさねばならず，普段の取引先のほかに別の業者から高い値段の原料を仕入れなければならないかもしれませんし，工場の操業時間の延長のために，昼間より時給の高い夜勤の従業員を雇わねばならなくなることもあり得ます。しかし，もしパンが従来よりも高い価格で売れるなら，原料価格の

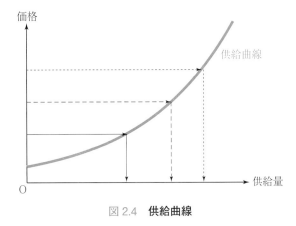

図 2.4 **供給曲線**

上昇や賃金の上昇というコスト増を補ってあまりある売り上げの増加が見込める
ので，個々のパン屋さんは熱心に増産に励むでしょう。

　二つ目の理由は，それまで生産を見送っていたけれども，価格上昇に伴って，
操業を再開する業者が出てくることです。もし高い価格でもパンが売れるとなれ
ば，今まで休業していた業者が「利益が出る」と考えてパンの製造販売を再
開することが考えられます。ほかにも，パンを製造していなかった業者，たと
えばケーキ屋さんがケーキよりパンを焼いた方が儲かると考えてパン製造を始
めたり，パンを安く生産するノウハウをもっていない業者でも十分採算が合う
と考えてパン製造に乗り出したり，ということが考えられます。

2.2.3　市場均衡

　2.2.1 項で紹介した需要曲線と 2.2.2 項で紹介した供給曲線は，買手と売手それ
ぞれの，価格に対する態度を表しています。これらの需要曲線と供給曲線が
表すような態度を取る買手と売手が，市場で向かい合ったときに，何が生じる
でしょうか。需要曲線と供給曲線を重ねて描いて確認しましょう。

　図 2.5 のように，2.2.1 項の需要曲線と 2.2.2 項の供給曲線は 1 点 E で交わり
ます。この交点を与える価格を記号 $p*$ で表すことにします。

　もし市場価格が $p*$ よりも低い，たとえば図の p' の水準であるなら，買手は
総計で線分 AC の長さだけのパンを需要するのに対し，売手はこの価格の下で
は線分 AB の長さ分しかパンを供給しようとしないため，線分 BC の長さだけ，
需要が供給を上回り（これを超過需要が存在する，と言います），需要の一部
が満たされないことになります。

　逆に市場価格が $p*$ よりも高い，たとえば図の p'' のような水準であった場合
は，売手が線分 FH の長さだけパンを供給しようとするのに対し，買手は線分
AG の長さしかパンを買おうとしないため，線分 GH の長さだけ供給が需要を
上回り（これを超過供給が存在する，と言います），供給量の一部が売れ残っ
てしまうことになります。

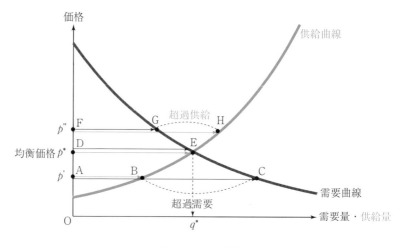

図 2.5　**市場均衡**

　市場価格がちょうど p^* であれば，需要と供給がともに線分 DE の長さ分であり，両者が等しくなります。このように需要と供給が一致することを均衡（equilibrium）と呼び，均衡を実現する価格 p^* を，均衡価格と呼びます。

　ある品質のパンに対する需要曲線と供給曲線が図のようである場合，このパンの市場価格は程なく均衡価格 p^* に落ち着き，このパンの取引量は q^* に決まります。というのも，仮に市場価格が p^* からずれても，程なく p^* へ向かって価格を調整するメカニズムが作用すると考えられるからです。

　仮に価格が p^* より低い場合，超過需要が存在するので店は価格を少々上げてもパンを売り切ることができ，市場価格は徐々に上がるでしょう。逆に価格が高すぎる（たとえば p'' である）ことが現実に生じたとしても，個々の店は超過供給分の売れ残りに直面するので，価格が p'' のような高い水準のまま長期にわたって放置される状況は考えられません[1]。

2.3　「見えざる手」と，資源配分の効率性

　前節では，財やサービスの価格は，それぞれの財やサービスの市場で需要と供給が一致するように決まる（需要曲線と供給曲線の交点で価格が決まる）ことを確認しました。価格がこのように決まるとき，モノの作りすぎ（超過供給）やモノ不足（超過需要）が存在せず，財・サービスが過不足なく生産されるようになります。

　しかし，需要曲線と供給曲線の交点で価格が決まるメカニズムは，単に過不

---

　1)　均衡価格への調整プロセスの詳細は，章末のスタディガイドに挙げる参考文献を参照してください。

足なく財やサービスが生産される，というだけにとどまらない，重要な意味を持っています。実は，需要曲線と供給曲線の交点で価格が決まるメカニズムの重要性は，それぞれの財・サービスの「適切な生産量」を自ずと決めてくれるという面にあります。

その詳細は 2.3.2 項で述べることにし，ここではまずその直観を具体例で考えてみましょう。

2.3.1　大画面テレビを際限なく生産すべきか？

例）　ある日曜，Ａさんとパン屋さんはともに電気店に行きました。電気店の店頭には各家電メーカーが力を入れて開発・増産した最新式の大画面テレビで埋め尽くされていました。その店でパン屋さんは大画面のテレビを買いました。これは高価でしたが，パン屋さんは自分の大好きなスポーツ観戦を大画面の迫力で楽しむことを重視し，思い切って買いました。一方，Ａさんは，テレビの画面の大きさにはこだわりをもっていないので，大画面テレビは自分にとっては高すぎると判断し，テレビは小さな画面の安い機種で済ませ，節約したおカネでオーディオ装置を買いました。

ここではＡさんもパン屋さんも，自分の懐と相談しながら自分の最も買いたいものを買っているだけです。家電メーカーも，テレビを作ると儲かるから作っているまでのことです。この三者はいずれも自分の利益（self interest）しか考えておらず，利己的に行動しています。ところが，Ａさん・パン屋さん・家電メーカーのいずれも，無意識のうちに，社会全体の効率的な資源配分のために，重要な役割を演じているのです。

価格の機能と「見えざる手」　　最新式の大画面テレビの生産には小型テレビの生産に比べ，より多くの労働力・電力と高価な部品・高度な技術（希少資源）を必要とします。それら希少資源が，テレビの画面の大きさを重視しないＡさんのために用いられることは，資源の無駄づかいといえます。しかし，上の例ではＡさんが自発的に小さな画面のテレビを選択するので，そのような無駄は生じません。

また，この例で家電メーカーが最新式の大画面テレビを増産しているのは，あくまで自企業の利潤（もうけ）のためですが，企業がもうけのために，よく売れる財・サービスを供給しようとする努力は，人々がより必要としている財やサービスが社会に出回るという，良い結果を生み出しています。

ここでは，誰も社会全体の利益を意識していないのに，人々は社会全体の人々の幸福のために限られた資源が有効活用される効率的な資源配分に結果的に貢献しています。これは，市場で形成される価格が，財・サービスに対する人々のニーズとそれを供給するためのコストに関する情報を伝達するシグナルの役

割を果たしているからです。上の例では大画面テレビに高い価格がつくおかげ
で，家電メーカーが大画面テレビを生産しようと努力しますが，その一方で大
画面テレビを重視しない A さんが購入から遠ざかり大画面テレビが「余分に」
生産されるという無駄が回避できました。

　このように，「価格」によって財の生産・分配が決まる仕組みの中には，個々
人の利己心を，あたかも見えざる手（アダム・スミス，Adam Smith，1723 〜
90 年）の導きのように，社会全体の利益（効率的な資源配分[2]）へ誘導するは
たらきが隠れているのです[3]。

2.3.2　効率的な資源配分——市場が決める，「適切な生産量」

　2.2.3 項の冒頭で，「需要曲線と供給曲線の交点で価格が決まることにより，
その財・サービスの適切な生産量が決まる」との旨述べました。たとえば図 2.6
の $q*$ は，単にこの財の需要と供給が一致する場合の生産量という意味だけで
なく，この財の，社会にとって最も適切な生産量でもあるのです。

　この考え方に，にわかには賛同しかねる人もいるかもしれません。たとえば，
図 2.6 の $q*$ よりももっと財を作った方がよいのではないか，という疑問です。

　同図で，消費量できる量が $q*$ ではなく q' に増えるなら，人々の幸福感は確
かに増えます。というのも需要曲線から，もし 1 単位当たりの価格が $q*$ より
下がればこの財が $q*$ よりも売れるようになったことが読み取れますが，これ
はこの財を「おカネを払ってでも買いたい」と思っている人がまだまだいる，
ということを意味します。おカネを払って買いたいという人がまだいるくらい
ですから，この財が $q*$ ではなく q' まで消費できるようになるなら人々の喜び
は確かに増えるのです。

---

　2)　**経済学における「効率的」という言葉の意味**　世間では「効率重視」という言葉を「手
段を選ばずやみくもにコスト削減や利益優先に走ること」という意味で用いて，手抜き
工事や残業代未払いなどは効率重視の弊害だとすることがしばしばあります。しかし，
経済学で用いられる「効率性」という概念は，単なるコスト削減や利益重視という意味
ではなく，「経済厚生」すなわち人々の「幸福」を目的にした概念です。したがって，コ
スト削減のための手抜き工事で多くの人々が不幸になったり余計な出費を強いられたり
する事態は，経済学でいう「効率性」とは正反対の極みにあります。

　3)　**もし市場が存在しなかったら？（計画経済の非効率性）**　もし，かつての社会主義
諸国のように，上記の市場による配分を中央政府の「指令」によって行うとどのような
ことが生じるでしょうか。まず，だれが何をどれだけ必要としているかの情報収集が必
要となりますが，どれほどコンピューターが進歩しても，正確な情報収集は不可能でしょ
う（人々がウソをつくなど）。また，計画経済では政府が「命令」で各企業にノルマを課
すことで生産が行われることになりますが，「価格」によって社会のニーズを生産者に伝
える経路（営利という誘因）がないため，生産者は良いモノを十分に作ろうとはしなく
なり，慢性的な品薄状態が続きます（実際，旧ソ連では人々は，次にいつ食料が手に入
るかわからないので，大きな冷蔵庫を保有して，買えるときに食料を買いだめしていた，
とのことです）。また，社会全般の人々のニーズより権力者の恣意が優先されることすら
起こります。

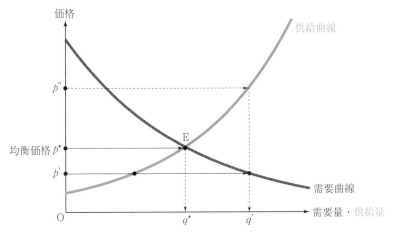

①価格がp^*円を超えないと，
企業はq^*を超える量を供給
しない。
　→q^*を超える増産には，1
　単位につきp^*円を超える費
　用がかかる。
②価格がp^*円を下回らない
と，人々はq^*を超えて消費
しない。
　→q^*を超える消費には，
　人々は1単位につきp^*円を
　下回る価値（便益）しか見
　い出さない。
③1単位につきp^*円未満の価
値しか生まない財を，p^*円
を超える費用をかけて生産
するのは社会全体にとって
損失である。

図 2.6　q^* が最も適切な生産量

q^* を越える生産量は社会的に無駄　　しかし，上記までの議論には一つの大きな見落としがあります。それは，「財・サービスの増産にはコストが余計にかかる」という事実です。

　供給曲線をみると，q^* と q' の間の財を実際に供給する生産者があらわれるには，価格が p^* を上回り少なくとも図2.6の p'' まで上昇する必要があることがわかります。価格が p^* を上回らない限り，増産する生産者が登場しないのは，q^* を超えて増産するには，どんなに優れた生産者でも1単位の増産につき p^* を超えるコストをかけなければならないからにほかなりません。

　ところが，仮に生産者が頑張ってこれだけのコストをかけて増産を行い，人々が q^* と q' の間の量，新たに財を消費できるようになったとしても，そのことに人々が見出す価値（便益）は，財1単位当たり p^* を下回ります。というのも，需要曲線を見直すと，q^* を超える量については価格が p^* よりも下がらなければ誰も買おうとしないことがわかりますが，これは，q^* を超える消費にはもはや誰もが，1単位につき p^* を下回る価値しか見出さないからです。

　つまり，生産者が1単位当たり p^* を超える費用を負担して q^* を超えて増産しても，生産された財に対して人々は1単位につき p^* を下回る価値しか見出さないのです。このような生産活動に何の意味があるでしょうか。q^* を超える生産を行うと，正にこのような「労多くして功少なし」という事態が社会全体として発生します。したがって，q^* を超える生産量は社会全体としてはマイナスなのです。q^* を超える生産のために希少な資源を用いるより，この財の生産は q^* までで打ち切り，資源や労力を他の経済活動に振り向けた方が有意義なのです。需要曲線と供給曲線の交点 E で定まる生産量 q^* がこの財の適切な生産量であり，市場は，この適切な生産量を自動的に決めてくれるのです。

2.4　市場は完全か？（第3章に向けて）

　2.2節で，社会にとって適切な財・サービスの生産量が，市場で形成される価格決定メカニズムによって決まること，人々が市場で決まる「価格」をシグナルとし，これに対して自分にとって有利な行動をとれば，自ずと社会全体にとって適切な資源配分が実現する状況を学びました。

　しかし，いついかなる場合でも，市場で決まる価格や生産量を神様の「ご託宣」のように扱って，本当によいのでしょうか。

　実は2.2節において需要曲線と供給曲線の交点で決まる価格や生産量を適切なものとして扱えたのは，その背後にある人々の行動について，ある重要な前提 —— 人々が市場価格の形成に影響を与えるだけの力（価格支配力）をもたないプライステイカー（価格受容者，price taker）として行動するという前提 —— が成り立っていたからなのです。もしこの前提が成り立たない場合は，市場で決まる価格や生産量を額面通り適切なものとして扱うことはできなくなります。経済学では，参加するすべての人々がプライステイカーであるような市場を完全競争の状態にあるといいます。

　また2.3.1項で，「高い価格」がもたらす効能（その財をあまり必要としない人を消費から遠ざけ，資源の節約を実現する）を述べましたが，ではたとえば食糧不足で食糧価格が高くなった場合，失業等で所得が下がり，食糧を十分買えない人々を食糧の消費から排除することが，果たして正当化されるのか，という問題についてはこの章では扱いませんでした。これらの市場のはたらきの限界や問題点については，第3章で扱います。

スタディガイド

① 安藤至大『ミクロ経済学の第一歩（新版）』有斐閣，2021年
② 伊藤元重『ミクロ経済学（第3版）』日本評論社，2018年
③ 芦屋政浩『ミクロ経済学』有斐閣，2009年
④ 武隈慎一『ミクロ経済学（新版）』新世社，2016年
⑤ 神取道宏『ミクロ経済学の力』日本評論社，2016年

　この章で学んだ内容は，ミクロ経済学の内容と関連します。ミクロ経済学の内容が抽象的でわかりづらい場合には，この章を読み返すと理解の助けになります。①と②では，本章の内容を含むミクロ経済学に関する基礎的なトピックを文章と図を用いて説明しています。本章の学習後に読み始めると良いでしょう。また，本章では入門として均衡や効率性について文章と図だけを用いて学習しましたが，学部初級以上の授業では数式も利用することが一般的です。③では，資格試験なども念頭におき，数式も利用しつつミクロ経済学を解説しています。中級以上の内容に進みたい場合は，④や⑤がおすすめです。

練習問題 2

2.1 次の文章の空欄 A ～ F に当てはまる最適な語句を答えなさい。

(1) ある財の市場価格が高い場合は，その財を高く評価している者しかその財を買おうとしないが，価格が下がるにつれ，次第に多くの消費者がより多くその財を買おうとするようになる。このときの財の価格と購入量との関係を表したグラフが ┌ A ┐曲線である。

(2) ある財の市場価格が低い場合，その財を低コストで生産できる企業しかその財を生産しないが，価格が高ければ各企業がその財を熱心に増産したり，新たにその財の生産を始めたりする企業が出てくる。このときの財の価格と生産量との関係を表したグラフが ┌ B ┐曲線である。

(3) ある市場価格の下で財が人々の必要を上回って過剰に生産されるなら，超過 ┌ C ┐ が発生する。その場合は，市場価格がやがて次第に ┌ D ┐ し，┌ C ┐は解消する。

(4) このように市場経済では不用品の過剰生産という事態は生じにくく，人々の幸福のために限られた資源が有効活用されるという ┌ E ┐的な資源配分の実現のために，価格が寄与する。このような市場のはたらきに，アダム・スミスは ┌ F ┐という表現を与えた。

2.2 以下の二つの文章（a）（b）の適否を判定しなさい。

(a) ある財について，おカネを払ってでもその財をもっと買いたいと思っている人々が少しでもいる限り，その財は増産されるべきである。

(b) 「効率的な資源配分」が実現した状態の一例として，食品業者が商品の賞味期限を誤魔化して利益を伸ばすことが挙げられる。

2.3 図 2.6 の q^* より生産量が低い水準にとどまることも，社会全体にとって望ましくない。その理由を 2.3.2 項の内容を参考に述べなさい。

第3章

市場の限界

本章のねらい　第2章では，市場における売手と買手の利己的な行動の結果生じる自発的な取引が「見えざる手」の働きによって効率的な資源配分をもたらすことを学びました。しかし，このような市場のメカニズムが十分に機能するためには，市場がさまざまな前提を満たしている必要があります。本章では，市場がこれらの前提を満たさず，売手と買手の自発的な取引が効率的な資源配分をもたらさない状況について考えていきます。また，そうした状況下で必要となる政府の役割についても論じます。

3.1　市場の失敗

第2章では，市場における売手と買手の利己的な行動の結果行き着く市場均衡において，社会全体にとって効率的な資源配分がもたらされることを学びました。財・サービス1単位の取引に伴って生じる社会全体の便益（買手が財・サービスから得る便益など）が社会全体の費用（財・サービスの増産にかかる費用など）を上回っている場合，その取引は効率性の観点から社会的に望ましいものといえます[1]。反対に，取引に伴って生じる社会全体の便益が費用を下回っている場合，その取引は，効率性の観点からは望ましくない取引です。第2章で学習した市場均衡では，上記のような社会的に望ましい取引はすべて行われ，望ましくない取引は一切行われていないという意味で，社会的に最も望ましい，効率的な状態が達成されていました[2]。

しかし，市場均衡においてこのような効率的な状態が必ず達成されるためには，財・サービスの市場がいくつかの前提条件を満たしている必要があります。

---

1)　第2章の議論では，前者は需要曲線の高さに，後者は供給曲線の高さにあたります。

2)　財・サービスの代金の支払に伴って生じる費用と，代金の受取に伴って生じる便益は，社会全体では必ず相殺されるので，社会全体の効率性について論じる際には考える必要がありません。

これらの条件が満たされない場合，市場均衡で効率的な資源配分が達成されるとは限りません。つまり，人々の利己的な行動の結果，社会的に望ましい取引が行われなかったり，反対に社会的に望ましくない取引が行われてしまったりすることが生じえます。このように，市場メカニズムが十分に働かずに，効率的な資源配分が達成されないことを**市場の失敗**（market failure）といいます。

3.1.1　効率的な資源配分が達成されるための条件

　市場メカニズムによって効率的な資源配分が達成されるにはどのような条件が満たされていればよいのでしょうか。一つ目の条件は，財・サービスを取引する売手と買手が多数存在するために，双方がプライステイカーとして行動していることです。このような市場を**完全競争市場**（perfectly competitive market）といいます。この前提が満たされず，売手または買手（あるいはその両方）が市場に少数しか存在しない場合，その経済主体は**価格支配力**（pricing power）を持つことになり，第2章の分析は成り立たなくなります。このように，価格支配力を持った経済主体が存在する市場を**不完全競争市場**（imperfectly competitive market）といいます。

　二つ目の条件は，財・サービスの生産や消費に伴う**外部性**（externality）が存在しないことです。外部性とは，ある経済主体の行動が市場を介さずに他の経済主体に費用や便益をもたらすことをいいます。このような外部性が存在すると，財・サービスの生産，消費によって社会にもたらされる費用や便益が，取引の意思決定に十分に反映されないため，効率的な状態が達成されない原因となります。

　三つ目の条件は，取引される財・サービスが**私的財**（private goods）であることです。われわれが通常イメージする財・サービス（たとえばパン）は，対価を支払って購入した人だけが利用できて，他の人が同時に利用することはできません。パンを食べたければおカネを払って買う必要がありますし，一人の人がパンを食べればなくなってしまいますから他の人が食べることはできません。このような「ふつうの」性質を持つ財・サービスのことを私的財といいます。第2章の議論では，取引される財・サービスが私的財であることが暗黙のうちに想定されていました。私的財とは反対に，多くの人が同時に，対価を支払わずに利用できる財・サービスを**公共財**（public goods）といいます。取引される財・サービスが公共財の場合，市場に任せておいては効率的な取引が実行されないケースが発生します。

　四つ目の条件は，売手も買手も，財・サービスの品質などについての完全な情報を持っていることです。この条件が満たされない場合，市場均衡において効率的な資源配分が達成される保証はありません。特に問題となるのが，売手と買手の間で持っている情報が異なっている場合です。このような**情報の非対称性**（asymmetry of information）の下では，市場は効率的な資源配分に失敗し

ます。

　上記の四つの条件が満たされている市場は，市場の力が最大限発揮される経済学にとっては理想的な市場です。しかし，現実にはこれらの条件がすべて厳密に満たされることは難しく，条件が一つでも欠けると市場の失敗が生じ得ます。本章の残りの節では，上記の各条件が満たされないケースにおいて，市場の失敗が生じるメカニズムについて学びます。市場メカニズムだけで効率的な資源配分が達成されるのであれば，少なくとも効率性に関しては政府の出る幕はありません。しかし，市場の失敗が生じているならば，政府が政策的に介入する余地がありそうです。この章では，市場の失敗に対する政府の対策についても論じていきます。

3.2　不完全競争

　本節では，少数しか存在しない売手または買手（あるいはその両方）が価格支配力を持つ不完全競争市場について考えていきます。価格支配力とは，市場の価格に影響を与える力のことです。ここでは，現実的な状況として，売手である企業が少数であるケースを考えましょう。多数の買手に対し，財・サービスの供給が，価格支配力を持つ 1 企業により行われている状態を独占（monopoly），少数の企業によって行われている状態を寡占（oligopoly）（特に，2 企業の場合は複占（duopoly））といいます。以下では，独占のケースを中心に論じていきます。

3.2.1　独占による市場の失敗

　完全競争市場の場合，同じ財・サービスを売るたくさんの競争相手がいる中で，ある企業だけ値上げをして市場価格より高い価格で売ることはできません。自分の売る財・サービスに高い値札をつけることは勝手ですが，できるだけ安く買いたい買手からは相手にされないでしょう。結果として，企業は市場価格を受け入れることしかできません。一方，独占状態にある市場（独占市場）には競争相手がいないので，財・サービスを供給する独占企業はその価格を自分で決めることが可能です。つまり価格支配力を持つことができます。

　せっかく自分で価格を決めることができるのですから，独占企業はより大きな利潤を得るために，できるだけ高い価格で売ってやろうと考えるかもしれません。しかし，むやみに高い価格をつければ利潤が大きくなるわけではありません。価格が上昇すれば，市場での需要が減少してしまうからです（前章で学んだ右下がりの需要曲線を思い出してください）。このため企業は，「高い価格で売ること」と「多くの量を売ること」の両方を同時に達成することはできず，価格と数量のトレードオフの下で，利潤ができるだけ大きくなるように，価格

と供給量を選択することになります。市場に競争相手のいない独占企業といえども，買手の行動まではコントロールできないため，際限なく高い価格がつけられるわけではないのです。

　そうはいっても，完全競争市場の企業よりも独占企業が優位な立場にいることは間違いありません。取引量が減少することを受け入れさえすれば，高い価格で売ることができるわけですから，そうすることで利潤が大きくなる場合，独占企業には意図的に供給量を抑えて取引を少なくするインセンティブが存在します。価格を高く保つために，価格を下げないと買ってくれない買手との取引はあきらめて，価格が高くても買ってくれる買手とだけ取引をしようというわけです。その結果，完全競争市場では行われていた，社会的に望ましい取引のいくらかは行われなくなります。つまり，効率的な状態は達成されず，市場の失敗が生じます。

　たとえば，新薬を開発した製薬会社は，特許を取得することで独占企業となることが可能です。このとき，製薬会社は，新薬の供給量を抑え，価格を釣り上げることで利潤を大きくしようとするインセンティブを持っています。しかし，製薬会社がこのような行動をとると，薬を手にすることができる患者が少なくなってしまい，効率的な資源配分が達成されません。

　寡占による市場の失敗　少数ながらも競争相手のいる寡占市場の場合は，もう少し分析は複雑になります。自企業が価格や供給量を決めるためには，ライバル企業がどのような価格や供給量を選ぶかを考えなければなりません。しかし，ライバル企業も，自企業の価格や供給量を気にしながら，それらを決定しようとしているはずです。このような状況を分析するためにはゲーム理論の手法を用いることが必要になってきます。ここで十分な議論をすることはできませんが，寡占の場合でも，各企業が自らの持つ価格支配力を活かしてできるだけ多くの利潤を得ようと供給量を選択した結果，取引量が過少となり市場の失敗が生じることがわかっています。

3.2.2　独占の原因

　価格支配力を有する独占企業は，供給量を抑え，価格を高く設定することで大きな利潤を得ることができます。そのようなチャンスがあるのであれば，合理的な経済主体である他の企業も，一もうけしようとこの財・サービスの市場に参入してくるはずです。そうなれば，市場はもう独占状態ではなくなってしまいます。つまり，市場が独占状態であるには，他の企業が参入できないような原因があるはずです。

　考えられる原因の一つは技術的な参入制限があることです。財・サービスの生産に必要な技術が，他の企業が容易に模倣できないものだったり，特許権などの知的財産権で保護されていたりする場合，他の企業は参入したくてもでき

ませんから市場は独占状態となります。

　第二の原因として，規模の経済が挙げられます。規模の経済の例として，電力供給についてみてみます。電力の供給のためには，発電所の建設や送電線の敷設といった大きな費用がかかります。この費用は供給量が少なくても多くてもかかるもの（固定費用）ですから，たくさん供給したほうが 1 キロワットの電力供給にかかる費用（平均費用）は小さくなります。このように，生産規模が大きくなるにつれて，平均費用が小さくなっていくとき，規模の経済があるといいます。電力のほか，水道やガスなど固定費用が大きい財・サービスの生産において規模の経済は発生します。このような市場では，生産規模の大きい企業ほど平均費用が小さくて済むので，それだけ低い価格を設定できます。すると買手は生産規模の大きい企業の財・サービスを買い求めるため，生産規模の大きい企業の生産量はさらに増え，平均費用はさらに低下していきます。反対に生産規模の小さい企業のシェアはどんどん奪われていきます。もちろん，新規の企業が参入することもできません。こうして，市場は独占状態となります。このようにして規模の経済から発生する独占を自然独占（natural monopoly）といいます。

　近年問題となることが多いのは，ネットワーク外部性によって発生する独占です。SNS や通話アプリなどのコミュニケーションツールは，同じものを使う人が多ければ多いほど利便性が向上する性質を持っています。OS や通販サイトなどもユーザーが多いほど，対応するソフトウェアや扱われる商品が増え，それだけユーザーの利便性が向上します。これをネットワーク外部性といいます。ネットワーク外部性が働く場合，多くの人が利用している財・サービスに，ますます人が集まることになるため，独占の原因となります。

　市場において価格支配力を持てば，より多くの利潤を得ることが可能になるため，企業は，さまざまな手段でこれを実現しようとします。たとえば，新しい技術を開発・導入したり，他の企業との製品の差別化を図ったり，規模の経済やネットワーク外部性が働く市場において大きな初期投資をしたりといったことが挙げられます。こうした企業の活動は，技術の進歩や新しい財・サービスを生み出し，経済を成長させる原動力にもなるため，一概に否定されるべきものではありません。しかし，この結果として，市場が独占（または寡占）となれば，市場メカニズムが阻害され，資源配分は非効率的なものとなります。

3.2.3　独占に対する政府の対策

　市場が独占状態となると効率的な資源配分が阻害されるため，これに対する対策として独占禁止法があります。日本では，独占禁止法により，独占状態を生み出すような企業の合併や，複数の企業が連絡を取りあって独占企業のようにふるまう行為（カルテル）などを禁じています[3]。

　すでに独占状態にある市場に対する対策としては，①独占企業を分割して競

争させる方法や，②独占企業に対する価格規制により市場の失敗の原因となる価格支配力を利用した価格付けを制限する方法があります。規模の経済による自然独占の場合には，企業分割をしてしまうと平均費用が高くなりかえって効率性が損なわれかねないため，②の価格制限による対策が望ましいと考えられます。

3.3　外部性

　市場メカニズムを損なう二つ目の要因は外部性の存在です。3.1節で説明したように，外部性とは，ある経済主体の行動が市場を介さずに他の経済主体に費用や便益をもたらすことをいいます。特に，費用や不便益など悪い影響をもたらす場合を負の外部性（外部不経済）といいます。例として，工場からの排水，自動車の排気ガス，喫煙者の吐き出す紫煙，隣人の騒音が周囲に被害や不快感をもたらすような状況が挙げられます。公害被害も深刻な負の外部性の例です[4]。また，混雑する通勤電車は，乗客がお互いに負の外部性を及ぼしあっている状況といえるでしょう。反対に，便益など良い影響をもたらす場合を正の外部性（外部経済）といいます。果樹園ができることで近隣の養蜂場でより多くのはちみつが採れるようになったり，材木業者の所有する山林が治水の役割を果たしていたりする状況がその例として挙げられます。前節で言及したネットワーク外部性も正の外部性の一例です。

3.3.1　外部性による市場の失敗

　負の外部性によって効率的な資源配分が阻害されることを，工場排水を例にみてみましょう。財の生産に伴って発生した汚水をある工場が河川に排水することで，河川の水質が悪化し，近隣住民が健康被害をうける状況を考えます。工場は，財の生産に必要な原材料費や人件費などの費用を負担しますが，水質汚濁に伴う費用（たとえば，住民の医療費や河川の浄化費用など）も，財の生産に伴って生じる費用と考えられます。しかし，賠償などがなされない場合，後者は企業が負担する費用とはなりません。原材料費や人件費のように取引の当事者が負担する費用は私的費用（private cost），住民の医療費や河川の浄化費用のように取引の当事者の負担とならない費用は外部費用と呼ばれます。

　第2章の議論で想定されていた取引では，財・サービスの生産に伴って発生する費用はすべて売手が負担する費用でした。売手は，負担する費用と価格とを比較し，費用の方が小さければ，供給を行うことを選択します。このような

---

　3)　戦後の日本の独占禁止政策については，第11章で学びます。
　4)　日本の経験した公害問題については，第11章で学びます。

状況では，市場価格の下で決定される供給量が効率的な水準となります。

　しかし，上記の例では，生産に伴って発生する費用のうち，外部費用は，工場が負担するわけではないため，工場はこれを考慮せずに供給量を決定します。しかし，工場によって決定される供給量が効率的なものとなるのは，工場が，外部費用も合わせたすべての費用を考慮して（負担するものとして），供給量を選択したときです。外部費用を負担する場合には採算がとれず供給を行えないような技術力が低い工場でも，これを負担しないのであれば供給を行うことができるようになることもあるでしょう。このため，工場が外部費用を負担しない場合，供給量は効率的な水準よりも過剰となり，社会的に望ましくないはずの取引が行われてしまうことになります。このように，一般に，負の外部性の下では，市場での取引量は社会的に望ましい水準と比べて大きくなります。

　正の外部性もまた，市場の失敗の原因となります。例として，インフルエンザや風疹など感染症の予防接種について考えてみます。予防接種は，受けた本人が罹患（りかん）しにくくなるのみならず，感染ルートが減ることで，周囲の人も罹患しにくくなるという便益を享受します。しかし，予防接種の費用を負担する個人は，そのような周囲への影響は考えずに，自分が罹患しにくくなるという便益のみを考慮して，予防接種を受けるか否かを決定します。結果として，社会的に望ましい水準よりも，個人が受けようとする予防接種の水準は少なくなることになります。このように，正の外部性がある財・サービスについては，市場での取引量は社会的に望ましい水準よりも小さくなります。

3.3.2　外部性に対する政府の対策

　外部性の存在による市場の失敗に対して，政府はどのように対処すればよいのでしょうか。公害による健康被害のような深刻な例を念頭におくと，負の外部性をもたらす財・サービスの生産，消費は，全面的に禁止すべきだ，と考える人もいるかもしれません。しかし，少なくとも効率性の観点からはこれは望ましくありません。自動車は，排気ガス，騒音，交通事故などさまざまな負の外部性をもたらしますが，すべての自動車を禁止することが社会にとって効率的と考えることは難しいでしょう。負の外部性が発生していても，取引の利益が外部費用よりも大きい場合，それは効率性の観点からは望ましい生産であり消費であり取引です。効率性の議論で問題となるのは，取引によって発生する利益を外部費用が上回ってしまう場合です。以下では，こうした取引のみが行われないような仕組みを考えていきます[5]。

　再び，工場排水の例について考えます。この例では，住民の医療費や浄化

---

　5)　同様に，正の外部性をもたらす財・サービスの生産は際限なく行われたほうがよい，というのも誤解です。正の外部性があったとしても，生産費用があまりにも高い場合や買手の得る便益が非常に小さい場合，そのような財・サービスを生産することは，効率性の観点からはマイナスとなります。

費用といった外部費用が，企業の考慮すべき費用になるような仕組みを作れば，外部性の問題は解決可能です。このような方法を，外部性の内部化（internalization of externalities）といいます。これにより，外部費用を負担することに見合わない生産が抑制されるため，取引量が過剰になる問題が解決されます。単純に生産を禁止してしまうケースと異なり，外部費用を負担しても採算のとれる生産は引き続き行われることに注意してください[6]。

　現在の日本では，財の生産に伴って汚水が発生した場合，基準を満たすように処理してから排水しなければなりません。この場合，汚水の処理にかかる費用は生産費用の一部として工場が負担します。こういったルールを整備するのも外部性の内部化の一つです。また，この工場の財の増産に対して，そのとき発生する汚水の浄化費用や環境負荷と同じだけの課税を行うという方法もあります。このような，外部性による資源配分の歪みを是正する目的で用いられる税を，考案者である経済学者の名前を冠してピグー税（Pigovian tax）といいます[7]。現実に行われている排気ガスの原因となるガソリンに対する課税はピグー税としての性格を持っているといえるでしょう。

　正の外部性の場合，外部性としてもたらされる便益が取引の際に考慮されないことで生産や消費が過少となるので，この便益を内部化することで資源配分を効率化することができます。具体的には，正の外部性を伴う財・サービスの生産，消費に補助金（ピグー補助金）を与える方法があります。インフルエンザや風疹などの予防接種に対して，国や自治体が助成金を与えたり，費用を負担したりするのは，それらが正の外部性を持つことが理由の一つであると考えられます[8]。

3.4　公共財

　市場の失敗をもたらす三つ目の要因として，公共財について考えていきます。3.1 節で述べたとおり，公共財とは，多くの人が同時に，対価を支払わずに利用できる財・サービスのことです。例としては，国防，警察，消防などのサービスが挙げられます。一般道路，港湾，堤防などの社会資本も公共財としての性質を有しています。

---

6)　外部性の内部化による場合でも，負の外部性の費用が非常に大きければ，結果としてすべての生産，消費が行われなくなるというケースも生じ得ます。

7)　「負の外部性を出すことに課税する」というのが，ピグー税の考え方ですが，「負の外部性を出さないことに補助金を与える」という方法でも効率性については同様の結果が得られます。これは補助金が負の外部性を発生させることの機会費用となるためです。

8)　税や補助金を用いた外部性への対応については，第 5 章でも学びます。

　公共財を特徴づける「多くの人が同時に利用できる」つまり「誰かが利用しても他の人が利用できなくなるということがない」という性質のことを非競合性（non-rivalness）といいます。もう一方の「対価を支払わずに利用できる」あるいは同じことですが「対価を払わない人の利用を妨げることができない」という性質のことは非排除性（non-excludability）といいます。これらの言葉を用いると，公共財とは非競合性と非排除性を備えた財・サービスである，と定義することができます。また，3.1 節で説明した私的財は，非競合性も非排除性もない（競合性と排除性がある）財・サービスということになります。

　公共財の例として堤防について考えてみます。河川に堤防ができると，地域一帯の住民全員が洪水の危険を避けることができます。また，堤防で守られる範囲に新しい住民が引っ越してきて利用者の数が増えても，元の住民に対する堤防の守りが損なわれることはありません。よって，堤防は非競合性を有しています。また，堤防の建設に資金を拠出した人のみ洪水被害から守る，ということもできません。対価の支払の有無に関わらず，地域一帯の全員が堤防の恩恵にあずかることになるため，堤防は非排除性を有しています。

　クラブ財とコモンプール財　　財・サービスが，非競合性のみを満たしている場合をクラブ財（club goods），非排除性のみを満たしている場合をコモンプール財（common-pool resources）（あるいは共有地，commons）といいます。前者の例としては高速道路や映画館で観る映画が挙げられます。これらは，高速道路料金や入館料を支払わない人は利用できないため非排除的ではありませんが，混雑が生じない範囲では非競合性を満たしています。後者の例としては漁業資源が挙げられます。広大な海で誰かが魚を獲ることを妨げることは難しいため非排除的ではありますが，魚を獲る人の数が増えれば魚はだんだん獲りにくくなっていくため非競合性は有していません。また，一般道路など公共財の例として挙げたものでも，混雑が生じ，利用者が増えると利便性が下がるような状況では非競合的ではなくなってきます。表 3.1 はそれぞれの財・サービスが満たす性質についてまとめたものです[9]。

表 3.1　**非排除性と非競合性による財の分類**

	競合性あり	非競合性あり
排除性あり	私的財 例：パン	クラブ財 例：高速道路，映画
非排除性あり	コモンプール財（共有地） 例：漁業資源	公共財 例：一般道路，堤防

　9）　クラブ財やコモンプール財のように，非競合性と非排除性のいずれか一方のみを満たしている財・サービスのことを，準公共財といいます。これに対し，非競合性と非排除性の両方を満たす公共財を，純粋公共財ということもあります。

3.4.1 公共財による市場の失敗

公共財が存在すると効率的な資源配分が阻害されることを，次のような例でみてみましょう。あるマンションで，マンションの共有部であるエントランスに防犯カメラを設置することを考えます。防犯カメラが設置され不審者が来訪しにくくなれば，居住者全員が対価を支払ったかどうかに関係なくその恩恵を享受することになります。つまり，マンション居住者にとって，エントランスの防犯カメラは非競合性と非排除性を有する公共財です。このとき，防犯カメラが設置されることでマンション居住者全員が得る便益の合計は，防犯カメラにかかる生産コストより大きいものとします。つまり，この防犯カメラが購入されることは，社会的に望ましい取引であることを前提として議論をすすめます。

防犯カメラは，マンション全体にとっては有益ですが，個々の居住者が買うには高価なので，居住者全体にアンケートをとり，防犯カメラが「必要だ」と回答した人で資金を出しあって設置することにしました。しかし，このとき，居住者らは，本当は「必要だ」と思っていても，アンケートには「必要ない」と回答するインセンティブを有しています。自分がどういう回答をしようと，ほかに「必要だ」と回答する人がいれば，防犯カメラは設置され自分も利用できるので，それならば自分は「必要ない」ということにしておカネを払わずに済ませた方が得だからです。また，他の全員が「必要ない」と答えている中で自分だけ「必要だ」と答えると，防犯カメラの代金を一人で負担することになってしまいます。いずれのケースを想定しても，「必要ない」と回答するほうがよいわけです。しかし，居住者全員がこのように考えて「必要ない」という回答をすると，「防犯カメラの設置を望んでいる居住者はいない」ということになり，マンションに防犯カメラは設置されないことになります。結果として，社会的に望ましいはずの防犯カメラの設置が個々人の合理的な選択の結果実施されず，市場の失敗が生じます。

上述のように，非競合的で非排除的な公共財は，多くの人が「必要だ」と思っていても，自分が対価を支払わなくても誰かが支払って購入してくれればそれを利用することができてしまうので，結果として誰一人として自分で対価を支払おうとしないということが生じ得ます。このように，他人が買った財・サービスにタダ乗り（フリーライド, free ride）しようとして，結果として誰も財・サービスに対価を支払おうとしないという公共財の取引で発生する問題をフリーライダー問題といいます。フリーライダー問題が生じるため，公共財の供給は社会的に望ましい水準よりも少なくなります。

3.4.2 公共財に対する政府の対策

上の例では，マンションの居住者という限られた人々の間だけで利用される公共財について考えました。しかし，国防，警察，消防，道路，港湾，堤防な

どのように，社会を成り立たせる上で必要な財・サービスの中にも多く公共財は含まれており，これらについても市場において十分な供給がなされないという問題が生じます。このため，こうした財・サービスについては，税を財源として，政府が直接供給したり，資金を負担したりといったことが行われています。このような公共財による市場の失敗への対処は，政府の財政の重要な役割の一つとなっています[10]。ただし，政府によって供給される公共財の量が適切なものとなるとは限りません。このため，われわれは有権者として政府の意思決定に注意を払う必要があります。

3.5　情報の非対称性

　市場の失敗をもたらす四つ目の要因は情報の非対称性です。取引の当事者（売手と買手）の間で持っている情報の量や質に偏りがあるとき「情報の非対称性がある」といいます。例として，中古車の市場と医療保険の市場について考えてみます。

　中古車は，新車のように販売されている財の品質が均一でなく，それを評価するにもある程度の知識が必要になります。このようなケースでは，売手は財の品質について知っているが，買手にはわからないという状況が発生します。つまり，「売手は情報を持っているが買手は持っていない」という形で情報の非対称性が生じます。

　一方，医療保険の市場では，加入者の健康状態について，保険サービスの買手である加入者本人は知っているが，売手である保険会社は知ることが難しい場合があります。保険会社は，不健康な人ばかりが加入すると保険金の支払が多くなってしまうので，健康な人に加入してもらいたいと考えていますが，それを完全に見抜くことは難しいのです。これは，「買手は情報を持っているが売手は持っていない」というパターンの情報の非対称性の例です。

3.5.1　情報の非対称性による市場の失敗

　経済学の慣例に従い，中古車市場を例に情報の非対称性が非効率な資源配分をもたらすことをみていきましょう[11]。ここで考える中古車市場には，丁寧にメンテナンスがなされた良質なものから廃車寸前の粗悪ものまで，さまざまな

---

　10)　こうした，財政の役割については，第 5 章で詳しく学びます。

　11)　中古車市場を例にとった逆選択の分析は，情報の非対称性についての研究でノーベル経済学賞（スウェーデン国立銀行賞）を受賞した経済学者ジョージ・アカロフ（George Arthur Akerlof，1940 年〜）によって用いられたもので「レモンの市場（market for lemons）」の理論として知られています。ここでいう「レモン」とは，粗悪な中古車を表すアメリカ英語の俗語です。

品質のものが存在しています。また，この市場には情報の非対称性があり，買手は「さまざまな品質の中古車がある」ということまでは知っていますが，どれが良質な中古車でどれが粗悪な中古車かはわかりません。このため，良心的な売手が丁寧にメンテナンスを行った良質な中古車を売りにだしても，買手にはそれが伝わらず，粗悪な中古車と一緒くたに扱われ，同じ価格で取引されることになります。こうした状況では，わざわざコストをかけて良質な中古車を売ろうとする売手は市場からいなくなってしまい，粗悪な中古車を売る売手のみが残ります。このように，情報の非対称性の下では，良質な財・サービスが取引されなくなり，粗悪な財・サービスが市場を占有するという現象が起こります。この現象を逆選択（逆淘汰，adverse selection）といいます。中古車市場に限らず，保険市場，労働市場，金融市場など，情報の非対称性のあるさまざまな市場で逆選択は生じます。

　買手が中古車の品質を見抜くことができれば，良質な中古車も粗悪な中古車もそれ相応の評価がなされ，妥当な価格で取引が成立したことでしょう。その結果として，それぞれの市場で効率的な資源配分がもたらされていたはずです。しかし，情報の非対称性の下では，逆選択により，効率性をもたらす取引が十分に行われず，市場の失敗が生じます[12]。

3.5.2　情報の非対称性に対する政府の対策

　中古車市場のように買手が十分な情報を持たないケースについては，供給する企業に対する情報開示の義務化により，売手側に情報が偏在している状況を緩和することができます。また，資格認証制度や認可制度を整備して，良質な財・サービスの売手がシグナルを示す手段を用意することも政府のできることの一つです。たとえば，効能や安全性を消費者が判定することが難しい健康食品では，国により効果や安全性が確認されたものを「特定保健用食品（トクホ）」と認める制度があります。こういった制度が機能すれば，情報の非対称性が緩和されることが期待されます。

　売手が情報を持たない保険市場のケースでは，政府が保険制度を直接運営し，強制加入とすることで逆選択の問題を回避しています。具体的な日本の保険制度については第6章で詳しく学びます。

3.6　所得分配の不平等

　本章では，さまざまな要因による市場の失敗について学んできましたが，最

---

[12]　情報の非対称性が引き起こす問題としてモラルハザードと呼ばれる現象もあります。これについては，第6章，第8章で学びます。

後に，市場が「失敗」していなくても生じ得る市場の問題点について論じます。
それは，所得分配の公平性の問題です。

　市場メカニズムがもたらす「資源配分が効率的な状態」とは，財・サービス
の取引から発生する利益が社会全体で最大化されている状態を指します。取引
から発生した利益を買手らと売手らがどういった割合で分けあうかといった問
題や，取引に参加できずにその利益を手にするチャンスがない主体の存在など
は効率性という観点では考慮されません。取引から発生する利益が最大化され
てさえいれば，その利益を誰か一人が総取りするような状況であっても，資源
配分は効率的なのです。

　このように，市場の失敗がなく，市場メカニズムにより効率的な資源配分が
もたらされていても，分配が公平であるとは限りません。同じ経済の中に，大
きな富を占有する人がいる一方で貧困に苦しむ人がいたとしても，それは市場
メカニズムが機能していないわけではなく，市場メカニズムにはそもそもその
ような状態を是正する力がないのです。

3.6.1　所得分配の不平等に対する政府の対策

　このように不平等や格差を生み出す可能性のある市場メカニズムを放棄し，
計画経済（planned economy）のような別のシステムで資源配分と所得分配を決
定するという方法も，かつて人類によって模索された方法の一つです。しかし，
現在，日本を含むほとんどの社会では，資源配分の効率性をもたらす市場メカ

コラム　　情報の非対称性とシグナリング

　中古車市場で逆選択が生じるのは，良質な中古車の品質が買手に伝わらず正当な評
価が受けられないためでした。では，良質な中古車の売手が，買手に品質をアピール
してみたらどうでしょうか？しかしながら，ただ「この車は良質な中古車ですよ」と
叫んだところであまり効果はありません。口先だけなら，粗悪な中古車を売る売手に
も同じことがいえてしまうからです。売手のそんなセールストークは買手にとっては
何の意味もないのです。情報の非対称性の厄介な点は，情報を持っている側がそれを
伝えたくても，情報を持っていない側に説得力のある形で伝えることが難しい，とい
う点にあります。

　買手に信頼してもらうためには「良質な車の売手でなければできないこと」をわざ
わざしてみせる，という方法が考えられます。情報の非対称性の下で行われるこのよ
うな行動を**シグナリング**といいます。たとえば，良質な車の売手が，売買した車に無
償修理の保証期間を約束します。これは，売手にとっては損にはなれど，得にはなり
そうもない約束です。しかし，この約束は，修理が必要になる可能性の低い良質な中
古車の売手であればこそできる約束です。すぐに修理が必要になる粗悪な中古車の売
手にはこの約束はできないでしょう。このため，買手の側からみると「この約束を掲
げているのは良質な中古車の売手である」ということがわかります。一見売手に得に
なりそうもない約束をあえてすることで，買手に車の品質についての情報を説得力を
もって伝えることができるのです。

ニズムの利点を活かしながら，累進所得税などの税制や社会保障などの再分配政策（redistribution policy）によって，市場メカニズムの欠点を補う形で不平等や格差の問題に対処しています．具体的な政策や制度については，第5章と第6章で詳しく学びます．

スタディガイド

① 安藤至大『ミクロ経済学の第一歩（新版）』有斐閣，2021年
② 伊藤元重『ミクロ経済学（第3版）』日本評論社，2018年
③ 八田達夫『ミクロ経済学Ⅰ　市場の失敗と政府の失敗への対策』東洋経済新報社，2008年
④ 伊藤秀史『ひたすら読むエコノミクス』有斐閣，2012年
⑤ 坂井豊貴『ミクロ経済学入門の入門』岩波新書，2017年
⑥ 花薗　誠『産業組織とビジネスの経済学』有斐閣，2018年
⑦ 寺井公子・肥前洋一『私たちと公共経済』有斐閣，2015年
⑧ 石田潤一郎・玉田康成『情報とインセンティブの経済学』有斐閣，2020年

　第2章同様，本章で学んだ内容は，ミクロ経済学で詳しく扱われます．標準的なミクロ経済学のテキストであれば本章の内容は網羅されているはずです．本章では言葉による説明だけでしたが，通常は，需要曲線・供給曲線をはじめとするグラフや数式を用いて議論が展開されます．こうした議論の得手・不得手に応じて，自分にあったテキストを選んでみてください．①②は前章と本章で概説した内容が平易な文章とグラフで説明されており，経済学の初学者であることが想定される本書の読者にはとりわけ有用でしょう．本章で学んだ内容が，現実の経済政策にどのように関連しているか興味がある人は③にも挑戦してみてください．④⑤はミクロ経済学のテキストを独習するほどの覚悟がない人でも気軽に読むことのできる読み物です．本章の内容は，産業組織論や公共経済学，情報の経済学といった分野とも関連があります．⑥⑦⑧はこれらの分野に関する①と同シリーズのテキストです．

練習問題 3

3.1 次の文章の空欄A～Kに当てはまる最適な語句を答えなさい．
(1) 市場メカニズムが十分に働かずに効率的な資源配分が達成されないことを　A　という．
(2) 財・サービスの供給が価格支配力を持つ少数の企業により行われている状態を　B　，1企業により行われている状態を　C　という．後者のうち規模の経済から発生するものを　D　という．
(3) ある経済主体の行動が市場を介さずに他の経済主体に費用や便益をもたらすことを　E　という．これにより引き起こされる市場の失敗に対しては，ピグー税などによる　F　によって対処することができる．
(4) 　G　性と　H　性を備えた公共財の取引では，　I　問題が発生するため，十分な量が供給されない．
(5) 情報の　J　性の下では，良質な財・サービスが取引されなくなり，粗悪な財・サービスが市場を占有する現象である　K　が生じる．

3.2 本文で例示されているもの以外に，負の外部性と正の外部性の例を挙げなさい。

3.3 本文で例示されているもの以外に，公共財の例を挙げなさい。また，クラブ財とコモンプール財についても例を挙げなさい。

第 4 章

GDP とは何か

本章のねらい　一国の経済規模の大きさを測る指標として，最もよく用いられるのが GDP（国内総生産）です。そして，GDP が前年と比較して何 % 増加したかを示すのが経済成長率であり，その値は景気の良し悪しを判断する際に最も重要視されます。したがって，GDP および経済成長率は大きな関心を呼ぶ値で，新聞やニュースにも頻繁に登場します。

　本章では，GDP とは何か，それがなぜ経済規模の大きさを測る指標になるかについて説明するとともに，GDP を用いて日本経済の現状を観察していきます。

4.1　GDP とは

　ある国の「経済の大きさ」を測るとき，最もよく用いられるのが GDP（Gross Domestic Product, 国内総生産）です。GDP とは，ある国の国内で，一定期間内に生み出された付加価値の総額のことです。

　2019 年（暦年）の日本の GDP は 561 兆 2670 億円です。一方，2019 年 10 月時点の日本の人口は 1 億 2614 万人ですから，後者で前者を割ると 444 万 9556 円となり，これが日本の一人当たり GDP です。大雑把に，日本の GDP = 550 兆円，日本の人口 = 1.25 憶人とすれば，

$$\frac{550 \text{ 兆円}}{1.25 \text{ 億人}} = \frac{440 \text{ 万円}}{1 \text{ 人}}$$

となります。日本の GDP は約 550 兆円，一人当たり GDP は約 440 万円と覚えましょう。

4.2　付加価値とは

　付加価値とは「生産によって新たに付け加えられた価値」のことです。では，生産とは具体的にどういうことでしょうか。以下で説明します。

4.2.1　生産とは

　たとえばパン屋さんは小麦粉を仕入れてきて，それをこねてパンを焼き，そのパンをお客さんに売っています。このとき，売って得たおカネから仕入れにかかったおカネ，店員さんの労働賃金，機械の利用料，お店の家賃を引いて残ったおカネがもうけ（利潤といいます）になります。

　こうしてパンなどのモノ（財といいます）を生み出すのが生産です。もっとも，生産されるのは財だけではありません。タクシーに乗っておカネを払う場合，買ったのは「ある地点から別の地点に移動させてもらうこと」ですが，これはモノではありません。ここで生産されたのは「移動」というサービスです。生産されるのは，財とサービスの 2 種類あります。

　もう少し抽象的に考えるために，こんな例を考えましょう。
　　Ａ：肩をもんであげて，100 円もらった
　　Ｂ：100 円払ってマッサージ機に肩をもんでもらった。
いずれも「肩もみ」という同じサービスが生産されていますが，Ａは人の労働によって生産されており，一方，Ｂはマッサージ機という機械＝資本によって生産されています。つまり，生産に最低限必要なものは何かと考えれば，まずは労働や資本ということになります。こうした生産に必要な要素を生産要素といいます。

　労働や資本以外に代表的な生産要素には土地があります。土地があれば農業ができますし，家を建てて住むこともできます。そのままでも駐車場として車をとめるスペースを提供するというサービスを生み出すことができるのです。

4.2.2　付加価値の計算例

　こうした生産活動を通じて生み出されるのが付加価値です。簡単な数値例を用いて，生産と付加価値の関係を考えてみましょう。

　ある国の国内で，農家が小麦を 150 万円で製粉業者に売り，製粉業者はそれを小麦粉にして 250 万円でパン屋に売り，パン屋はパンを作って消費者に 500 万円で売ったとしましょう。これらの生産過程で，農家，製粉業者，パン屋はどれだけ付加価値を生んだことになるでしょうか。また，三者合計，つまり経済全体としてはどれだけの付加価値，GDP を生んだことになるでしょうか？ただし，話を簡単にするために，農家・製粉業者・パン屋はいずれも労働のみによって生産を行っており，パンは小麦粉のみからできるものとします。また，農家は小麦の種をタダで手に入れたとします。農家，製粉業者，パン屋が生み出し

た付加価値は以下のようになります（図 4.1）。

● 農家：150 万円 − 0 円 = 150 万円
● 製粉業者：250 万円 − 150 万円 = 100 万円
● パン屋：500 万円 − 250 万円 = 250 万円

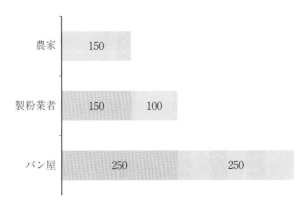

図 4.1　**付加価値の計算例**

　そして，経済全体の付加価値の合計である GDP は，150 万円 + 100 万円 + 250 万円 = 500 万円となり，パン屋の販売額に等しくなります。すべての生産が自国内で行われているためです（農家・製粉業者・パン屋が同一人物だった場合，無から 500 万円のパンを作ったことになりますので，生み出された付加価値の総額は 500 万円になります）。

　では，少し設定を変えてみましょう。(a) 農家がこの国にはなく外国にある場合，(b) パンがこの国ではなく輸出されて外国で消費される場合，それぞれ経済全体の付加価値の合計はいくらになるでしょうか。

　(a) については，農家の生み出した付加価値はこの国の GDP にカウントされません。農家の付加価値 150 万円は除かれることになりますので，この国のGDP は 350 万円となります。

　(b) については，GDP は 500 万円のままで変わりません。なぜなら，最終的な消費は外国で行われましたが，付加価値の生産はすべてこの国の中で行われているためです。結局，輸入は自国の GDP から除かれ，輸出は自国の GDP に含まれるということになります。

4.2.3　付加価値は所得となる

　さて，生み出された付加価値は誰のものになるでしょうか。この場合，すべての付加価値は労働のみによって生み出されているので，それぞれ生み出した当事者である農家・製粉業者・パン屋のものになるはずです。したがって，生み出された付加価値は生み出した人の所得になっているともいえます。

　GDP は，一国全体で生み出された付加価値であるとともに，その国にいる人々

の所得の総額であるともいえます。

　では，労働以外の生産要素がある場合はどうなるでしょう。生産に資本（機械）を用いた場合はその機械の所有者に，土地を用いた場合は土地の所有者に，生み出した付加価値のいくらか（その生産要素が貢献した分だけ）が与えられるはずです。結局，労働以外の生産要素が生み出した付加価値については，その所有者の所得になると考えられます。なお，付加価値が誰かの所得になる過程については補論1に説明しています。

4.2.4　生産には「需要」が必要

　生産は，その財やサービスを購入してくれる人が存在するから行われます。4.2.2項の計算例で説明したように，生産されたものは，小麦や小麦粉のように他産業の原材料となるものもあれば，パンのように私たち消費者が購入して食べるものもあります。前者を中間財，後者を最終財と呼びます。

　詳しい計算は補論2に譲りますが，GDPは最終財の需要の合計としても表現できます。最終財の需要には，家計など民間部門による消費（民間最終消費支出），主に企業による設備投資など（民間投資），政府による消費や投資（政府支出），海外への売り上げ（輸出）があります。ただし，GDPは国内で生み出された付加価値なので，海外から購入した財やサービス，すなわち輸入は差し引きます。よって，以下の式になります。

$$\text{GDP} = 民間最終消費支出 + 民間投資 + 政府支出 + 輸出 - 輸入$$

　2019年のGDPの内訳は表4.1のとおりです。2019年のGDPを需要から観察すると，民間最終消費支出がほぼ6割を占めます。民間投資（ここでいう投資は，価値を消費してしまわずにモノとして残したことを意味します）が2割弱，政府支出が2割強を占めています（図4.2）。

表 4.1　**2019年の国内総生産**

（名目値，単位10億円）

	2019年
国内総生産	561,267.0
民間最終消費支出	305,618.8
民間投資	115,616.8
民間住宅	21,461.8
民間企業設備	91,983.2
民間在庫変動	2,171.8
政府支出	140,206.0
政府最終消費支出	111,268.1
公的固定資本形成	28,989.5
公的在庫変動	−51.6
純輸出	−174.7
輸出	97,463.6
輸入	97,638.3

（出所）内閣府「国民経済計算（SNA）」より

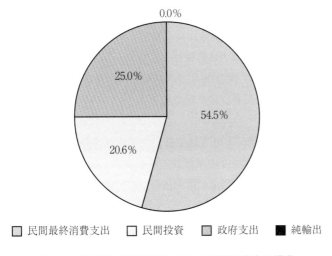

0.0 %

25.0 %

54.5 %

20.6 %

☐ 民間最終消費支出　☐ 民間投資　☐ 政府支出　■ 純輸出

図 4.2　**2019 年の需要面からみた国内総生産の構成**

4.2.5　経済成長率の計算方法

　景気とは，経済活動の多くの分野（生産，雇用，価格など）にわたって同じように上昇したり，下降したりする現象をさします。この景気の良し悪しを測る指標として最も用いられるのが経済成長率です。これは GDP 成長率のことです。つまり，1 年間で GDP が何%増加したかを表す数値であり，具体的には，

$$\frac{\text{ある年の GDP } - \text{前年の GDP}}{\text{前年の GDP}}$$

で計算されます。たとえば，ある年の GDP が 510，その前年の GDP が 500 だった場合は，

$$\frac{510 - 500}{500} = \frac{10}{500} = 0.02 = 2 \text{ \%}$$

となります。

　経済成長率が大きいということは，一国の経済規模が大きくなったということです。しかし，同時に人口も増えているなら，一人当たりの GDP が増えたかどうかは定かではありません。それぞれについて，おおむね

　　　（一人当たり GDP 成長率）＝（GDP 成長率）－（人口成長率）

という式が成り立ちます。

4.2.6　どの需要が経済成長に寄与しているか

　経済成長率は，どの需要が成長に寄与し，逆にどの需要が GDP を押し下げたのかという寄与度に注目して内訳を観察することもできます。こうした作業を寄与度分解と呼びます。寄与度分解は粗い分類で行うことも，細かい分類で行うことも可能ですが，一般的には，「民間最終消費支出」「民間投資」「政府支出」「純輸出」（＝輸出－輸入）に 4 分割されることが多いです。

　図 4.3 に従って，近年の日本の実質経済成長率の要因分解をしてみましょう。

　民間投資は GDP に占める構成比は小さいものの，景気が良いときは成長率にプラス，悪いときはマイナスに寄与しており，景気循環の主役といわれています。リーマン・ショック後の 09 年では大幅マイナス成長の主因となりました。それに対し，民間最終消費支出は構成比が大きいものの，比較的安定しています。

　政府支出は 2000 年代においては成長にマイナス寄与しました。小泉純一郎内閣における公共投資削減などが背景にあります。しかし，リーマン・ショック後の世界金融危機に伴う経済の落ち込みへの対応，11 年 3 月の東日本大震災後の復興などを背景に 09 年以降は成長への寄与が高まる傾向にあります。

　2000 年代の経済成長には純輸出も貢献しました。リーマン・ショック前までの世界同時好況による輸出の大幅拡大が背景にあります。2011 年以降は輸出の低迷と輸入の急増により，マイナス寄与になったものの，15 年以降はプラスに寄与しています。

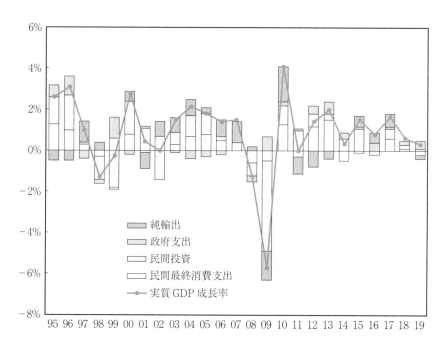

図 4.3　**各年の成長率に対する各需要の寄与度**

4.3　日本経済の大きさ

4.3.1　GDP は世界第 3 位

日本の GDP の世界の中での位置づけを確認してみましょう。2018 年現在，日本の名目 GDP は米ドルに換算すると 4 兆 9564 億ドルで，世界全体の 5.7 ％を占めます。日本の GDP は 2010 年に中国に抜かれ，世界第 3 位となりました。その後も中国は高めの成長が続いたために，2018 年現在では 13 兆 8949 億ドルで日本の 2.8 倍となります。さらに，世界一の GDP の大きさを誇る米国は，2018 年現在で 20 兆 5802 億ドルと日本の 4 倍程度となっています。米国と中国の GDP を合わせると世界全体の 4 割となり，両国の動向がいかに世界に影響を与えるかがわかります。

4.3.2　一人当たり GDP は OECD で 20 位

一方，一人当たり GDP でみると，日本は 2018 年で 3 万 9182 ドル。中国の9771 ドルの 4 倍です。中国の人口は日本の 10 倍程度なので，一国全体の GDPで日本の 2.8 倍になっても一人当たりはまだまだ小さいのです。

なお，図 4.4 に示したように，日本の一人当たり GDP の OECD 諸国に占める順位は近年低下しています。いわゆるアベノミクスによって，2013 年以降の近年は円で見た GDP は増えていますが，円安ドル高が進んだことでドル換算ではむしろ減っているのです。日本は豊かになったのか，それとも貧しくなっているのでしょうか。

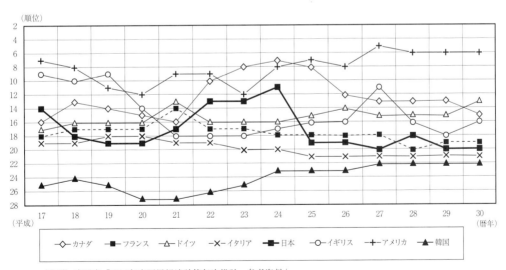

（出所）内閣府「2018年度国民経済計算年次推計　参考資料」

図 4.4　主要国の一人当たり名目GDPのOECD加盟国中の順位

4.4 GDP 計算上の注意

GDP を計算するにあたっては，いくつか注意点があります。詳しいことはマクロ経済学で学んでもらうものとして，ここではその 2 点だけに絞って説明します。

4.4.1 株や土地の売買によって得た利益は GDP に含まない

ある株を 10 万円で買い，12 万円で売った人がいるとします。この人は 2 万円もうかったわけですが，それは GDP に含まれるのでしょうか。

「GDP には含まれない」が答えです。なぜでしょうか。それは，一方にはこの人が買った株を 10 万円で売った人がおり，また一方にはこの人から 12 万円で株を買った人がいるからです。結局，株とおカネの持ち手がぐるぐると入れ替わっているだけであり，ここには何の生産行為もありません。当然，付加価値は生み出されていないのだから，GDP は増えていないということになります。

最も極端な例として，この人に 10 万円で株を売った人と，この人から株を 12 万円で買った人が同一人物だとしてみましょう。株は元の人のところへ戻り，2 万円もうかった人と，2 万円損した人がいるだけであることがわかります。一国全体としては何も生み出されていません。

このように，株や土地など資産の売買によって得られた利益は GDP に含まれません。しかし，株の売買を仲介した証券会社や，土地の売買を仲介した不動産業者の手数料はどうでしょうか。これらの人々は，スムーズに売買が行われるための仲介業務というサービスを提供し，その対価として手数料を得ています。つまり，この手数料はサービスの生産に対する対価であり，付加価値の生産の結果であるといえます。したがって，仲介業者の手数料は GDP に含まれるのです。

よくバブル絶頂期の株価と現在の株価を比較して，「日本から数百兆円が消えた」などという言い方をする人がいます。資産価格が下落したという意味ならば正しいですが，では GDP が数百兆円消えたのかといわれればそうではありません（もしそうなら日本経済は崩壊しています）。もちろん間接的な影響はあるでしょうが，資産価格の下落が直接 GDP の減少を意味するのではないのです。

4.4.2 環境が破壊されたり，余暇が増加したりしても GDP には含まれない

GDP はあくまでも生み出された付加価値の総額です。したがって，生産に伴って公害が発生したとしても，GDP には直接関係ありません。逆に生産効率が上がって労働時間が短縮され，余暇が増えたとしても，やはり GDP には直接関係ありません。

このことを指して,「GDP が増えることが幸せになることではない」という人がいます。それは確かにその通りです。所得が増えても,公害によって健康を害していたり,満足に休みが取れなかったりする状態は,決して幸せとはいえないでしようから。

それなら GDP に代わって幸せの大きさを測る指標を作ろうという動きは以前からあります。たとえば環境が良くなった分や余暇時間が増えた分を数値化し,それを GDP に加えて修正しようとするものです。しかし,これらの修正が逃れ得ない欠陥として,「環境や余暇をいくらでカウントするのか」という点に,何らかの価値判断を含まざるを得ないということが挙げられます。

GDP は,その良し悪しはともかく,市場で取引された価格を基準に決めるという客観性があります。しかし,環境や余暇は市場で取引されていませんので,それにどういう価格をつけるかについては,基準を作る人の恣意性が入り込まざるを得ないのです。

また,「どうせ GDP なんて意味のない指標なのだから増えなくていい」という人もいます。しかし,これからマクロ経済学を学べばわかるはずですが,たとえば GDP 成長率と失業率には密接な関係があることが知られています。

補論 1　付加価値が誰かの所得となる過程　財やサービスを購入するには,おカネ(所得)が必要ですね。所得は,生産活動に従事することで得られます。言い換えれば,生産活動から得られた付加価値は誰かに分配され,それを元手に消費や投資が行われ,需要があるから生産活動が行われるという循環になっているのです。このように,GDP は,生産,所得(分配),需要(支出)の三面でとらえられ,これを三面等価の原則と呼びます。

一方,所得面から付加価値をとらえるときには,国内だけでなく国民という概念もあります。

前述したように,GDP は国内で生み出された付加価値でした。この場合,誰が付加価値を生み出したことは気にしていません。生産に貢献した人は,日本で生まれ育った日本国民かもしれないし,出稼ぎにきた外国人労働者かもしれません。

さらに,私たちは海外の企業の株式を購入して配当金を得たり,債券を買って利子を受け取ったりすることも珍しくなくなってきました。逆に,外国人投資家が日本企業の株式を購入して配当金を得るケースもあるでしょう。

このように,国内で生み出された付加価値＝所得に,日本国民が海外から得た所得と海外に支払う所得の差(海外からの所得の純受取)を加えたものが日本国民全体の所得になります。これを国民総所得(Gross National Income, GNI)と呼びます[1]。

---

1)　昔は「国民総生産」(Gross National Product, GNP)と呼ばれていました。

　国民総所得は，家計の取り分である雇用者報酬，企業の取り分である営業余剰，政府の取り分である間接税[2]，減価償却費にほぼ相当する固定資本減耗に分けられます。このうち，雇用者報酬と営業余剰の合計を国民所得[3]と呼び，第5章の財政で学ぶ国民負担率の計算などにも用いられています。

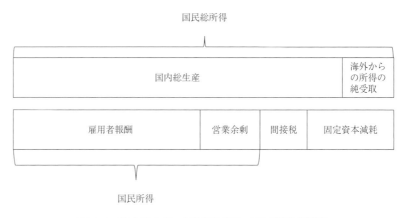

図 4.5　**国内総生産、国民総所得、国民所得の関係**

補論2　GDPが最終需要の合計として表現できる理由　すでに述べたように，生産は需要があるから行われ，生産されたものは，小麦や小麦粉のように他産業の原材料となるものもあれば，パンのように私たち消費者が購入して食べるものもあります。前者を中間財，後者を最終財と呼びます。中間財の需要は中間投入[4]と呼ばれます。最終財の需要には，民間最終消費支出などがあります。

　以上から，一国全体の財・サービスの供給と需要は以下のようになります。

　　供給：産出＋輸入
　　需要：中間投入＋民間最終消費支出＋民間投資＋政府支出＋輸出

　GDPの計算では供給と需要が等しいとみなしています[5]。式を整理すると以下のようになります。産出は，国内での生産額です。

　　産出－中間投入＝民間最終消費支出＋民間投資＋政府支出＋輸出－輸入

　上記式の左辺は，4.2.4項で説明した付加価値にほかなりません。GDPは，

---

　2)　正式には「生産・輸入品に課される税」から補助金を差し引いたものです。
　3)　間接税を含めた「国民所得（市場価格表示）」という概念もありますが，一般的には家計と企業の取り分の合計を国民所得と呼びます。正式名称は「国民所得（要素費用表示）」です。
　4)　中間需要という呼び方もあります。
　5)　民間投資，政府支出に在庫変動が含まれているためです。

最終需要の合計の形でも表現できるのです。すべての最終需要が国内生産によってまかなわれているわけではないので，輸入が差し引かれています。

補論 3　景気動向指数とは何か　前述したように，GDP の変動，すなわち経済成長率は一国の景気の良し悪しを測る指標ですが，日本では四半期単位でしか公表されません。一方，月次で景気の良し悪しを測ることができるのが景気動向指数です。景気動向指数は，複数の経済データの変動を合成して作成されています。景気の波そのものを表すため現状把握に利用できる一致指数，一致指数を先読みするための先行指数，景気の広がりを事後に確認するための遅行指数の 3 種類が存在し，それぞれ，表 4.2 の経済データが合成に用いられています。

表 4.2　**景気動向指数に採用されている経済データ**

先行指数	1　最終需要財在庫率指数（逆サイクル） 2　鉱工業用生産財在庫率指数（逆サイクル） 3　新規求人数（除学卒） 4　実質機械受注（製造業） 5　新設住宅着工床面積 6　消費者態度指数 7　日経商品指数（42 種総合） 8　マネーストック（M2）（前年同月比） 9　東証株価指数 10　投資環境指数（製造業） 11　中小企業売上げ見通し DI
一致指数	1　生産指数（鉱工業） 2　鉱工業用生産財出荷指数 3　耐久消費財出荷指数 4　所定外労働時間指数（調査産業計） 5　投資財出荷指数（除輸送機械） 6　商業販売額（小売業，前年同月比） 7　商業販売額（卸売業，前年同月比） 8　営業利益（全産業） 9　有効求人倍率（除学卒） 10　輸出数量指数
遅行指数	1　第 3 次産業活動指数（対事業所サービス業） 2　常用雇用指数（調査産業計，前年同月比） 3　実質法人企業設備投資（全産業） 4　家計消費支出（勤労者世帯，名目，前年同月比） 5　法人税収入 6　完全失業率（逆サイクル） 7　きまって支給する給与（製造業，名目） 8　消費者物価指数（生鮮食品を除く総合，前年同月比） 9　最終需要財在庫指数

（注）「逆サイクル」は，指数の上昇・下降が景気の動きと反対になる指標のことを指す。

　一致指数は，鉱工業生産指数など生産関連の経済データが中心になっています。GDP は財やサービスの生産活動から生まれる付加価値だからです。

　先行指数は，最終需要財在庫率指数など在庫量を把握する経済データが含まれます。生産変動には在庫量の変動が影響するためです。生産が注文を受けて

（受注）行われることに注目し，機械受注も先行指数に含まれます。このほか，
株価や金融指標も景気の変化を先取りする傾向があることから先行指数の合成
に用いられている。

　遅行指数には完全失業率など労働市場の動向を示すものや，家計消費支出，
法人税収入という家計や企業の懐具合を確認する経済データが合成に用いられ
ています。労働市場の変動は景気変動に遅れる傾向があるためです。

　合成の方法としては，CI（コンポジット・インデックス composite index），

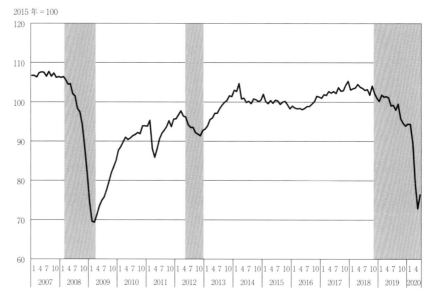

図 4.6　景気動向指数（一致CI）の推移

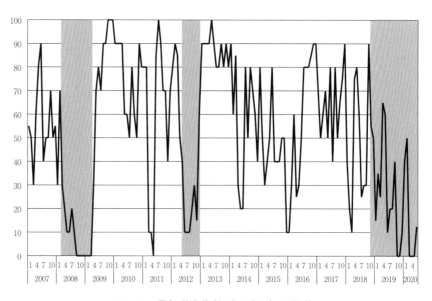

図 4.7　景気動向指数（一致DI）の推移

DI（ディフュージョン・インデックス diffusion index）の 2 種類が存在します。日本を含めて多くの国では CI を基本とし，DI を参考資料として示しています。CI は景気の水準と方向を示すとされます（図 4.6）。DI は景気の方向に注目した指標で 50 を上回るか下回るかが重要です（図 4.7）。

　景気動向指数は，景気が上向き（拡張）か，下向き（後退）かを判定することにも用いられています。景気が拡張から後退に転じる時点を景気の山，後退から拡張に転じている時点を景気の谷と呼びます。日本の景気の山，谷は，内閣府に設置された景気動向指数研究会が判定し，景気基準日付という形で公表されています（表 4.3）。

表 4.3　**景気基準日付**

循環	谷	山	期間			通称
			拡張	後退	全循環	
第 1 循環		1951 年 6 月		4 ヵ月		
第 2 循環	1951 年 10 月	1954 年 1 月	27 ヵ月	10 ヵ月	37 ヵ月	
第 3 循環	1954 年 11 月	1957 年 6 月	31 ヵ月	12 ヵ月	43 ヵ月	神武景気
第 4 循環	1958 年 6 月	1961 年 12 月	42 ヵ月	10 ヵ月	52 ヵ月	岩戸景気
第 5 循環	1962 年 10 月	1964 年 10 月	24 ヵ月	12 ヵ月	36 ヵ月	オリンピック景気
第 6 循環	1965 年 10 月	1970 年 7 月	57 ヵ月	17 ヵ月	74 ヵ月	いざなぎ景気
第 7 循環	1971 年 12 月	1973 年 11 月	23 ヵ月	16 ヵ月	39 ヵ月	列島改造ブーム
第 8 循環	1975 年 3 月	1977 年 1 月	22 ヵ月	9 ヵ月	31 ヵ月	
第 9 循環	1977 年 10 月	1980 年 2 月	28 ヵ月	36 ヵ月	64 ヵ月	
第 10 循環	1983 年 2 月	1985 年 6 月	28 ヵ月	17 ヵ月	45 ヵ月	
第 11 循環	1986 年 11 月	1991 年 2 月	51 ヵ月	32 ヵ月	83 ヵ月	平成景気（バブル）
第 12 循環	1993 年 10 月	1997 年 5 月	43 ヵ月	20 ヵ月	63 ヵ月	
第 13 循環	1999 年 1 月	2000 年 11 月	22 ヵ月	14 ヵ月	36 ヵ月	
第 14 循環	2002 年 1 月	2008 年 2 月	73 ヵ月	13 ヵ月	86 ヵ月	いざなぎ超え
第 15 循環	2009 年 3 月	2012 年 3 月	36 ヵ月	8 ヵ月	44 ヵ月	
第 16 循環	2012 年 11 月	2018 年 10 月	71 ヵ月			

スタディガイド

① 　平口良司・稲葉大『マクロ経済学—入門の「一歩前」から応用まで　新版』有斐閣，2020 年
② 　福田慎一・照山博司『マクロ経済学・入門（第 5 版）』有斐閣，2016 年
③ 　鈴木正俊『経済データの読み方（新版）』岩波書店，2006 年
④ 　新家義貴『予測の達人が教える　経済指標の読み方』日本経済新聞出版社，2017 年

　本章で学んだ内容は，今後，マクロ経済学で詳しく扱われます。そもそも，GDP の概念はマクロ経済学の理論がベースになっています。①と②は，マクロ経済学の入門的内容を学べるテキストです。

　GDP をはじめとした各種の経済データの作成方法，使い方について学ぶには，そのデー

タを公表しているホームページをみるのが一番です。ただし，ガイドがないとどこから手をつけて良いか悩む人もいるでしょう。古い本ながら，各種経済データについてざっと学べるのが③です。この本を片手に，各データのホームページを見て，最新の内容を確認していってはどうでしょうか。

　経済データを分析して，日本や世界の景気の現状を判断し，先行きを見通す仕事を日々行っているのが「エコノミスト」と呼ばれる人々です。④は，景気判断や予測の世界で活躍しているエコノミストが，知識ゼロ（著者は法学部卒業）からいかに経済データの読み方を学んでいったかを知りながら，実践的な活用法を学べる本です。

練習問題 4

4.1　次の文章の空欄 A，B に当てはまる最適な数値を答えなさい。
　　　2019 年の日本の GDP は約　　A　　兆円であり，一人当たり GDP は約　　B　　万円である。

4.2　ある国の昨年の GDP は 200 であった。この国の今年の GDP が 210 であったとすると，経済成長率は何％になるか。

4.3　次の文章の空欄 A，B に当てはまる最適な語句を答えなさい。
　　　GDP とは「ある国の国内で一定期間内に生み出された　　A　　の総額」と定義できる。生産には生産要素が必要であるが，代表的生産要素としては，　　B　　，資本，土地を挙げることができる。

4.4　次の文章の空欄 A ～ C に当てはまる最適な語句を答えなさい。
　　　需要面から GDP を観察すると，民間最終消費支出は全体の約　　A　　割を占めるほど存在感が大きい。しかし，成長率への寄与はそれほど大きくない。逆に　　B　　は GDP 全体に占める割合は小さいものの，景気が良いときは成長率にプラス，悪いときはマイナスに寄与しており，　　C　　の主役といわれている。

4.5　次の文章 a ～ d の正誤を判定しなさい。
　　　a. 美容師が髪を切るのは生産とはいえない。
　　　b. 株や土地の売買によって得た利益は GDP に含まない。
　　　c. 土地を貸して得た賃料は GDP に含まない。
　　　d. 環境が破壊されると GDP にはマイナスにカウントされる。

第 5 章

財　　政

本章のねらい　本章では，市場の失敗や不平等な所得分配など市場の限界を補完するために，政府が行う経済活動について取り上げます。政府の経済活動といっても公共部門の内部で完結しているわけではありません。公共サービスの生産や供給にあたっては，生産要素市場や財・サービス市場とのつながりがあります。一方，政府が供給する多くの公共サービスについては市場で売買されません。市場取引であれば，価格がシグナルの役割を果たし需要と供給が一致するように調整されるのですが，公共サービスの場合，その種類，内容，供給量，そして原資（どのような租税を課すのか，公債発行額の限度額はいくらにするのか）に関して予算過程で決定されます。そこでここでは財政の役割，財政を規定する予算制度，財政状況，そして国民負担について学びましょう。

5.1　財政とは

　財政とは政府が民間から租税，社会保険料を徴収し，また公債を発行し資金を借り入れることにより，それらを原資として支出する一連の経済活動を意味します。政府は民間企業では適正に供給できない，多様な公共サービスを供給します。たとえば平和の維持のための防衛，治安のための警察，秩序維持のための司法行政，外国との友好関係の維持に必要な外交などです。また政府は，不平等な所得分配に対応するための生活保護の給付ならびに企業への補助金などの移転支出を含む経済活動を行います。

　ここで注意しなければならないことは，政府から家計と企業に提供される公共サービスや移転支出が基本的に市場を媒介としていない点です。家計と企業は公共サービスの需要や移転支出の受取に際して，一部の公共サービスを除くと，一般的にその都度対価を支払うわけではありません。仮に対価の支払が求められるとすれば，逆に矛盾する事態も生じます。たとえば，生活保護を考え

てみましょう。生活保護の受給者は自分で最低生活費を賄うだけの所得がない
からこそ受給するのであって，生活保護の受給の対価として料金等の支払が求
められるとすれば，それは本末転倒となります。

　一方，政府は公共サービスの供給や移転支出に際して，労働，資本，土地と
いった生産要素を投入しなければなりません。また企業が生産した財・サービ
スを購入することもあります。生産要素市場ならびに財・サービス市場におい
て，政府は家計や企業と同様に一経済主体として行動します。つまり，生産要
素の需要に対しては労働には賃金・給与・報酬を，資本には利子を，土地には
地代や賃貸料を対価として主として家計に支払い，他方，財・サービスの需要
に際しては企業に価格と需要量に応じて支払うことになります。そのため，政
府が公共サービスを供給し移転支出を行う上で資金が欠かせません。基本的に
政府はさまざまな租税を課し，租税収入を財源とします[1]。

　図 5.1 は政府と，家計および企業との関係を財政面から捉えています。政府
の経済活動の領域は公共部門と呼ばれ，民間部門とは異なる特徴があります。
公共部門の特徴は，既述したように，公共サービスの供給は市場を介さず，ま
た例外もありますが，基本的に対価の支払を求めないところです。これに付随
して，公共サービスの種類や内容および供給量，移転支出の種類や内容および
その規模，財源調達の方法，租税の種類の選択，公債発行の限度額については，
予算過程を通して政治的に決定されます。

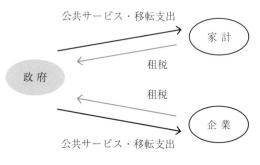

図 5.1　**公共部門のイメージ**

5.2　財政 3 機能

　それでは政府の経済活動の役割を理解するためにリチャード・A・マスグレ
イヴ（Richard Abel Musgrave, 1910 ～ 2007 年）の財政 3 機能について概観し
ておきましょう。マスグレイヴの財政 3 機能には資源配分機能，所得再分配機
能，経済安定機能があります。

---

1)　ただし，後にみるように公債を発行し，公債金収入を財源に含めることが可能です。

5.2.1　資源配分機能

　すでに第3章で学んだように，市場が完全競争市場であったとしても，財・サービスの消費や生産の局面で外部性が生じる場合ならびに財・サービスが非競合性と非排除性という二つの特徴を持つ純粋公共財（pure public goods）の場合には，市場で効率的な資源配分が達成されません。そのため，政府は経済活動を通じて市場の失敗を補完します。これを資源配分機能と呼びます。

　外部性への対応　　まず外部性には，市場取引に参加しない人々に便益をもたらす正の外部性（外部経済）と，市場取引に参加しない人々に損失を与える負の外部性（外部不経済）があります。正の外部性の場合，社会的にみると市場で決定される消費水準は過少消費，または生産水準が過少生産の状態にあります。市場取引に参加していない人々が享受する便益が反映されないからです。そこで政府が買手に補助を提供し需要量を増やすか，売手である生産者に補助金を提供し，生産者の限界費用（追加的に1単位生産するときの費用）を引き下げ，供給量を増やします。

　正の外部性の具体例として予防接種や花壇が挙げられます。たとえばインフルエンザの予防接種は料金が高いときには罹患したくない人かつ予防接種料を払えるだけの経済力のある人が受けます。結果的にまずその人自身がインフルエンザに罹りにくくなり，続いてその人と関わる周辺の人たちもその人からインフルエンザをうつされるリスクが下がるという便益を得ます。けれども社会的にみると，より多くの人々が予防接種を受けた方がインフルエンザの流行を抑制し，学級閉鎖などの措置を回避することができます。政府が一人につき補助を提供するとすれば消費者の自己負担が減少します。予防接種料が低下するわけですから，予防接種を受ける人が増加し，ひいてはインフルエンザの蔓延を防ぐことにつながります。

　また個人宅の庭や店先の草花は種，球根，草木，肥料を購入し栽培した人自身が花や緑を愛でることができますが，近隣の人々や通行人等も借景することで便益を享受することができます。地方自治体が正の外部性を評価し草花を植えることに補助金を出すことは緑化運動や美しい町づくりにつながり，住民のみならず旅行者や買い物客を魅了するでしょう。

　反対に負の外部性の場合には社会的にみると市場で決定される消費水準が過剰消費，もしくは生産水準が過剰生産となっています。市場取引に参加していない人々が被る損失・損害が，賠償金の支払によって原因者の負担となるように内部化されていないためです。政府が生産者に税[2]を課すと，買手が直面す

　2）　経済学者のピグー（Arthur Cecil Pigou）が考案したことからピグー税と呼ばれます。実際には環境税や炭素税が相当します。課税方法としては財1単位当たりの税額を定める従量税と価格に税率を設定する従価税の2種類があります。

る市場価格（税込み）が上昇し需要を抑制する一方，生産者の利潤が減少し供
給を抑制します。

　負の外部性の具体例として喫煙がよく取り上げられます。喫煙家は煙草を吸
うことで精神的な満足を得るようですが，周辺の人たちは受動喫煙によって健
康被害を受けることが医学的に示されています。そのため，政府は煙草にたば
こ税を課し，消費者が直面する価格（税込み）を引き上げ，消費量を抑制します。

　けれどもここで次のような疑問が生じるかもしれません。「消費量が減って
しまったら，たばこ税から挙げられる個別税収も減少するのではないか。そう
なっては租税本来の役割である国庫充足に反し，矛盾するのではないか」とい
う疑問です。たばこ税に関しては実際のところ，増税によって煙草の消費量が
減少し結果的に減収となりました。この場合，負の外部性への対応と国庫充足
のどちらに優先順位を置くのか，さらには喫煙家の健康への政府干渉の程度を
含めて政策的に問われます。たばこ税を最優先で規制税と位置付けるのであれ
ば，たばこ税の増税によるたばこ税収の減少という結果は成功といえます。い
ずれにしても，このように外部性のある財については，政府が補助や課税によっ
て市場で決まる資源配分が効率的になるように補完します。

　公共財の供給　　市場で取引される財・サービスには対価を払わない人は消
費できないという排除原則が適用されます。しかし純粋公共財についてみると，
対価を支払わない人々を消費から排除できないという非排除性の特徴があり，
それゆえにフリーライダー問題が生じます。民間企業は生産費用に見合う売上
収入を得られず，生産続行が困難となるでしょう。

　前述したように，公共財（公共サービスを含む）の具体例として防衛，警察，
道路，橋，港湾などがあり，これらは国民生活に不可欠です。しかし企業に代
わって政府が供給するにしても，フリーライダー問題は依然としてつきまとい
ます。また防衛の例からもわかるように，防衛サービスの便益は不可分である
ほかに便益の帰属先が特定化できないため，価格付けや対価の支払が困難です。
そのため，手数料や負担金を設定することはできません。そこでフリーライダー
問題を乗り越え，純粋公共財の供給に必要な資金を得るには，政府が国民に租
税を課し，租税収入を財源とする必要があります。なぜならば，租税は政府が
民間から強制的かつ一方的に経済力を譲渡させる手段だからです。

　純粋公共財のもう一つの特徴は，複数の人々で消費する場合，消費量を減少
させずにすむという非競合性です。これは社会全体で，もしくは複数の人たち
で同じ量を消費する，すなわち等量消費であることに起因します。追加的にも
う一人が消費に加わったとしても消費量を減らすことなく複数の人々で同じ量
を消費することができます。また供給者サイドでは，追加的にもう 1 単位生産
するとしても，社会的限界費用（追加的に 1 単位生産する費用と他者に与えた
損失を元の状態に戻すための費用の合計）がゼロです。とすれば，追加的にも

う1単位生産すればよいという以上に，ひとたび供給されると等量消費となる財の供給量の水準が問題となります。このように非競合性と非排除性の二つの特徴をもつ純粋公共財の場合には，政府が関与し予算過程で決定した方がよいということになります。

それでは，非競合性または非排除性のいずれか一方の特徴しか有していない準公共財（quasi-public goods）の場合には，政府は補完するべきでしょうか。まず，非競合性という特徴のみでは，必ずしも政府が介入する根拠となりません。会員制のゴルフクラブが良い例です。会費を払っていなければ，もしくはゴルフクラブの会員と一緒でなければ，複数の人たちで楽しむことのできるゴルフ場を利用することはできません。会費によって排除原則が働き，フリーライダーは発生しません。しかしながら，電力，ガス，水道などの費用逓減産業（生産量が増えるにつれて平均費用が減少するような財・サービスを生産する産業）については自然独占と関わるため，政府が介入する余地が残されています。

これに対して非排除性の特徴のみを有する場合，つまり非排除性と競合性を特徴とする場合にはフリーライダー問題が生ずることから政府の介入が求められます。具体例として，ごみの回収についてみてみましょう。ごみの回収は回収車の1台当たりの積載量，保有台数，1日の巡回数によって競合します。回収場所に出されたごみが契約者のものか非契約者のものかを識別することは莫大な排除費用を要しますし，または実際のところ困難です。したがってフリーライダーが発生し，民間企業だけではごみの回収サービスを供給できなくなり，政府の介入が求められます。ただし，ここで考えなければならないのは，いずれのレベルの政府が担うかということです。防衛の外部経済は一国全体に及ぶことから中央政府の仕事とされます。一方，ごみ回収の外部経済はせいぜい一定の地域にとどまります。このことからごみ回収は下位の政府レベル，すなわち地方自治体の仕事とするのが妥当と考えられています。各自治体ではフリーライダー問題に対処するために，租税収入を財源とすることに加えて，ごみ袋を特定する，粗大ごみに至ってはサービス利用者にクーポン券を事前に購入させ，氏名や指定番号を記載させた上で指定日時と場所に置く等,フリーライダーを排除する仕組みを導入しています。

5.2.2 所得再分配機能

所得は生産要素を供給するという生産への貢献によって多寡が決定され，市場では不平等な所得分配を回避することができません。所得の多い人もいれば，最低生活費に困るような所得の少ない人もいます。確かに有徳な人の寄付や奨学金による高所得者から低所得者への所得移転があります。しかし民間部門の寄付等で困窮状態に陥った低所得者を救済できるとは限りません。

そこで政府が累進所得税によって高所得者に重い所得税負担を負わせ，税収

を財源として生活保護などの社会保障制度を通じて移転支出を行います。これにより低所得者が最低限度の生活を過ごすことができるようになり，富者と貧者の所得格差が是正されます。これが財政に期待される所得再分配機能です。

　ここで「再分配（redistribution）」というのは，市場で所得分配が決定した後に，政府が介在し，所得分配を修正することを意味します。再分配の対象はフローである所得であって，ストックとしての資産ではありません。フローは一定期間の変化を測るのに対して，ストックはある時点の状態を捉えます。1 月 1 日から 12 月 31 日までの 1 年間にどれだけ稼得したのかはフローです。12 月 31 日時点で銀行預金はいくらあるかはストックとなります。マスグレイヴの再分配についての発想は所得の再分配にあります。

　所得再分配機能には高・中所得者と低所得者間の所得再分配のほかに，日本の公的年金制度のように現役世代から退職・老齢世代への世代間の所得再分配や，補助金や地方交付税交付金による財政移転や財政調整制度にみられる地域間の所得再分配もあります。

5.2.3　経済安定機能

　経済活動には活発な時期もあれば芳しくないときもあり，景気には浮き沈みがあります。国民生活の安寧のためには景気変動が軽微で長期的な経済成長を遂げることが肝腎です。しかし現実は第 4 章で学んだように，民間投資が景気循環に影響を与えます。民間投資の増加は国民経済の総需要を増やし国民所得水準を引き上げ，逆に民間投資の減少は総需要を減らし国民所得水準の伸び率を引き下げます。不況期には企業の倒産が増え，また生産縮小が図られ，失業者が増えます。好況期において景気が過熱し物価上昇が生じると，貨幣価値が低下し，それによって国民生活が締めつけられます。こうしたことから財政が経済安定機能を担うことになります。

　具体的にはやり方として二つあります。第一は，裁量的財政政策（フィスカル・ポリシー，fiscal policy）と呼ばれます。ジョン・メイナード・ケインズ（John Maynard Keynes，1883 ～ 1946 年）の有効需要の原理によれば，有効需要の不足が失業の原因です。政策当局が経済状況を判断し，不況期に公共投資の拡大や減税を行い，それによって有効需要をつくり出し景気の回復を図ります。反対に好況期には公共投資の削減・先送りや増税で景気の過熱を抑えます。

　第二は，自動安定化装置（ビルトイン・スタビライザー，built-in stabilizer）です。自動安定化装置として注目されるのが租税制度と社会保障制度です。

　租税制度は基本的に税収を挙げる制度ですが，所得税と法人税は景気循環に感応的です。好況期に所得が増えると，累進所得税制の下でより高い累進税率が適用され所得税額が増えます。これにより，所得の増加ほどには税引き後所得は増えず，したがって消費の増加を抑制し，一国全体の総需要の伸びを抑えます。また法人税は法人利潤への課税であるため，好況期に法人利潤が増える

ので法人税額が増え，税引き後利潤の伸びを抑制することを通じて投資の伸び
を押さえます。法人税も総需要の増加を抑制するので，景気の過熱に歯止めを
掛けることができます。

最も実質所得の上昇が名目所得の上昇に追い付かない場合や，長期的観点か
ら累進所得税や法人税が自動安定化装置として行き過ぎてしまう場合には，長
期的成長を抑制するというフィスカル・ドラッグ（fiscal drag）に陥ります。

次に社会保障制度についてみてみると，社会保障制度は本来，個人では対応
できないリスクに対し，社会的にセーフティーネットを供する制度です。その
中で雇用保険は，好況期に労働者が就業し雇用保険料を拠出し基金がプールさ
れます。雇用保険料拠出後の所得から消費するので，総需要の伸びは累進所得
税ほどではないかもしれませんが，多少なりとも抑制されます。これに対して，
不況期には多くの労働者が失業します。失業者は雇用保険から給付金を受け取
り，それによって一定水準の消費を保つことができるので，総需要の減少を抑
えることができます。

5.3 日本の予算制度

政府の経済活動を計画し，国民に公示し，統治者の統治をコントロールする
ものとして予算があります。5.3 節では日本の予算制度についてみてみましょ
う。

5.3.1 予算とは

予算とは，毎年度議会の議決を経て成立する法定の政府収支勘定です。実は
この一文には制度的に重要な内容が諸々詰まっています。まず会計年度の区切
りは国によって異なります。日本における一会計年度はその年の 4 月 1 日に始
まり翌年 3 月 31 日をもって終了します。たとえば XX 年度予算とは XX 年 4 月
1 日から YY 年 3 月 31 日までに財源が調達され執行される予算を意味します。

次に「収支勘定」という言葉からもわかるように，予算は歳出と歳入の双方
を以って成り立ちます。歳出には当該年度における一切の支出が計上され，歳
入には当該年度における一切の収入が計上されるわけです。これを総計予算主
義といいます。したがって，歳入予算において，租税収入と租税収入を挙げる
ための徴税費を相殺しネットの収入が計上されるわけでありません。支出と収
入は別々に統制されます。

なお歳出と歳入の対応関係は，XX 年度の歳出は XX 年度の歳入で賄うとい
う会計年度独立主義が基底にあることから，予算制度上，翌年度の租税収入の
一部を XX 年度の歳入に計上することはできません。年度をまたがる支出や翌
年度の支出になることが確定している場合は，歳出とは別に扱われています。

5.3.2　予算承認の事前性

続いて予算は「毎年度議会の議決を経て成立する」とされているように，同じ内容の予算であったとしても，毎年度作成され，議会で審議され承認される必要があります。これを単年度主義といいます。

本予算または当初予算の承認については事前承認の原則があり，当該会計年度の開始前に承認されなければなりません。

しかし議会がさまざまな法案を抱え，当該会計年度の開始前に本予算の成立が見込まれないことが起こりえます。そのような場合には経常的経費に対して暫定予算を組みます。暫定予算もまた議会の議決に付す必要があります。暫定予算は予算空白を回避するための仕組みです。暫定予算を制度的に導入していない国では，本予算が承認されるまで財政運営を止めることとなり，国民（市民）生活にとって大きな混乱を招くこともありえます。暫定予算の執行は公共サービスの間断なき供給を可能とします。本予算が成立した後は暫定予算の執行を止め，本予算から暫定予算の執行額を除き支出を行います。

さらに本予算の執行中に，本予算では対応しきれないような経済状況の変化や天災・災害が生じ，財政出動が要請される場合には，補正予算を組み，議会の審議・承認を経ます。補正予算は回数制限があるわけではないので，必要に応じて第一次補正予算，第二次補正予算，続いて第三次補正予算というように補正予算が幾度となく成立する年度もあります。

5.3.3　予算編成と予算循環

日本の予算編成では，まず財務省主計局が中心となって各省庁から提出された概算要求に関しヒアリングを行い，作成した財務省案を内閣に提出します。内閣は予算作成権と予算提案権を有していることから，財務省案を受け取ると各省庁に開示し，必要であれば大臣折衝を経た後，閣議で政府案を決定し国会に提出します。

他方，国会は予算修正権を有しており，政府案を修正することができます。日本の議会は二院制を採用しているため，予算審議は下院である衆議院から始め，衆議院の議決後，上院である参議院に審議が移ります。両院の議決が異なる場合は両院協議会が開かれ，それでもなお一致がみられない場合，また参議院が衆議院の可決した予算を受け取った後，国会休会中を除いて 30 日以内に議決しないときには，衆議院の議決を国会の議決とします。こうしてみるように下院には予算先議権と議決優先権が与えられており，これを下院優先の原則といいます。

予算は毎年度作成・審議・承認されます。YY 年度の予算は XX 年度に作成され議決を経て成立しなければなりません。YY 年度が開始すると執行され，年度が終了すると各会計勘定は閉じ決算を迎えます。日本では行政府に属する会計検査院がこれを精査し，その報告書は内閣に提出されます。内閣は決算と会

計検査院の報告の両方を国会に提出し，国会の審議・承認に付すこととなります。日本では予算のみならず決算もまた審議の対象です。これを決算審議の原則といいます。

毎年度繰り返される予算の一生を表す予算循環は，図 5.2 に表されるように各年度予算の流れ（左側）と，一会計年度ごとに各年度予算の動き（右側）の双方向で確認することができます。まず YY 年度予算についてみると，XX 年度に予算が作成され，国会で審議・議決を経て YY 年度に執行され，ZZ 年度には決算を迎えます。この作成から決算までが予算の一生となります。それでは YY 年度にはどのような予算の動きがあるのかというと，XX 年度予算が決算となり，YY 年度予算は執行され，ZZ 年度予算がいよいよ作成され審議・議決となります。予算循環の実態は予算の単年度主義，会計年度独立主義，決算審議の原則が反映されたものとして理解することができるでしょう。

	前年度	当該年度	翌年度
WW年度予算			
XX年度予算	作成・審議・議決	執行	決算
YY年度予算			
ZZ年度予算			

	WW年度	XX年度	YY年度	ZZ年度
XX年度予算	作成			
	審議	執行	決算	
	議決			
YY年度予算		作成		
		審議	執行	決算
		議決		
ZZ年度予算			作成	
			審議	執行
			議決	

図 5.2　予算循環：各年度予算の流れ

5.3.4　法定の意味するところ

予算が「法定」とされているのは具体的には歳入法定ならびに租税法定を指しています。つまり租税を課す，あるいは公債を発行することで生じる財政負担は，議会が立法化して確定する必要があります。

租税法定の根拠は租税の性質に付随します。租税は政府による強制的かつ一方的な経済力の譲渡という定義からわかるように，新税を賦課する，または現行の租税を変更すると，課税される側，すなわち家計や企業は政府から公共サービスを受けている，または受けていないに関わらず，納付しなければなりません。租税は自発的支払ではありません。政府は家計や企業と同様に経済主体ですが，家計や企業と異なり，家計や企業が有していない公権力[3]を有しています。課税と徴税には公権力が行使されます。とすると，課税は家計や企業の財産を保護する私有財産制度に抵触する恐れが出てきます。私有財産制度と課税を併

存させるには，租税は法律または法律の定める条件にしたがう必要があります。租税法として立法化することは国民が選んだ議員が国会で議決した，すなわち国民が承認したことと同等となります。租税法定とすることで，税法に沿って課される租税は，国民が同意したものとして取り扱うことを可能とします。租税法定である以上，税法から逸脱した家計や企業の行為は違法とみなされます。

　一方，公債発行は国が債務を負担することにつながります。すなわち公債は租税と異なり，国の借金となります。公債が債務である以上，償還期限を迎えると，国は公債の保有者に返済しなければなりません。公債は最終的に租税収入で償還されます。国民に負担を強いることになるため，公債発行も国会の議決に基づかなければなりません。

　公債の発行と償還が異なる世代で行われると，償還財源は償還期限を迎えた時点の世代が負担する租税収入となります。しかし，将来世代は公債発行時に国会の議決に参加していません。この点は長期債務残高を考える際に重要となります。

5.4　財政状況

　5.3 節では予算制度を理解するために予算制度の礎石となる諸原則について学びました。ここでは具体的に国の一般会計予算（歳出と歳入）を取り上げます。歳出については経費別支出を取り出し，各基本的施策を取り巻く環境を確認し，歳入については構成を把握し，国の財政状況を理解しましょう。

5.4.1　国の一般会計歳出予算

　一般会計とは国の基本的施策を推進するための経費を賄う会計のことです。2018（平成30）年度の一般会計歳出の構成をみてみると（図 5.3 を参照），社会保障関係費が 33.7％，国債費が 23.8％，そして地方交付税交付金が 15.9％となっています。

　国債費は，過去に発行した国債が償還期限を迎えたため国債の保有者に返済するための債務償還費，そして国債の保有者に利息を払うための利払費等から成り立ちます。他方，地方交付税交付金は国から地方への財源移転となります。これら国債費と地方交付税交付金を合わせた構成比は約 40％に上ります。この国債費と地方交付税交付金を合計した構成比が増大するほど，国の基本的施策のための支出，すなわち基礎的財政収支対象経費から地方交付税交付金を除い

3）　公権力とは政府の統治行為のうち，物理的な力によって執行される，あるいは服従しなければ刑罰に科せられるものを指し，公権力の行使には行政庁が私人に対して，法律に基づいて一方的に計画し，命令し，給付し，一定の法律関係を形成し，指導し，強制する活動が含まれます。

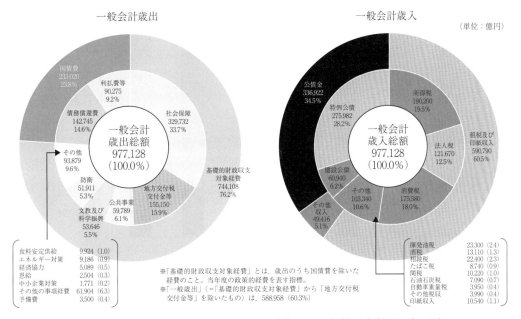

一般会計歳出

国債費 233,020 23.8%
利払費等 90,275 9.2%
債務償還費 142,745 14.6%
社会保障 329,732 33.7%
一般会計歳出総額 977,128 (100.0%)
基礎的財政収支対象経費 744,108 76.2%
その他 93,879 9.6%
防衛 51,911 5.3%
文教及び科学振興 53,646 5.5%
公共事業 59,789 6.1%
地方交付税交付金等 155,150 15.9%

食料安定供給	9,924 (1.0)
エネルギー対策	9,186 (0.9)
経済協力	5,089 (0.5)
恩給	2,504 (0.3)
中小企業対策	1,771 (0.2)
その他の事項経費	61,904 (6.3)
予備費	3,500 (0.4)

一般会計歳入

(単位：億円)

公債金 336,922 34.5%
特例公債 275,982 28.2%
建設公債 60,940 6.2%
その他収入 49,416 5.1%
一般会計歳入総額 977,128 (100.0%)
所得税 190,200 19.5%
租税及び印紙収入 590,790 60.5%
法人税 121,670 12.5%
消費税 175,580 18.0%
その他 103,340 10.6%

揮発油税	23,300	(2.4)
酒税	13,110	(1.3)
相続税	22,400	(2.3)
たばこ税	8,740	(0.9)
関税	10,220	(1.0)
石油石炭税	7,090	(0.7)
自動車重量税	3,950	(0.4)
その他税収	3,990	(0.4)
印紙収入	10,540	(1.1)

※「基礎的財政収支対象経費」とは，歳出のうち国債費を除いた経費のこと。当年度の政策的経費を表す指標。
※「一般歳出」（＝「基礎的財政収支対象経費」から「地方交付税交付金等」を除いたもの）は，588,958（60.3%）

（注1）計数については，それぞれ四捨五入によっているので，端数において合計とは合致しないものがある。
（注2）一般歳出※における社会保障関係費の割合は56.0%。
（出所）財務省『日本の財政関係資料』平成30年10月，1～2ページ

図 5.3　平成 30 年度一般会計歳出・歳入の構成

た一般歳出が圧迫されることとなります。

　一般歳出には社会保障関係費，公共事業費，文教・科学振興費，防衛費，その他が含まれ，国がどのような基本的施策に重点を置いているのかを詳らかにします。なかでも歳出全体の中で構成比が最も飛び抜けているのが社会保障関係費であり，歳出全体の3割超を占めます。社会保障関係費には生活保護費，社会福祉費，社会保険費，保健衛生対策費，失業対策費があり，国民の経済厚生に直接関わります。

　次に公共事業費は治山治水対策，道路整備，港湾漁港空港整備，住宅都市環境整備，下水道廃棄物処理，農業農村対策，森林水産基盤整備など社会資本整備を中心とします。近年，公共事業は地方分権や過疎地対策，雇用創出，地域経済の活性化などの一翼を担っています。

　文教・科学振興費は義務教育国庫負担，国立学校法人運営費交付金，文教施設，教育振興助成，私学助成，育英事業，科学技術振興に充てられます。

　さらに防衛費は平和を享受する時代を反映して，歳出における構成比は公共事業や文教・科学振興費よりも低位にあります。そのほかには経済協力，中小企業対策，エネルギー対策，食料安定供給，産業投資関連があります。

　図 5.4 は 1960（昭和 35）年度から 2018（平成 30）年度までの歳出構造の変化を表しています。1960 年度には国債費は僅か 1.7%に過ぎず，地方交付税等が 18.3%となり，歳出予算の 8 割は基本的施策に充てることができました。公

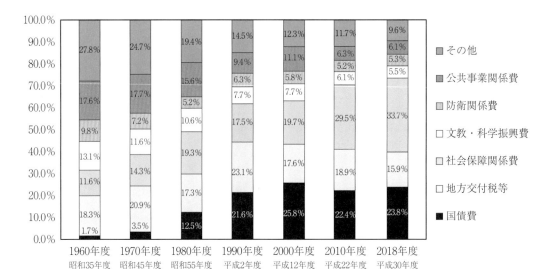

（注）　1．公共事業関係費は災害復旧等事業費を含む。
　　　　2．地方交付税等は、地方特別交付金を含む。
（出所）財務省「財務統計（予算決算等データ）第19表(1)(2)」より作成

図 5.4　**歳出構造の変化**

共事業関係費の割合が **17.6%** と 2018 年度（6.1%）の約 3 倍に上る一方，社会
保障関係費の割合は **11.6%** と 2018 年度（33.7%）の約 3 分の 1 に留まり，歳出
予算の約 5 割強が文教・科学振興費，防衛費等やそのほかに向けられました。

　総じてみると，公共事業関係費は社会資本の整備が進み，総固定資本形成が
進むにつれて，徐々に構成比が低下しました。地方交付税交付金も地方に税源
を移譲したことからその構成比が減少傾向にあります。しかし少子高齢化の影
響で社会保障関係費の激増と国債費の高止まり傾向によって，他の政策展開の
余地が近年になるほど狭められつつあるといえます。

5.4.2　国の一般会計歳入予算

　次に図 5.3 に戻り，2018（平成 30）年度の一般会計歳入の構成をみてみると，
租税および印紙収入によって歳入の約 6 割が手当てされています。租税収入は
主に所得税，消費税，法人税から挙げられており，所得税 4)，消費税 5)，法人税 6)
は国税 3 税と位置付けられています。

　本来，国の歳出は，公債または借入金以外の歳入を以て，つまり，租税およ

---

　4)　所得税は所得を得たという事実に基づき，一定の水準を超える課税所得に超過累進
限界税率が適用され，最終的に所得を得た個人の属性を配慮し所得税額が算定されます。
　5)　消費税は各取引段階の業者が前段階仕入れ税額控除方式を用いて納付し，家計が
消費支出額に税率を適用し算定した金額分を負担します。消費税は所得税とは異なり，
消費する個人の属性は一切配慮されません。
　6)　法人税は法人利潤に課税されることから，赤字企業は法人税が課されません。

び印紙収入等をその財源としなければなりません。しかし 2018（平成 30）年度は租税および印紙収入，さらにその他収入を加えたとしても歳出の規模におよびません。歳出の規模との乖離は公債金で補われています。

公債金収入は特例公債に拠るものと建設公債に拠るものとがあります。前者の特例公債は租税収入の不足を補填するために発行する公債であり，公債特例法が国会で議決された後に発行が可能となります。後者の建設公債は財政法第 4 条に根拠があるため，別名「4 条公債」と呼ばれ，公共事業費，出資金および貸付金の財源として国会の議決を経た金額の範囲内で発行することができます。

公債発行の妥当性は財源調達のあり方を含め，多面的に考察しなければなりません。ここでは財政の健全性の観点から見ておきましょう。財政の健全性をとらえる指標の一つに公債依存度があります。公債依存度は公債金収入を歳出総額で除して算出します。算定式は次のとおりです。

$$公債依存度（\%）＝公債金収入 \div 歳出総額 \times 100$$

したがって 2018（平成 30）年度の公債依存度は，

$$336922 \div 977128 \times 100 ＝ 34.5\% \quad （小数点第 2 位四捨五入）$$

となります。

公債依存度がゼロの場合，財政は租税収入等で財源が確保され，借金に依存せず健全財政とされます。しかし公債依存度が上昇すると，歳出予算の国債費が増加し基本的施策に回せなくなるばかりでなく，経済状況の変化に応じて弾力的な財政出動が困難となり，いわゆる財政の硬直化をもたらします。

5.5　国民の負担

公共サービスの充実や拡充は多くの国民が望むところかも知れませんが，政府の経済活動には原資が必要であると考えられています。そして財源調達の対極にあるのが，家計と企業が負う国民負担です。5.5 節では国民負担に関連する指標にはどのようなものがあるのか，また日本の国民負担は他の国々と比較して相対的に重いのかみてみましょう。

5.5.1　国民負担の範囲

国ならびに地方自治体を含め一国全体で見てみると，各種の公共サービスや公共投資に必要とされる財源は，国税と地方税から挙げられる租税収入を中心に調達されます。国民の側からすると，課税は租税負担となります。租税負担の多寡を判断する指標として租税負担率が使用されています。租税負担率は国税と地方税の総額，すなわち家計や企業の租税負担の合計を国民所得で除して算出されます。

　　租税負担率（％）＝（国税＋地方税）÷国民所得×100

　また日本では公的年金と公的医療保険に代表されるとおり，社会保険制度が導入されており，保険料の拠出に基づき年金給付を受給することができ，また一部の自己負担で医療サービスを受けることも可能です[7]。社会保障関連の負担は家計が拠出する社会保険料に加え，企業が負担する社会保険料と児童手当および子ども手当等を含みます[8]。社会保障関連の負担は社会保障負担率で示され，社会保障負担を国民所得で除して算定します。

　　社会保障負担率（％）＝（社会保険料＋児童手当および子ども手当等）

　　　　　　　　　　　　÷国民所得×100

　現在，国民が負っている負担，すなわち国民負担は租税負担と社会保障負担の両方です。租税負担率と社会保障負担率の合計は国民負担率と呼ばれます。

　　国民負担率（％）＝租税負担率＋社会保障負担率

　　　　　　　　　　＝（租税負担＋社会保障負担）÷国民所得×100

　さらに現在国民が負っていない負担があります。本来は租税負担を増やす，あるいは社会保険料の料率を引き上げなければならないのですが，公債を発行し公債金収入を財源に加えています。その分だけ，国民負担率は低くなりますが，結果的に財政赤字[9]を抱えます。前述したように公債発行は償還時に償還財源を要し，将来，国民に重税を強いることから，現在の国民負担に加え，将来の国民負担を把握する必要があります。租税負担，社会保障負担，そして財政赤字を加えた総額の国民所得に対する比率を潜在的な国民負担率といいます。

　　潜在的な国民負担率（％）＝（租税負担＋社会保障負担＋財政赤字）

　　　　　　　　　　　　　　÷国民所得×100

5.5.2　国民の福祉と負担

　図5.5は各国の国民負担率を表しています。ドイツとスウェーデンは財政赤字を抱えず，つまり国民負担は将来に先送りせず，現在，すべて負担しています。2016年（度）において日本の国民負担率（42.8％）はアメリカ（33.1％）に次いで低位にあります。しかし，潜在的国民負担率で比較すると日本（49.1％）はイギリス（50.9％）の水準に接近していることがわかります。

　また日本の租税負担率（25.1％）はアメリカ（24.7％）に次いで低いのですが，日本の社会保障負担率（17.7％）はドイツ（22.2％）に次いで高いことがわかります。

　ところで国民負担率が第1位のフランス（67.2％）や第2位スウェーデン

---

　7)　国によっては社会保険料ではなく社会保障税を導入しています。
　8)　2018年度国民経済計算（2011年基準，2008SNA）の社会保障負担の明細表を参照しています。
　9)　ここでは財政収支の赤字を意味します。

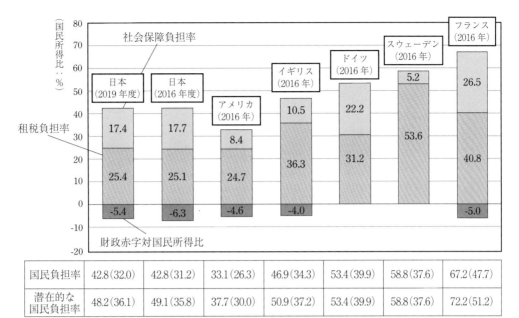

（対国民所得比：%（括弧内は対 GDP 比））

（出典）日本：内閣府「国民経済計算」等　諸外国：National Accounts（OECD）と Revenue Statistics（OECD）

（注 1 ）日本は 2019（令和元）年度見通しおよび 2016（平成 28）年度実績。諸外国は 2016 年実績。
（注 2 ）財政赤字の国民所得比は，日本およびアメリカについては一般政府から社会保証基金を除いたベース，その他の国は一般政府ベース。
（出所）財務省『日本の財政関係資料』令和元年 10 月，10 ページ

図 5.5　国民負担率の国際比較

（58.8％）の国民は可処分所得の割合が少なくなりますが，不幸なのでしょうか。実は国民負担率が高いからといって必ずしも国民の経済厚生が低いとはいえません。重要なのは国民の負担と国民の福祉とのバランスです。組み合わせとして高福祉高負担，中福祉中負担，もしくは低福祉低負担があり，いずれのバランスを選択するかは国民の選択となります。それに対して高福祉中負担や中福祉低負担というように，アンバランスに陥っているとすれば，財源的に公債に依存しなければならず，結果的に潜在的国民負担率を引き上げ，ひいては財政の持続可能性が問われることも否定できません。

スタディガイド

① マスグレイヴ著，木下和夫監修，大阪大学財政研究会訳『財政理論—公共経済の研究—』有斐閣，1962 年
② 神野直彦『財政のしくみがわかる本』岩波ジュニア新書，2007 年
③ 土居丈朗『入門財政学』日本評論社，2017 年
④ 山重慎二『財政学』中央経済社，2016 年
⑤ 『図説　日本の財政』最新版
⑥ 『図説　日本の税制』最新版

①は Richard Abel Musgrave（1959）*The Theory of Public Finance*, McGraw-Hill Book Company, Inc. の日本語版です。全 3 冊あり，内容は第一部「問題点の叙述」，第二部「公的欲求の充足」，第三部「予算政策にたいする調整」—古典派理論の側面—，および第四部「補整的財政」から構成されています。経済学の初心者には理解しづらいところがあるかもしれませんが，体系的に財政を学びたい人にとって欠かすことのできない財政学の文献です。

②は中高生向けということもあり大変読みやすく，財政について初学者でも概略をつかむことができます。2000 年代半ばの財政制度を起点に自分で最新の制度を調べてみるとよいでしょう。

③同氏は経済学をベースとした政府の経済活動について『公共経済学』を上梓しています。『入門財政学』は制度理解を目的として書かれています。本章で取り上げている内容をより詳しく知りたい人に向いています。

④中央政府および地方政府全体を包摂した財政制度についてより詳細に平易な文章で記述されています。考えさせられる文章や問いが含まれていることから，批判的思考を培いたい人に向いています。また専門用語が多数取り上げられ，より詳細な説明が求められるところも散見されます。その意味で自習・独学のよい材料として利用できます。

⑤は日本の財政制度の仕組みを丁寧かつ懇切に紹介しています。

⑥は税制改正の変遷を含む，日本の税制の仕組みと各論ベースで問題の所在を説明しています。

練習問題 5

5.1 次の文章 A，B の正誤について述べた選択肢 1 〜 4 の中から正しいものを一つ選びなさい。

A　租税負担率の計算は国税と地方税の合計額を GDP で除し百分率に置換する。

B　所得再分配機能とは市場メカニズムに代わり，政府が所得を分配する機能である。

1　A，B ともに正しい。　　　　　2　A は正しく，B は誤りである。

3　A は誤りで，B は正しい。　　　4　A，B ともに誤りである。

5.2 次の文章の空欄 A，B に当てはまる最適な語句を答えなさい。

（1）　国債費と地方交付税交付金以外の歳出は　　A　　と呼ばれる。

（2）　○○年度予算の執行中に経済状況が変化した場合は　　B　　予算が組まれ，国会の議決を経る。

5.3 次の文章 a 〜 d をよく読み，適切なものをすべて選びなさい。

a　非競合性の特徴をもつ財・サービスにはフリーライダー問題が生じる。

b　租税制度や社会保障制度には景気を安定化する働きがある。

c　暫定予算は国会の審議・議決を必要としない。

d　建設公債は使途（金銭の使い道）が限定されている。

第6章

社会保障

本章のねらい　社会保障は，人生で直面するさまざまな困難のうち，個人や家族の努力では対応できないものを社会的にサポートする仕組みの総称です。社会保障には大きくセーフティネット機能，所得再分配機能，自動安定化装置の三つの機能があります。日本の社会保障では，このような機能を社会保険，公的扶助，社会福祉，公衆衛生の基本的な枠組みで実現しています。

　本章では，これらのうち社会保険と公的扶助を中心に，どのような困難に，どのような仕組みで対応しているかを説明します。

6.1　社会保障とは何か

　出生から死亡までの間に，私たちは貧困，病気，障害，失業，予想外の長生きなどのさまざまな困難に直面する可能性があります。これらの困難のうち，個人や家族の努力では対応しきれないものに対して図 6.1 のように生活の安定や最低限度の生活の保障を目指す公的な仕組みの総称が社会保障です。

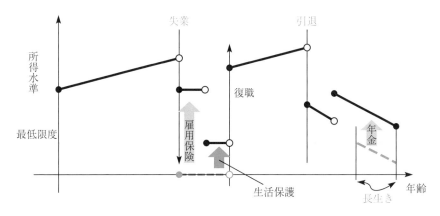

図 6.1　**暮らしを支える社会保障のイメージ図**

71

　最も，さまざまな困難に個人の努力や民間保険で対応するか，あるいは社会保障で対応するかは社会がどのように判断するかに依存します。たとえば，1942 年に公表され，ナショナルミニマム（national minimum）という考え方を打ち出したことで有名な『ベヴァリッジ報告[1]』では，所得補償を主に考えていました。これに対して，1952 年に ILO[2] 総会で採択された「社会保障の最低基準に関する条約」では病気・けが，失業，予想外の長生き，労災，子どもの扶養，妊娠・出産，障害，遺族といった広い範囲を社会保障の対象として扱っています。

　現在の日本では社会保障で表 6.1 のような範囲をカバーしています。単なる所得補償よりは広い範囲をカバーしていますが，ILO 条約には含まれていた子どもの扶養については日本の社会保障ではほとんどカバーされていません[3]。

表 6.1　**日本の社会保障がカバーする困難の例**

困難の種類	対応するための社会保障
貧困	生活保護
病気・けが	公的医療保険，労災保険
障害	障害者手当，介護保険
失業	雇用保険
予想外の長生き	年金保険

6.2　社会保障の三つの機能

　社会保障制度には大きく以下の三つの機能があります。

6.2.1　セーフティネット機能

　さまざまな困難による所得減少や追加的な費用を保障することで困難を乗り越える時間を与えたり，生活を安定させたりする機能です。たとえば，失業して所得がなくなったときに，雇用保険からの給付で生活できれば次の仕事をじっくり考えて探すことができます。別のケースを挙げると，80 歳で死ぬとい

---

　1)　1942 年にイギリスでウィリアム・ベヴァリッジを委員長とする委員会が公表した報告書（Beveridge Report）。最低水準の所得を超える部分は各人の自由に任せるが，最低水準については国が保障するという原則を打ち出したことで知られます。

　2)　ILO（International Labour Organization，国際労働機関）は，国際労働基準の策定などを行う国際機関です。

　3)　児童手当（子ども手当）という制度はありますが，金額は最大でも子ども一人当たり月額 15000 円に過ぎません。子育てのコストをカバーするための手当としては全く不十分です。こども保険というプランを提案する政治家もいますが，子どもを持つことは主体的な選択の結果であるため偶発的に発生して，本人にはコントロールできない保険事故を前提とする保険には馴染みません。保険という言葉を使うことで政治的な妥協をしやすくさせようという意図が感じられます。

う前提で老後の蓄えを行っている人が予想外に 90 歳まで生きた場合には，10 年分の生活費が不足してしまいます。このような予想外の長生きに対しては，死亡するまでの終身給付である年金保険からの給付で対応しています。

6.2.2 所得再分配機能

市場メカニズムでは解決できない所得分配の不平等を適切な給付設計によって軽減する機能です。市場メカニズムでは効率的な資源配分は達成されますが，個人への分配は生産のために供給した労働がベースとなります。つまり，病気や障害などの理由で働けない人には市場メカニズムでは分配がありません。生活保護や公的年金がこの機能を強く持っている社会保障の典型例です。

6.2.3 自動安定化装置（ビルトイン・スタビライザー）

景気変動を小さくするように働く制度をビルトイン・スタビライザー（built-in stabilizer）と呼びます。累進所得税（景気がよくなって所得が増えると税率が上がる，景気が悪くなって所得が減ると税率が下がる）が典型的な例ですが，社会保障にもこのような機能をもっている制度があります。たとえば，景気がいいときには失業者が少ないため給付も少ないが，景気が悪い時は失業者が増えるため給付が増えて，消費を下支えする雇用保険の失業給付はビルトイン・スタビライザーとして働きます。

6.3　日本の社会保障の枠組みと給付

6.3.1 社会保障の枠組み

日本の社会保障制度は，大きく社会保険，公的扶助，社会福祉，公衆衛生の四つに分類されます。さらに給付方式が現金給付（おカネを個人に渡す），現物給付（サービスが使えるようにする，直接おカネは渡さない）の 2 種類あるため，全体としては表 6.2 のようになります。

表 6.2　日本の社会保障制度

		給付の方式	
		主に現物給付	主に現金給付
社会保障の分類	社会保険	医療保険 介護保険 労災保険（療養給付）	年金保険 雇用保険 労災保険（休業・傷病・障害・遺族・介護）
	公的扶助	医療扶助（生活保護）	生活扶助（生活保護）
	社会福祉	保育所	児童手当，障害者手当
	公衆衛生	疾病予防 上下水道整備 ゴミ処理	

6.3.2　給付の特徴

　2018 年度の社会保障給付費 [4] は総額 121.5 兆円（22.16％）[5] と膨大な額になっていますが，特に医療保険，年金保険の給付は 2018 年度にはそれぞれ 39.7 兆円（7.25％），55.3 兆円（10.08％）と大きな額となっています。財源については，社会保険料 72.6 兆円，公費負担 [6] 50.4 兆円が大きな柱です。

　また，支出先の性質による機能別の割合をみると，高齢者向け支出が多く，家族や失業，住宅といった比較的若年者にも影響のある分野への支出は少なくなっています。このように，社会保障給付の対象が高齢者向けに集中しており，より若い世代への給付が限定的なことが日本の社会保障給付の大きな特徴となっています。

6.4　社会保険

　社会保険は，特定の不幸な事態（保険事故 [7]）が発生した際に，事前に拠出していた保険料を財源として保険金を支払う公的な保険です。保険自体は民間でも設定可能ですが，社会保険の場合は逆選択（第 3 章参照）を防ぐために法律に基づいて加入が強制されることが特徴となっています。図 6.2 で支出の上位二つを占めている年金と医療はどちらも社会保険です。このように，日本の社会保障制度の中心的な役割を果たしているのがこの社会保険になります。日本の社会保険は歴史的な経緯から，保険の対象となっており，保険料を負担している被保険者 [8] の属性に応じてさまざまな保険を運用する保険者 [9] がいることも特徴です。

6.4.1　社会保険と民間保険（逆選択）

　社会保険が強制加入保険として運用されている主な理由は上述のとおり逆選択を防ぐためです。もし民間保険のように任意加入で運用したらどうなるかを，医療保険を例にとって考えてみましょう。

---

　4)　社会保障給付費は，一般会計以外からのおカネも含みますので，一般会計の社会保障関係費と直接対応するわけではありません。

　5)　かっこ内は対 GDP 比。

　6)　ここでいう公費負担とは，国庫負担と他の公費負担（国の制度に基づいて地方自治体が負担しているもの）ですが，一般財源化された義務的経費（たとえば公立病院の人件費）などは含まれていません。

　7)　保険金の支払対象になるような出来事全般を「保険事故」と呼びます。交通事故などに限定しているわけではないので注意してください。

　8)　保険事故に対して保険金給付の対象となっているひと。保険の加入者。

　9)　保険料を徴収して保険事故に対して保険金を支払う保険の運用主体のこと。社会保険では市町村や都道府県，国などが保険者になっていることが多い。

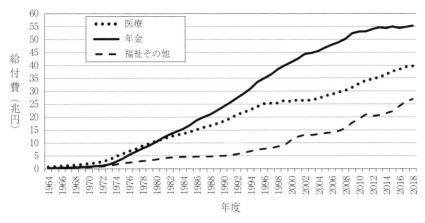

（出所）国立社会保障・人口問題研究所「社会保障費用統計」（2018年度）

図 6.2　社会保障給付費部門別構成

　まず，保険はたまにしか起きない不幸なこと（保険事故）に対応するために
多くの人が保険料を少しずつ出し合い，そして運悪く保険事故が生じた場合に
は集めた保険料から保険金としてまとまったおカネを給付するという仕組みで
す。医療保険でいえば保険料は毎月支払，病気になることが保険事故で，医療
機関を受診した時に医療保険が負担する金額（現役世代なら7割）が保険金給
付 [10] になります。

　ここで問題となるのは，保険に入りたいと言ってくる人の健康状態につい
て，本人は正確なことを知っていますが，保険者側はよくわかっていないこと，
つまり情報の非対称性があることです。保険者側としては支払保険金総額をカ
バーできるだけの保険料を取らないと潰れてしまいます。本来ならハイリスク
の被保険者からは多く，ローリスクの被保険者からは少なく保険料を徴収でき
ればいいのですが，どの被保険者がハイリスクで，どの被保険者がローリスク
かという情報を上述のとおり保険者は持っていません。仕方ないのですべての
被保険者から同じように保険料を徴収すると，リスクの低い人にとっては割高
な保険料となってしまいます（図6.3）。

　具体的な例を挙げると，国民健康保険では一人当たりの平均保険料は年間9
万円程度 [11] ですから，年に13万円程度 [12]（自己負担で4万程度）医療サービ

---

　10)　保険金給付といっても，日本の公的医療保険での支払は保険者から医療機関に直
接行われるため被保険者の手元におカネが実際に来るわけではありません。このような
形式での保険給付を現物給付と呼びます。

　11)　2015（平成27）年度の全国平均の金額。厚生労働省「国民健康保険事業年報」
より，介護保険の保険料分を除く値。国民健康保険の保険料率は保険者である自治体ご
とに異なります。

　12)　2015（平成27）年度の一人当たり医療費（全国平均）は35万円弱なので，国民
健康保険は保険料だけでは全く保険として成立していません。足りない分は公費などで
補塡されています。

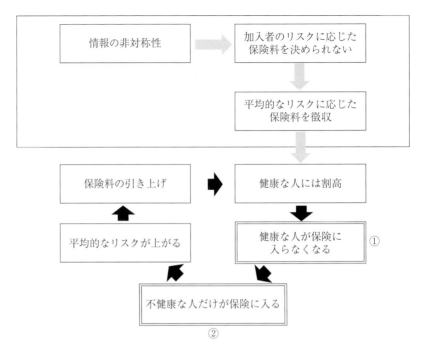

図 6.3　**保険市場での逆選択**

スを使わないと保険料に見合う給付とはなりません。もし，国民健康保険が任意加入の保険だったら，おそらく，年に 2，3 回かぜをひく程度で健康に自信のある人はこの医療保険に加入したいとは思わないでしょう。一方，不健康で入院治療が必要な可能性が高いと感じている人は加入したいと思うでしょう。

　このように，人々が合理的に行動するなら保険に加入する人は不健康な人（＝保険事故を起こしやすい人）が多くなることが予想されます。保険事故を起こしやすい人がたくさん加入すると，今度は保険金支払が増え，その結果，保険料の値上げが生じます。保険料が値上がりすると，加入する人はさらに保険事故を起こしやすい人だけに限定され……。これを繰り返すと，保険自体が成立しない状況，つまり逆選択が発生します。

　逆選択を避けるために，社会保険ではリスクが低い人も含めて対象者全員を強制加入させて，リスクが高い人だけが集まらないようにしています。図 6.3 でいえば，①の部分で保険に入らないという選択肢を潰すことで逆選択を防ぐわけです。一方，民間の医療保険では事前に健康診断を行ったり，すでに罹患している病気については保険の対象にしなかったりしてリスクが高い人を排除することで逆選択が生じないようにしています。これは，図 6.3 の②の部分をブロックしていることになります。

6.4.2 保険とモラルハザード

通常，モラルハザード（moral hazard）は取引主体間で情報の非対称性が存在するときに，たとえば情報を持っているプレイヤー A が，情報を持っていないプレイヤー B との間での取引を行う際に発生します。B は A の行動をモニタリングできないため（情報がない），A が自分の利益のために，B の期待に添わない行動をとることを阻止できません。

このことを医療保険でいえば，被保険者が A，保険者が B に相当します。一旦保険に加入した後は，何かあっても保険があるからと健康管理に気を遣わないため病気になる確率が上昇したり（保険事故が増える），あるいは保険給付によって受診時の自己負担が低く抑えられるため，必要以上の医療サービスを使いたがったりしたりする行為がモラルハザードに相当することになります。たとえば，複数の医療機関を同時に受診して飲みきれないほどの薬を処方されている老人などは，医療保険の立場からみれば典型的なモラルハザードです。過剰受診のようなモラルハザードについては自己負担額を増やすことで対応可能ですが，保険の本来の機能であるリスクを大勢で負担するという効果は自己負担の増加で減少してしまいます。

6.5 公的医療保険

日本の公的医療保険は，(1) 国民皆保険（誰でもいずれかの公的医療保険の被保険者になっている），(2) フリーアクセス（患者は保険診療を行っている医療機関ならどこでも受診できる）という特徴を持っています。

6.5.1 国民皆保険

日本の公的医療保険制度は，元々は勤務先で健康保険に加入する（被用者保険制度）からスタートしました。その後，被用者保険でカバーされない自営業者や退職者などをカバーするために国民健康保険が追加されるという形で実現されました。そのため，医療保険について保険者ごとにまかなうことが原則となっています。

6.5.2 フリーアクセス

日本では患者は病院,診療所のどこでも [13] 自由に受診することができますし，

---

13) 正確にいえば厚生労働大臣に保険医療機関として指定を受けている医療機関だけですが,日本の大部分の病院・診療所は保険医療機関になっていますので,実質的には「どこでも」受診可能です。

14) 病院での包括払い（DPC 制度）などもあるので，すべて同じというわけではありません。

どの医療機関で受診しても，同じ治療については基本的に同じ価格 [14] がついています。日本だとこれが当然ですから特に珍しいとは感じないと思いますが，国際的にはむしろ例外的です。国民皆保険の先駆者であるイギリスでは，まずかかりつけ医（General Practitioner）を受診した上で紹介状を書いてもらわなければ専門的な医療を提供する病院を受診することはできません。また，ドイツやフランス，スウェーデンなどのヨーロッパ型福祉国家でも大病院をいきなり受診するのは一般的ではありません。アメリカに至っては，加入している医療保険と契約している限られた診療機関を受診するのが基本ですし，医療保険によって自己負担額なども違うのが普通です。

　フリーアクセスは望ましいように思えますが，日本の場合軽症者も大病院を受診したがる傾向が強いため，本来は重篤な患者に濃厚な医療サービスを提供すべき病院が軽症者であふれて適切に機能しない問題も発生しています。

6.6　年金保険

6.6.1　年金制度の分類

　年金保険（老齢年金）は，個人の貯蓄や家族の扶養ではカバーできない予想外の長寿や経済変動による所得不足に対して社会全体で支える仕組みです。医療保険などは保険料を支払えばすぐに保険金給付対象になりますから，拠出と給付の関係は単純です。しかし，年金保険の場合は若い時に保険料を支払い，高齢者になってから初めて保険給付対象になります。このように保険料支払時と保険金受取時の間が長いため拠出と給付の結びつきの決め方，さらに保険金支払に必要なおカネ（支払い準備）の調達方法によって年金保険は分類できます。

　まず，拠出と給付の関係，つまり，どうやって年金の受給権を与えるかによって年金保険は二つに分類できます。一つは給付額（年金額）を先に決めて，給付額に合わせて後から拠出額を調整する給付建て，もう一つは先に拠出額を決めて，それを運用した結果で事後的に給付額が決まる掛金建てです。給付建てのことを確定給付型 [15]，掛金建てのことを確定拠出型と呼ぶこともあります。

　次に，保険金支払に必要なおカネをどうやって調達するか（支払い準備方法）で年金保険はさらに二つに分類できます。一つは将来の給付義務（給付債務）に見合ったおカネを予め積み立てておく積立方式，もう一つはその時の給付に

15）　年金制度が変更されれば給付建てであっても実際に支払われる年金額は変わることはよくありますので，「確定」という表現は誤解を招く危険性があります。英語では Defined Benefit と呼びますが，この方が正確な表現になります（ちなみに掛金建ては Defined Contribution）

必要な金額をその時の拠出額などでまかなう賦課方式です。

　日本の強制加入の公的年金制度は，給付建て・賦課方式[16]で運用されています。

6.6.2　日本の公的年金制度

　日本の年金は20歳以上のすべての人が加入する国民年金[17]がベースとなっており，その上に主に会社員が加入する厚生年金が載っている2階建てと呼ばれる構造になっています[18]。そのため，厚生年金に加入していた人は，国民年金と厚生年金の両方から年金を受給しますが（月額15万円程度[19]），国民年金のみ加入していた人は国民年金のみの受給になります（月額5.7万円程度[20]）。

　国民年金の被保険者は保険料の負担方法によって自分で直接保険料を納付する第1号被保険者，厚生年金の保険料から自動的に国民年金の保険料も支払われる第2号被保険者，および第2号の被保険者の配偶者で，第2号の厚生年金保険料から国民年金の保険料が支払われる第3号被保険者の3種類[21]に分類されます。

　ここで注意が必要なことは，所得のない大学生であっても20歳以上になれば国民年金の被保険者になるということです。特に第1号被保険者に該当する大学生は年金保険料を支払わないと未加入扱いになります。年金を受給するのはずっと先の話だからどうでもいいと思いがちですが，国民年金には障害基礎年金（年間78万程度）もありますので，未加入にしておくのは望ましくありません。20歳になると国民年金保険料納付書が届きますから，保険料を納付するか，学生納付特例制度の申請を行っておきましょう。

---

16)　厚生省は「修正積立方式」という用語を以前は使っていましたが，現在は積立金の役割は支払いバッファであるという見解を示しているため，厚生労働省も賦課方式と呼んでいます。

17)　国民年金と基礎年金という用語が混乱しがちですが，保険料を支払う保険制度としては国民年金，給付を受ける際の制度としては基礎年金と考えてください。

18)　歴史的には厚生年金が先にあって，国民年金が後でできました。公的年金制度の変遷はかなり面白い話なのですが，経済入門の範囲は超えるため社会保障論などの専門科目に細かいことは任せます。

19)　厚生年金は現役時代の賃金が上がると増える（賃金比例）部分があるため，ここに挙げた厚生年金金額は平均額です。夫婦二人分のモデル年金では月額22程度になります。

20)　平均給付額です。20歳から60歳までの40年間保険料を拠出した場合のモデル年金額は月額6.7万円です。

21)　サラリーマンや公務員が第2号被保険者，第2号の被保険者で一定の条件を満たす人が第3号被保険者となり，それ以外20歳以上の人はすべて第1号被保険者という順序で分類されます。そのため20歳以上の大学生も第2号（勤労学生），第3号（サラリーマンの配偶者）でなければ第1号被保険者となり，自分で保険料を納める必要があります。

6.7　公的扶助

　　貧困水準（社会的にそれ以下の生活水準の人がいてはならない最低限）未満
の人に最低限度の生活を保障するというナショナルミニマムの考え方は，日本
では憲法第 25 条（生存権）で「健康で文化的な最低限度の生活を営む権利」
として定義されています。そして，この生存権を保障する制度として生活保護
制度があります。

　　生活保護の被保護世帯数は，1990 年代半ばまでは低下してきました。しか
し，その後の景気悪化に伴い再度増加しており，特にリーマン・ショック後に
は急増してきています（図 6.4）。世帯類型ごとの被保護世帯数の変動をみると，
1990 年代後半からその他世帯（高齢者，母子，障害者，傷病者に分類されない
一般世帯[22]）の構成割合が上昇してきています。さらにリーマン・ショック後
にはその他世帯の構成割合が急上昇していますが，これは景気変動や生活保護
行政の変更[23] といった複数の要因によるものと考えられています。

　　生活保護制度は社会保険と異なり保険料の拠出なしで給付が受けられる制度
であり，社会保険のように拠出と給付という関係があるわけではありません。
そのため，給付までには審査があります。まず申請は本人から行う必要があり，
さらに親族による扶養可能性調査や，資力調査（means test）などを行った上で，
最低水準に達するまでの必要最低限の給付（補足性の原理）を行うことになっ
ています。このような仕組みのため，申請自体を恥（stigma）と感じて，最低
水準に満たない人であっても申請しないことがあることも指摘されています。
日本では所得が最低水準に満たない世帯のうち，実際に生活保護を適用されて
いる世帯の割合（捕捉率）は 2007 年で 2 〜 3 割程度[24] と推定されています。
国際的には日本の捕捉率は低めです。たとえば，イギリスでは 8 割程度（2014
年度）[25] の捕捉率と推定されています。

---

[22]　調査票の段階で「その他」という扱いになっているため，具体的にどのような人
たちがここに含まれているかはよく分かりません。ただし，8 割程度は単身世帯で，保
護開始の理由は失業や貯蓄などの減少・喪失が多いことから「単身者の失業期間が長期
化して，蓄えも尽きて生活保護」という人が多いと予想できます。

[23]　2009 年に厚生労働省が出した通知で，稼動能力がある人の保護要件が緩和され
ました。それまでは働ける人が生活保護を申請してもほぼ門前払いでした。

[24]　厚生労働省「生活保護基準未満の低所得世帯数の推計について」ナショナルミニ
マム研究会（第 8 回），資料 3-1，2010 年 4 月 9 日

[25]　"Income-Related Benefits: Estimates of Take-up – Data for financial year 2014/15,"
Department for Work & Pensions, June 2016, Page 7

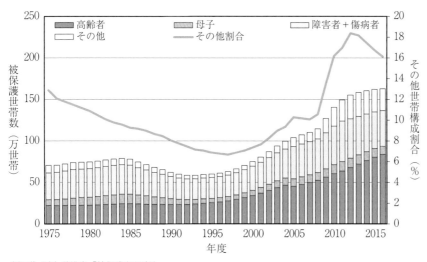

（出所）厚生労働省「被保護者調査」

図 6.4 **世帯類型ごとの保護状態**

スタディガイド

① 厚生労働省「第1部 社会保障を考える」『平成24年版厚生労働白書』，https://www.mhlw.go.jp/wp/hakusyo/kousei/12/index.html

② 広井良典，山崎泰彦（編著）『社会保障（第3版）』，ミネルヴァ書房，2017年

③ 国立社会保障・人口問題研究所ホームページ http://www.ipss.go.jp/

④ 阿部 彩『子どもの貧困 日本の不公平を考える』，岩波新書，2008年

　①は社会保障の重要性，背景となる哲学・理念，日本における社会保障制度，国際比較，社会保障を考えるための視点などを網羅しています。ネットで無料で入手できる白書であることも考え合わせると，社会保障に興味が出たらまずこの資料を通読するとよいでしょう。

　②は社会福祉士用のテキストですが，日本の社会保障制度について社会的な背景も含めて解説しています。社会保障は制度を知らないと全く理解できませんので，社会保障について深く知りたい人にお勧めします。

　③は社会保障に関する統計データが豊富に置いてあるサイトです。社会保障のような分野はとにかくたくさん給付すればいいという話になりがちですが，当然給付するためには財源も必要です。その意味でおカネの話を考えない社会保障の政策論は無意味です。ただし，制度を知らないとデータ自体が読めませんので，①や②を読んだ後でないと有効利用は難しいと思います。

　貧困というと所得の額から判定する OECD 基準の話ばかりが出てきますが，国際比較のために作られた OECD 基準を国内における貧困対策として用いることが本当に適切かどうかは自明ではありません。④は相対的剥奪という考え方をベースにしており，特定の社会の中での貧困をどう考えるかの指針になるでしょう。

練習問題 6

6.1 以下の問に答えなさい。

(1) 2018 年度の日本の社会保障制度に関する次の文章①～④の中から正しいもの
を 1 つ選びなさい。

　① 財源で一番多かったのは公費でした。

　② 給付額が一番多かったのは生活保護でした。

　③ 社会保障給付費は GDP の約 4 割でした。

　④ 社会保障給付費は約 120 兆円でした。

(2) 公的扶助に関する次の文章①～④の中から正しいものを一つ選びなさい。

　① 生活保護は憲法第 25 条で規定される生存権を保障する制度です。

　② 生活保護の対象となる人は，国民年金保険料の納付記録が 5 年以上ある人で
す。

　③ 日本での生活保護の捕捉率は 2007 年で 1 割程度と推計されています。

　④ 2015 年度の生活保護被保護世帯数は，約 800 万世帯，保護費の総額は約 40
兆円でした。

(3) 日本の社会保障制度に関する次の文章①～④の中から正しいものを一つ選びな
さい。

　① 年金保険は保険金を現金で受け取るため，現物給付です。

　② 保育所サービスは保育サービス事業者が支払い対象となるため，現物給付で
す。

　③ 医療保険は保険金を現金で受け取るため，現物給付です。

　④ 生活保護のうち，医療扶助は現金給付です。

(4) 社会保障制度の三つの機能に関する次の文章①～④の中から正しいものを一つ
選びなさい。

　① 雇用保険からの失業給付は資源配分機能の例です。

　② 社会保険による老齢年金は自動安定化装置の例です。

　③ 公的扶助による生活保護は資源配分機能の例です。

　④ 公的年金制度は予想外の長生きに対するセーフティネット機能の例です。

6.2 文中の空欄に適切な語句をいれなさい。

　医療保険に加入したことで，何かあっても保険があるからと健康管理に無頓着に
なり病気になる確率が上昇したり，医療保険で自己負担額が低く抑えられるために
必要以上の医療サービスを使いたがったりするようなことを　(1)　と呼びます。

　社会保険が強制加入保険として運用されている主な理由は　(2)　を防ぐためで
す。民間保険では，この問題を回避するために加入前の健康診断などを行っていま
す。

6.3 以下の文章の空欄 A, B に当てはまる語句の組み合わせとして最適なものを下記の
選択肢①〜④の中から一つ選びなさい。

(1) 日本の強制加入公的年金保険の特徴は $\boxed{\text{A}}$ と $\boxed{\text{B}}$ です。

① A 給付建て   B 賦課方式

② A 給付建て   B 積立方式

③ A 掛金建て   B 積立方式

④ A 掛金建て   B 賦課方式

(2) 日本の公的医療保険の特徴は $\boxed{\text{A}}$ と $\boxed{\text{B}}$ です。

① A 国民年金   B かかりつけ医

② A オバマケア   B 対称情報

③ A 国民皆保険   B フリーアクセス

④ A 国民皆保険   B 専門医制度

第7章

金　融

本章のねらい　現代の経済を理解するうえで金融は必須の知識となっています。日々の株価や為替レートあるいは金利の変動は経済活動が金融現象としてあらわれたものです。また私たちが銀行に預金口座を保有していることも金融取引への参加を意味します。本章ではまず金融取引の基本的仕組みについて学びます。そして変動する物価を安定した状態に保つことは，金融政策の重要な目的であることを学びます。さらに本章では，日本経済の長年の問題である物価の下落に対して，政策当局がどのような対策を実施してきたかについても解説します。

7.1　金融取引

7.1.1　金融とは何か

　金融とは，広い意味での貸借から派生した経済取引です。また通貨は経済取引を完了する役割を担っています。金融取引とは，資金を最終的に供給する黒字主体と，それに応じて最終的に資金を需要する赤字主体の間で貸借が成立する取引のことです。このとき銀行，証券会社に代表される金融機関はこうした資金の供給者と需要者との間で仲立ちをする役割を果たしています。金融取引の結果，さまざまな種類の借用書（有価証券）が発生します。有価証券とは具体的には株式，債券，手形，小切手を指します。これらは金融商品とも呼ばれます。

　さまざまな金融商品それぞれの売買が行われる「場」を総称して金融市場と呼びます。一つの国の経済現象を分析するマクロ経済学は，財・サービス市場，労働市場のみならず，ここで学ぶ金融市場も含めて成り立っています。実は金融市場は，他の市場と異なって脆弱（もろくて壊れやすい）であるという特徴を持っています。為替レートの急変，株式価格の暴落，物価の急騰あるいは長

期下落といった現象はどれも金融市場を原因とする現象です。こうした現象の発生を防止する仕組みが金融市場には制度として組み込まれており，金融市場が円滑に機能することを目的とした政策が日常的に実施されています。

7.1.2 負債取引と株式取引

　金融取引は，将来所得の支払約束の違いによって二つに大別されます。その一つは，資金を借り入れるときあらかじめ定めておいた約束にしたがって，将来所得から返済する負債取引です。返済にあたって，元本（借入額）にあらかじめ取り決めた金利を上乗せして返済するケースがこれに当たります。

　もう一つのタイプは，事業活動の業績に応じて返済が変動する株式取引です。このとき株式は会社の持ち分を表す有価証券ですので，収益は配当として株主に還元されます。企業業績が悪いとき株主は配当を受けることができませんし，その一方で企業業績がよいとき株主は多額の配当を受けることができます。また株主は事業活動の成果を受けるばかりでなく，株主総会を介して企業の経営に参加することができます。

7.1.3 直接金融と間接金融

　最終的な資金の貸し手から最終的な資金の借り手への移動経路という視点からみると，金融取引は取引に介在する金融機関によって二つに大別されます。その一つは主に証券会社が介在して黒字主体が赤字主体の発行する本源的証券（株式や社債）を直接購入するという経路です。この場合，赤字主体である企業側がどのような事業成果をあげるのかという事業に関するリスクは，本源的証券を購入した黒字主体（株主や社債の購入者）が負うことになります。本源的証券は借り手から貸し手に直接移動しているので，これを直接金融といいます。ここで注意しておきたいのは，証券会社はあくまでも有価証券販売の仲立ちをしているだけであって，最終的にリスクを負担するのは投資をした株主，社債の購入者であるということです。

　二つ目は，資金の貸し手と借り手との間で銀行が介在するケースです。つまり銀行は預金者から資金を集め，仲介役の銀行が両者それぞれと独立した貸借取引を結ぶという経路です。銀行は黒字主体である家計から預金を預かる一方で，赤字主体である企業に資金を貸し出す融資契約を結びます。これを銀行が間に入ることによって資金移動が行われることから間接金融と呼びます。

　このプロセスにおいて銀行は，黒字主体との預金契約，赤字主体との貸出契約という，相手の異なる貸借を独立に行っています。預金者は最終的な資金の出し手だからといって，銀行の融資相手である企業の選別に関与しているわけではありません。また企業の返済はあくまで銀行に対して行うのであって預金者に直接返済するのではありません。ここで発生するリスクは当然のことながら銀行が負うことになります。返済が滞っている融資を不良債権といいますが，

　不良債権が銀行の経営に大きな影響を与えるというのも，銀行がリスクを負っていることの表れです。

7.2　貨幣の機能と通貨

7.2.1　貨幣の機能

　経済取引において貨幣は，価値の尺度，交換媒体，価値の保存という三つの機能を果たしているといわれます。価値の尺度とは，たとえば日本における経済取引はすべて円という共通する通貨単位で表現されていることを指します。結果として私たちは物の値段を相対的に共通の単位で評価して購入することができるのです。交換媒体というのは，財・サービスを買ったり売ったりする時に必ず貨幣が介在して取引が成り立っていることをいいます。そうでなければ物々交換となり，私たちは大変不便な生活を強いられます。価値の保存とは，あらかじめ貨幣を保有しておくことで将来の消費が可能になることを意味します。もちろん貴金属も価値を保存する機能を持っていますが，交換媒体の機能は持っていません。通貨は以上の性質を持つ代表的な貨幣です。通貨の特徴は何でしょうか。私たちが日常的に行っている経済取引を何らかの対価を払って完了することを決済といいます。こうした支払を完了する機能（ファイナリティ）を持っている通貨について考えてみることにします。

7.2.2　マネタリーベース

　通貨は経済活動において血液の役割に例えられますが，その中で最も基本となるのはマネタリーベース（monetary base）です。これは「日本銀行（中央銀行）が供給する通貨」のことで，その定義は，

$$\text{マネタリーベース} = \text{流通現金} + \text{日本銀行当座預金}$$

です。流通現金とは市中に出回っているオカネで，日本銀行券発行高と貨幣流通高の合計です。ここで貨幣流通高とは，日本銀行がマネーに関する統計で使う名称で硬貨のことを指します[1]。日本銀行当座預金とは民間銀行が日本銀行に開設している当座預金口座に預けている預金のことです。日本銀行当座預金は後で説明する金融政策で重要な役割を果たします。

　マネタリーベースは中央銀行が供給する通貨ですから，各金融機関が保有する通貨も含まれます。またマネタリーベースはハイパワードマネー，ベースマ

---

　　1)　硬貨を貨幣とするのは日本銀行の定義で，経済学で議論する用語の「貨幣」とは意味が異なります。

ネーとも呼ばれます。つまり「中央銀行が経済に提供する通貨」には三つの異なった名称があることに注意してください。

7.2.3 マネーストック

日常の経済取引において支払手段として使われている通貨はマネーストックです。マネーストック（money stock）とは「中央銀行を含む銀行部門から経済全体に提供されている通貨」のことです。これまで日本ではマネーサプライ統計として公表されていましたが，日本銀行が2008年6月に「通貨保有主体」の範囲を一部修正してマネーストック統計に変更するという経緯を経て現在に至っています[2]。

マネーストックは，通貨本来の性質（決済機能）にどれほど近いかという流動性の程度に応じていくつかの層に分けられています。基本はM1と呼ばれ，現金通貨＋預金通貨と定義されています。現金通貨とは，日本銀行券と硬貨，つまりわれわれが日常の経済取引において使用している流通現金です。預金通貨とは，すべての預金取扱金融機関が保有する預金のうち支払い完了性を持つ預金を指します。

なぜ預金を通貨として考えるのでしょうか。これは口座振替，振込のような預金を使った支払を思い起こしてもらえればわかりやすいと思います。口座間で預金残高が移動することによって支払が成立しているのですから預金が通貨として機能しているといえます。

ただし預金であれば，すべて預金通貨であるわけではありません。マネーストック統計ではM1のほかに，M2，M3，広義流動性という指標が公表されています。たとえば定期預金などは準通貨と呼ばれ，M1に含まれません。定期預金の場合，解約して現金や普通預金にしてからでないと支払手段として利用できません。よって準通貨は，通貨に準ずるものという意味で，広くとられた集計量（つまりM2，M3，広義流動性）に含められています。

7.3 金融機関と金融市場

7.3.1 金融機関

金融取引を専門的に行う機関を金融機関といいます。金融機関の役割とは何なのでしょうか。私たちがおカネを貸したい，あるいは借りたいと思っているとき，金融機関がなければ，どうしたら相手を見つけることができるかと途方

---

2) 文献によってはマネーストックをマネーサプライ（通貨供給量）と表示するケースもあります。

に暮れてしまいます。資金の移動について専門的な知識経験を持つ金融機関は，もし存在していなければ発生する貸借に関わる費用あるいはリスクを軽減する役割を果たしています。

　金融機関には主に証券会社，保険会社，そして銀行があります。証券会社は直接金融で説明したように，企業の資金調達手段としての株式や社債を株主あるいは社債の購入者に販売することを介して資金貸借の橋渡しをしています。また保険会社は保険という金融商品を販売して得た資金を運用して収益を得ることから，リスクの軽減というサービスをマーケットに提供する役割を果たしています。

　金融機関の中でも特に，銀行は預金を取り扱うという機能を保有することから，他の金融機関と区別されます。したがって銀行は預金取り扱い機関とも称されます。銀行による預金を介した業務に焦点を当てるのは預金が通貨としての役割を持つからです。詳しくは 7.4 節「銀行の機能」で解説します。

7.3.2　金融市場

　金融市場とは貸借関係が記載された有価証券の売買が行われる「場」のことです。株式，社債，国債というようにさまざまな有価証券が売買されていますが，これらについてそれぞれ市場が形成されています。金融市場は取り扱っている金融商品の種類や満期までの期間，取引参加者などによって分類されています。株式や債券などの有価証券を扱う場合には，株式市場や債券市場と呼びます。また預金市場や貸出市場というのは，預金・貸出という形で銀行を介した貸借が行われている「場」を指します。この場合，個人の銀行への預金，個別の企業の銀行からの借り入れが市場を形成しています。円やドルなどを売買する外国為替取引をする市場を外国為替市場と呼びます。

　金融取引では，満期に至るまでの期間が 1 年以内であるものを短期，1 年を超えるものを長期として区別しています。この基準によって短期金融市場と長期金融市場という分類が行われます。短期金融市場を分類するとき，市場参加者を基準として，金融機関だけが参加して取引が行われるインターバンク市場と，個人・企業等も取引参加するオープン市場とに分類することもあります。

　一定期間資金を融通することに対する対価の比率を金利といいます。具体的には財・サービス市場で取引される食品，衣料品あるいは耐久消費財それぞれに価格がついているように，資金の需給を調整する金融市場でも価格が形成され，それを金利と呼んでいます。たとえば経済活動が活発な時期には，資金に対する需要が高まり金利は上昇します。これとは逆に経済が低迷しているときには，資金需要は沈滞して金利は低下します。このように金利の動きは景気の動向を表す重要なシグナルとなっています。

7.4 銀行の機能

7.4.1 銀行の特徴

みなさんは会社あるいは企業というと，生産要素を投入して生産した商品を販売することから利潤を獲得する活動をイメージするのではないでしょうか。こうした生産活動を行っている企業と銀行はどこが違うのでしょうか。金融機関はすでに説明したように，通常の企業一般に対する認識とは異なった活動をしています。特にその中でも，預金を取り扱う銀行には以下で説明する特別な機能が備わっています。

7.4.2 金融仲介機能

銀行は，多数の預金者から少額の資金を短期で預かり，これに比較すると少数で大きな金額の資金を長期に貸し出すという業務を行っています。このとき預金者に対して支払う金利を預金金利，企業等に貸し出すときの金利を貸出金利といい，その差額が銀行の収入となります。このように貸し手から借り手に資金の橋渡しすることを金融仲介機能といいます。このとき銀行は資金の借り手に対してそれぞれの信用に応じた融資契約で資金を貸し出しています。つまり相手の状況に応じた有価証券を発行するため，これを銀行の資産変換機能と呼んでいます。銀行が介在することで，預金者および企業に対する貸借契約の内容が，それぞれの要求に適したものに変換されていることを図 7.1 からみてとってください。

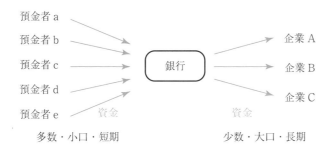

図 7.1　銀行の資産変換機能

7.4.3 決済機能

みなさんは銀行の ATM あるいはコンピューターのモニターから送金して支払を行った経験があると思います。預金口座の残高の一部を相手に送金（口座振替あるいは振込）することで支払っています。何らかの対価を払って経済取引を完了することを決済といいますが，銀行預金は支払を完了する決済機能を持っています。

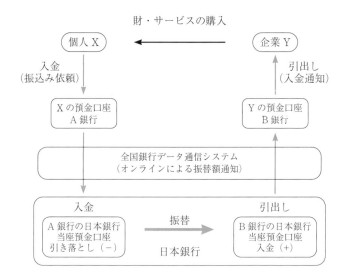

図 7.2   振り込みの仕組み

　私たちが振込を介して決済するケースを考えてみましょう。ある物を購入す
るとき，買手と売手が同じ時間，同じ場所にいて現金を受け取るのが最も単純
な決済方法です。これを即時相対決済といいます。ところが遠隔地から通販宅
配で購入するときには銀行預金を介して支払うことになります。図 7.2 は，あ
る個人が企業から品物を購入し，それを振込によって決済するケースを想定し
ています。このとき個人は自らが口座を開設している銀行にある残高の一部を，
相手企業が開設している銀行口座に送金して支払を完了します。実は，この取
引の背後では銀行 A から銀行 B への資金移動があって初めて完了します。こ
れは銀行 A が中央銀行（日本銀行）に開設している当座預金口座から，銀行 B
が中央銀行に開設している当座預金口座に振替があって最終的に終了している
のです。
　わが国の決済システムは，各民間の銀行の決済を処理する全国銀行データ通
信システム（全銀システム）と，銀行が日本銀行に開設して当座預金間の決済
を処理する日銀ネットから成り立っています。この関係も図 7.2 から読み取っ
てください。

7.4.4　信用創造機能と政策の波及媒体

　銀行は預金として預かった資金の一部を貸し出すという役割を担っていま
す。はじめに銀行が預金者から預かった預金（これを本源的預金といいます）
が出発点となります。次に銀行が企業等にこの預金の一部を貸し出すとは何を
意味するのでしょうか。銀行から融資を受けた企業の銀行口座には預金が振り
込まれます。マネーストックの M1 の定義に預金通貨があることを思い出して
ください。ところが話はこれで終わりません。融資を受けた企業がこの預金を

支払として，相手先の企業が開設している銀行口座に振り込むとしたらどうでしょうか。そして，さらにその預金はまた他企業の銀行口座に支払として振り込まれて行きます。このように銀行を介して発生する預金を派生預金といいます。結果として銀行は次々と預金通貨を創造していくことになり，そのプロセスを銀行の信用創造機能といいます。言い換えれば，信用創造機能を介して銀行は通貨を供給しています。通貨を供給する主体はマネタリーベースを供給する中央銀行だけではなく，銀行も預金通貨を創造することでマネーストックを供給することを忘れないでください。

　実はこの信用創造機能に期待して，金融政策の重要な手段（オペレーション）が導出されます。したがって銀行は政策の波及媒体というポジションにあります。この仕組みは，次に説明する 7.5 節「中央銀行」と 7.6 節「金融政策」で明らかにします。

7.5　中央銀行

7.5.1　各国の中央銀行

　経済学にはレッセフェール（自由放任）の思想がありますが，不安定な性質をもつ金融市場には，金融システムの安定を使命とする中央銀行が存在します。日本では日本銀行，アメリカでは連邦準備制度理事会（FRB），ユーロ圏（EU）では欧州中央銀行（ECB）が中央銀行としての役割を担っています。実は中央銀行の持っている権限，役割はそれぞれの国において異なりますし，その政策運営手段も異なります。その理由は，中央銀行がさまざまな歴史的経緯，あるいは金融危機といった経験に基づいて作りあげられたインフラストラクチャー（公共のために提供される社会基盤）だからです。しかしここでは学びのファーストステップとして，各国に共通する中央銀行の機能はどのようなものかみていくことにしましょう。

7.5.2　発券銀行

　中央銀行は，通貨としての銀行券を一元的に発行するため発券銀行と称されます。歴史的に銀行券とは民間銀行が発行した債務証書で，限られたローカルな地域でのみ支払手段として通貨の役割を果たしていました。米国の金融史を紐解くと，こうした地方通貨を統一して現在のドル通貨が成立したことがわかります。またかつては金本位制，銀本位制というように通貨は貴金属との兌換が認められていましたが，現在では多くの国で，国家が通貨を一元的に管理する管理通貨制度が採用されており，通貨は法律上の規定により通用力が与えられています。通貨の価値は政府・中央銀行の財務の健全性，信用力を背景とし

ており，それぞれの国の経済政策や経済の実態に応じて変動します。現在の通貨は，貴金属との交換が保証されていない，法律によって通貨としての使用（強制通用力）を認められています。こうした通貨を法定不換紙幣（fiat money）といいます。また通貨の発行権をもっている国家は，通貨を発行することから政府収入を得ることができます。なぜなら何ら裏付けのない紙幣を印刷して，それが通貨として利用可能となるからです。これを通貨発行益といいます。

　日本の場合，日本銀行が日本銀行券を発行しています。ただ，硬貨も通貨として使用されていますが，こちらは政府が発行しています。しかし，政府が発行した硬貨も日本銀行の窓口を介して市中の取引に出て行くため，両者あわせて流通現金となります。

7.5.3　銀行の銀行

　中央銀行は民間銀行との間で預金・貸出業務を行いますが，定められた金融機関以外との取引は行いません。つまり，民間企業や個人が中央銀行に預金口座を開設して融資を受けることはできません。中央銀行に当座預金口座を開設している金融機関を相手に預金・貸出業務を行っているため，中央銀行は銀行の銀行と呼ばれています。また中央銀行に当座預金口座を開設している銀行は，この中央銀行当座預金での口座振り替えで銀行間の資金決済を行っています。すでに説明した日銀ネットがこれに相当します。こうした仕組みから中央銀行は民間資金の流れを鳥瞰的に観察することができ，金融政策を行う上での多くの情報を得ることができるポジションにあるといえます。

7.5.4　政府の銀行

　中央銀行には民間銀行の口座のほかに，政府の預金勘定が存在します。国税の受け入れ，あるいは財政支出の支払はこれを介して行われています。このため中央銀行には政府の銀行という役割があります。ただ以下の点に注意しておいてください。みなさんが政府に支払をするとき民間銀行から振り込みますが，その銀行が政府に代わって代理収納が認められているからであり，最終的には政府に支払ったことになります。また政府の政策運営においても，たとえば為替レートの安定を目的とした為替介入においても，政府財務省の決定の実務を行うのは中央銀行です。

7.6 金融政策

7.6.1 中央銀行の使命

　すでに述べたように各中央銀行は目的，機能が異なるので，ここでは日本のケースを念頭において説明します。日本銀行は物価の安定と信用秩序の維持を使命としています。物価の安定なしには持続的な経済発展は実現しませんし，また信用秩序の維持なしには物価の安定も望めません。信用秩序の維持とは，預金者の大量解約から銀行が破綻する取付け（bank run）や，それが金融市場全体に拡散して金融恐慌が発生することを阻止する施策をいいます。たとえば資金不足に陥った金融機関に，日本銀行が一時的に大量の資金を供給する施策がこれにあたります。これを中央銀行の最後の貸し手機能（Lender of Last Resort：LLR）といいます。また物価の安定を目的として，通貨供給を日常的にコントロールする施策を金融調節といいます。主として金融調節を介した政策について日本銀行は自主的な決定権を持っています。これを日本銀行の独立性といいます。さらに独立性に対する責任として，日本銀行には政策の内容および決定過程について説明責任（アカウンタビリティ）が課されています。ただし，その一方で日本銀行には政府の政策と整合的であるよう密接な連絡も求められています。ここでは物価と金利という視点から金融政策を考えてみましょう。

7.6.2 物　　価

　日本銀行の行う金融政策では，物価の安定，持続的な経済成長などが重要な目標となりますが，その中でも物価の安定が最も重視されているといえます。日本銀行を「通貨の番人」と呼ぶこともありますが，通貨発行主体として通貨価値の安定を確保することが日本銀行の使命となっています。

　物価とは，個々の財・サービスの価格ではなく，経済全体でみた価格水準のことです。具体的には，財・サービスの価格に購入数量も加味して算出され，指数の形で発表されます。代表的なものに，消費者物価指数と企業物価指数とがあります。消費者物価指数は消費者が日常的に購入する財・サービスの取引価格であり，企業物価指数は企業間での財の取引価格を表したものです。物価の持続的な上昇をインフレーション，持続的な下落をデフレーションと呼びますが，日本銀行が金融政策を考える上で特に重視しているのは消費者物価指数の動向です。

　物価は金融政策の運営上どのように関わってくるのでしょうか。たとえば，デフレ対策として2001年3月から2006年3月まで実施された量的緩和では，「消費者物価指数（除く生鮮食品）の前年比上昇率が安定的にゼロ％以上となるまで継続する」と明示しました。また2013年1月からは「物価安定の目標」

を消費者物価の前年比上昇率2%と定めています。中央銀行が具体的に物価を政策目標として明示する施策をインフレターゲットといいます。

　ところが，物価に直接影響を与える通貨はマネーストックであって，日本銀行が供給するマネタリーベースではありません。つまり物価上昇のためにはマネーストックの中の預金通貨の増加が前提となります。したがってデフレを払拭するためには，マネタリーベースの供給のみならず，経済を活性化させて資金需要を増やして銀行貸し出し，つまりマネーストックを増加させる政策が求められています。

7.6.3　金　利

　これまで日本銀行は，短期金融市場（money market）の金利のうち期間の短いオーバーナイト物金利を誘導してきました。金融機関同士が短期の資金貸借を活発に行う金融市場がコール市場です。そこで取引される金利（コールレート）は，金融機関の活動を観察する上で重要な指標となっています。日本銀行は，自らも市場に参加して，コールレートを誘導することを介して金融機関の行動に影響を与えます。

　それではどのような手段で日本銀行は金利を操作しているのでしょうか。日

コラム　マイナス金利とイールドカーブ

　現在，日本銀行が採用している金融政策を理解するキーワードはマイナス金利とイールドカーブです。**マイナス金利**というと，みなさんの銀行預金にマイナスの金利を課したり，あるいは口座を維持する手数料を取ることと思うかもしれません。しかし実際には，各民間銀行が日本銀行に保有している日本銀行当座預金の一部にマイナス金利を課する政策を意味します。ここで「一部に」と断ったのは，各銀行の日銀当座預金を3層（基礎残高，マクロ加算残高，政策金利残高）に分け，政策金利残高の部分にだけマイナス0.1%の金利を適用しています。この政策が意図しているのは，金融機関が日本銀行当座預金に資金を放置しておくのではなく，積極的に貸し出し（融資）にあてるよう促進することです。これが本文で説明しているマイナス金利付き量的・質的金融緩和のマイナス金利の意味です。マイナス金利を実施した結果，日本銀行は短期金利のみならず，長期金利も低下するという知見を得ました。これが次のイールドカーブ操作につながります。

　イールドカーブとは利回り曲線とも称され，それぞれの債券について，横軸に償還までの期間，縦軸に利回り（金利）をプロットした曲線のことです。したがってイールドカーブはある一時点の金融市場の状況を長短金利の形状として表現しています。長短金利操作付き量的・質的金融緩和の「長短金利操作付き」の意味はイールドカーブのコントロールということです。つまりオペレーションを介して短期金融市場の金利（コールレート）のみを操作していた従来の政策を，長期の金利にも目標値をつけて誘導するのが長短金利操作付き量的・質的金融緩和です。短期金利（政策金利残高）についてはマイナス0.1%，長期金利（10年物国債金利）については0%程度で政策運営を実施しています。

本銀行は，日常的な金融調節として民間金融機関と国債等の売買をしたり，あるいは貸出をしています。これらは公開市場操作（オペレーション）といわれる政策手段です。たとえば日本銀行が民間金融機関から国債等を買うと，国債は日本銀行の保有となりますが，その代金は各金融機関が日本銀行に開設している日本銀行当座預金として支払われます。その結果，民間金融機関の融資に回す資金は増加することになります。これを資金を供給するオペレーションといいます。反対に，日本銀行が民間金融機関に対して国債等を売った場合には，民間金融機関は日本銀行当座預金を介して支払わねばなりませんから，民間金融機関の融資に回す資金量は減少します。これは資金を吸収するオペレーションと呼ばれます。

　金利と景気の関係を考えてみましょう。景気が悪化したときには，経済活動を刺激するために日本銀行は資金を供給するオペレーションを行って金利を引き下げます。すると金利が低ければ企業は事業活動に必要な資金を多く借り入れても支払金利の負担が軽く済みますので活発な投資活動を行う方向に経済が動きます。反対に景気が過熱したときには，資金を吸収するオペレーションを実施して金利を引き上げます。このとき金利負担が重くなることから企業の借り入れ態度は慎重になり，景気の加熱を抑制することができます。

　こうした日本銀行が日常的に行っている金融調節のデータはどこで得たらよいのでしょうか。日本銀行のホームページの日銀当座預金増減と金融調節というサイトには毎営業日のオペレーションの金額が記載されています。またこのサイトにある日本銀行当座預金の増減は金融政策の運営を分析する上で最も重要な数値です。

7.6.4 金融政策の変遷

　最後に，日本の金融政策の推移を見ておきましょう。現在，日本経済が抱えている問題は巨大な財政赤字とデフレーションです。特に 1997 ～ 98 年に発生した金融危機以降，日本経済はデフレに苦しんできました。日本銀行はデフレに対抗するために，これまでいくつかの金融政策を考案してきました。現在の金融政策に至るまでの推移を説明すると以下の表 7.1 のようになります。

表 7.1　**日本のデフレの発生とその対策**

1997 ～ 98 年　金融危機によるデフレの発生
1999 年 2 月～ 2000 年 8 月　ゼロ金利政策
2001 年 3 月～ 2006 年 3 月　量的緩和
2008 年 9 月　リーマン・ショック
2013 年 1 月　物価安定の目標（インフレターゲット）の公表
2013 年 4 月　量的・質的金融緩和
2016 年 1 月　マイナス金利付き量的・質的金融緩和
2016 年 9 月　長短金利操作付き量的・質的金融緩和

　デフレが発生して以降，日本銀行はこれまでに前例のない金融政策（いわゆる非伝統的な金融政策）を次々に施行してきました。その一つはフォワード・ガイダンス（forward guidance）というもので，政策目標を掲げるばかりでなく，その目標の実現に至るまで政策を継続する「約束」も同時に公表することを意味します。約束のことをコミットメントいうので，こうした手段によって市場参加者に日本銀行の物価を上げるという政策意思を理解してもらう効果をコミットメント効果といいます。表にあげた金融政策はすべてコミットメント効果を伴っています。

　2001 年 3 月から 2006 年 3 月まで実施された量的緩和は，日本銀行当座預金の残高に目標値をつけ「消費者物価指数（除く生鮮食品）の前年比上昇率が安定的にゼロ％以上となるまで継続する」と明示しました。その後，日本経済は回復の兆しを見せたのですが，2008 年 9 月のリーマン・ショックを契機として再びデフレと不況に陥ってしまいました。

　そこで新たに実施されたのが 2013 年 4 月に実施された量的・質的金融緩和（Quantitative and Qualitative Monetary Easing）です。これは消費者物価の前年比上昇率 2％という物価安定の目標（インフレターゲット）を「2 年程度の期間を念頭において，できるだけ早期に実現する」施策です。そのために前例のない規模で資金を供給するオペレーションを実施しました。この政策の背景には，明確な強い政策目標を公表してインフレ期待（inflation expectations）を高めるとともに，大量のオペレーションを実施して実質金利を下げることによって経済を活性化させるという日本銀行の意図がありました。

　ところが最初の 1 年は，物価上昇は顕著でしたが，2014 年 4 月の消費増税（5％から 8％），シェール革命による原油価格の暴落によって，物価は再び下落することになります。その後，マイナス金利付き量的・質的金融緩和，長短金利操作付き量的・質的緩和と矢継ぎ早に新たな政策を実施していますが，まだ2021 年 1 月現在「2％の物価安定の目標」は実現していません。マイナス金利付き量的・質的金融緩和の「マイナス金利」，長短金利操作付き量的・質的金融緩和の「長短金利操作」についてはコラムで説明しておいたので参照してください。その一方で，2019 年 10 月には消費再増税（8％から 10％）が実施されました。最近では金融政策のみならず，巨大な財政赤字のためにこれまで出動を控えてきた財政政策に活路を見出そうという施策も議論されています。

スタディガイド

① 　日本銀行金融研究所編『日本銀行の機能と業務』有斐閣，2001 年
② 　西野智彦『平成金融史』中公新書，2019 年
③ 　小峰隆夫『平成の経済』日本経済新聞者，2019 年

　①は日本銀行がその使命を果たすため，どのような役割・機能を担い，どのような業務を行っているか説明しています。②は平成時代の金融についての出来事がコンパクトにまとめられています。③は①②の文献の内容に財政政策，労働市場についての分析が加えられた内容です。

備考：　日本銀行の HP（https://www.boj.or.jp/）から金融についてのさまざまな知識，情報が取得できます。特に，年 8 回開催される金融政策決定会合の議事要旨，年 4 回（4月，7 月，10 月，1 月）に公表される「経済物価情勢の展望（基本的見解）」（展望レポートともいいます），日銀短観は，みなさんが将来，金融の知識を使って経済分析を実践する上で必修の資料となります。また日本銀行法にも目を通しておくとよいでしょう。

練習問題 7

7.1　銀行は預金を介してどのような機能を持っているのでしょうか。

7.2　日本銀行はどのような役割を担っているのでしょうか。

7.3　現在，日本銀行が採用している主たる政策手段は何でしょうか。

第8章

企業のマネジメント

本章のねらい　　現代の経済では企業と呼ばれる組織が基本単位として活動しています。企業は各々その目的にしたがって行動し，独自の経営戦略を持ちます。これら個別の企業の行動は，まとめてみれば経済全体としてある特徴を持つことになります。現代経済の特徴は企業行動の集積としてあらわれます。経済学部の卒業生のうち多くの人々が企業に就職し，社会人となります。企業経営を理解することは，学生にとって将来自分が身を置く場所のことを理解することになります。この章では，企業のマネジメントと題して，現代企業の行動を理解するための基本を学びます。企業とは何か，どのような種類のものがあるのか，また現代において企業をみる際に重視しなければならないポイントは何か，という点をこれからみていきます。

8.1 企業の種類

8.1.1 さまざまな企業形態

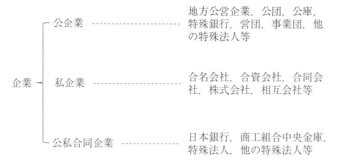

（出所）髙橋浩夫・大山泰一郎著『現代企業経営学』同文舘，1995 年，31 ページを筆者一部修正。

図 8.1　**企業形態**

　企業形態を大きく分けると，公企業と私企業と公私合同企業の三つに分けられます（図8.1）。公企業と私企業を分けるのは，各企業が行っている事業内容（営利性があるかないか）ではありません。公企業と私企業を分けるのは，企業の所有者・経営者が国や地方公共団体なのか，民間（人）かです。所有者・経営者が国や地方公共団体の場合，その企業を公企業と呼びます。一般的に，その事業内容は営利性に乏しいです。他方で，民間（人）が所有し，経営する企業のことを私企業と呼びます。一般的には，民間（人）が所有し，経営する私企業は通常，営利を追求します。そして，企業の所有者・経営者が国や地方公共団体のみならず，民間（人）もまた合同して所有し，経営する企業のことを公私合同企業と呼びます。なお，日本銀行は，日本政府から55％を出資してもらい，残りの部分については政府以外の民間（人）からの出資されている公私合同企業です。

　みなさんが事業を行うため，会社を設立する際には通常，私企業の中から一つタイプを選んで設立することになります。そして，私企業の中には，合名会社，合資会社，株式会社や相互会社などがあります。それでは，このさまざまある企業形態の中でも一番メジャーな株式会社に注目してみましょう。

8.1.2　株式会社とその特徴

　株式会社は，会社の中で現在中心的な位置を占めています。株式会社は，広範な大衆から小口の資金を調達して巨額の事業を行うのに適した企業形態となっています。そして，株式会社において出資を募る際にその出資の証として発行される有価証券のことを株式と呼び，株式を保有している主体を株主と呼びます。また，株主の権利として株主権があり，その内容は（1）会社が利益をあげた場合，その持株に応じて配当を受け取り，利益分配に参加することができる権利（利益配当請求権），（2）会社の最高意思決定機関である株主総会に出席し，持株比率に応じて投票権を行使することができる権利（議決権），（3）会社を清算するときには，残余財産の分配を持株比率に応じて請求することができる権利（残余財産分配請求権）となっています。一方で，合名会社・合資会社は個人的なつながりに基づいて1件当たりの金額が高額な資金調達を行っている企業形態となっています。また，社員の権利として社員権があり，株主権と同等の内容となっています。株式会社とそれ以外の会社との違いをまとめたものが表8.1です。ここでは，株式会社の特徴をさらにつかむために，合名会社や合資会社と比較しながらみていきましょう。

表8.1 **株式会社とそれ以外の会社の違い**

	株式会社 （公開会社の場合）	合名会社	合資会社
出資者の名称	株主	社員	社員
出資者の種類と責任	有限責任（会社の債権者に対して出資額を限度として責任を負う）	無限責任社員（会社の債権者に対して無制限に責任を負う）	無限責任社員（会社の債権者に対して無制限に責任を負う），有限責任社員（会社の債権者に対して出資額を限度として責任を負う）
出資者の員数	1名以上	1名以上	1名以上
資金（資本）の調達方法	広範な大衆から小口の資金を調達	少数者から大口の資金を調達	少数者から大口の資金を調達
投資の回収方法① 持分譲渡	原則自由	そぐわない	そぐわない
投資の回収方法② 退社	あまり望ましくない	認容	認容
最高意思決定機関	株主総会	社員総会	社員総会
経営権限	取締役あるいは取締役会 →所有と経営の分離	社員 →所有と経営の一致	社員 →所有と経営の一致

（出所）一般社団法人日本経営協会（監修），特定非営利活動法人経営能力開発センター（編集）『経営学の基本（経営学検定試験公式テキスト）』中央経済社，2018年，16ページに筆者加筆修正。

出資者の名称　株式会社と合名会社・合資会社との大きな違いの一つは，出資者の名称（呼び方）です。株式会社の場合，出資者（所有者）は「株主（shareholder）」と呼ばれます。出資者（資本を出す者）とは，会社のビジネスを開始したり操業するために会社に必要な資金を提供してくれる主体（人とは限らず会社（正確には，法人[1]）の場合もあります）を指します。会社のビジネスを開始したり操業するために必要な資金は，多くの場合，会社財産（資産とも呼びます）を構築するのに利用されます。会社財産の名義は通常，法人名なので直接的に所有せず，会社という器を通じて出資者は実質的に所有しています。たとえば，会社の出資者も法人名義の土地・建物といった物的資産や従業員という人的資源を所有するという考え方です。したがって，出資者は別名，「所有者」ともいいます。

　一方で，株式会社以外の合名会社・合資会社の場合，出資者（所有者）のことを「社員」と呼びます。「社員」という言葉を耳にしたとき，「社員＝会社で働いている正規の従業員，つまり正社員」を思い浮かべると思いますが，ここでの「社員」は「社団構成員」の略です。したがって，雇用契約と関係するわけではなく，会社という社団を構成するメンバー（会員みたいなもの）だと考

　1）　法人とは，人間（自然人）以外で権利・義務の帰属主体となりうる資格を有するもので，法律の手続き（登記手続き）によって，初めて成立します（民法33条1項）。法律が認める「人」なので法人と呼びます。

えてください。そこで働く人＝従業員のことではありません。このような観点でみると世の中には似たような仕組みがあります。たとえば，ゴルフ会員クラブのメンバーシップまたは会員です。通常，ゴルフ会員クラブに入会するためには会員費を払います。この行為が出資するということで，会員が出資者だと考えてください。この会員とゴルフ場で働いている従業員は当然違います。

　このテーマで面白いのは，保険会社の企業形態の一つである相互会社です。相互会社の出資者も社員と呼びますが，その社員はわれわれ保険契約者です。したがって，われわれ保険契約者は保険サービスを享受する受益者であるとともに保険会社の出資者（所有者）でもあるのです。

　資金（資本）の調達方法　　株式会社と合名会社・合資会社との大きな第二の違いは，資金（資本）の調達方法です。株式会社は，広範な大衆から小口の資金を調達して巨額の事業を行うのに適した企業形態となっています。一方で，合名会社・合資会社は個人的なつながり（家族や意気投合した仲間）に基づいて１件当たりの金額が高額な資金調達を行っている企業形態となっています。

　出資者の種類と責任　　株式会社と合名会社・合資会社との大きな第三の違いは，出資者の責任の範囲です。株式会社では，出資者の責任範囲は有限責任です。他方で，株式会社以外の会社では，出資者の責任範囲は，たとえば合名会社では無限責任で，合資会社では無限責任の場合と有限責任の場合があります。

　出資者の責任とは，会社が負債（借金）を負っている場合，その負債に対する返済義務のことを指します。その負債に対して，会社財産をすべてあてても不足分が生じる場合，その不足分全額に対して出資者がすべて責任を負う場合を無限責任と呼びます。したがって，無限責任の場合は，会社組織が抱えた負債に対し出資者は個人財産の供出を含めすべての返済義務を負うことになります。そしてそのような社員を無限責任社員と呼びます。借りたおカネは全額返済しなければならない。これが原則論です。しかし，この原則論を徹底してしまうとある不都合が生じます。それは，軽い気持ちで１円でも会社に出資しただけで大きな借金を背負う重たい責任を持たされてしまうことです。これでは誰もが会社への出資に萎縮してしまい，起業家からするとなかなか資金が集まらなくなってしまいます。

　この前述の原則論を徹底することで起きてしまう不都合を緩和しようと考えられたものが，もう一つの責任のタイプです。無限責任に対し，負債に対して，会社財産をすべてあてても不足分が生じる場合，その不足分全額に対して資本金として会社にすでに払い込んだ出資額に限定して責任を負う場合を有限責任と呼びます。そしてそのような社員を有限責任社員と呼びます。会社の負債に対して有限責任を負うということの意味は，会社が大きな損失を出し，会社財

産が皆無になり，その損失の補塡に足りないような事態が生じた場合，出資者はその出資分だけの責任を負うに止まり，自らの個人財産等をもって償うことまではしなくてよいということです。つまり，出資額分の権利を放棄することで，それ以上の請求をされないということです。よって，その返済義務の範囲が出資額分に限定されるという意味で有限なのか，負債全額に対してあくまで返済義務を負うという意味で無限なのか，で有限責任なのか無限責任なのかという違いになります。

コラム　　無限責任社員と有限責任社員の違い

　具体的な事例で，無限責任社員と有限責任社員の違いを考えてみましょう。Ａさん（有限責任社員）は 1000 万円出資，Ｂさん（無限責任社員）は 500 万円出資，Ｃさん（無限責任社員）は 500 万円出資，銀行から 9000 万円借入（無利息と仮定）して，合計 1 億 1000 万円を資金調達して合資会社を設立したとしましょう。そして，その 1 億 1000 万円のうち，土地を 2000 万円で購入し，その土地の上に 4000 万円で建物を建て，建物内に 4000 万円で機械設備を設置し，残り 1000 万円を預金にしたとしましょう。5 年後，経済状況が悪化し，土地は 1000 万円に値下がり，建物は古くなったので 1000 万円に値下がり，機械設備も古くなり，そしてこの合資会社が行っていた事業が有望ではなかったため 1000 万円に値下がりした場合を考えてみましょう。そして，預金は会社の運転資金として全部使ってしまい，会社財産が合計 3000 万円になった場合を考えてみましょう。このような場合に，有限責任社員であるＡさんと，無限責任社員であるＢさん，Ｃさんで負担しなければいけない責任にどのような違いがでてくるでしょうか。なお余談ですが，もし会社財産を 5 年後に再評価したところ 3 億円まで増加し会社を清算した場合には，銀行への返済，その他債務の支払を行った後の 2 億 1000 万円を出資額の比率に応じて，Ａさんは 1 億 500 万円，ＢさんＣさんはそれぞれ 5250 万円を残余財産の分配として受領することになります。

　話を元に戻すと，会社財産が合計 3000 万円まで減少した場合，会社財産をすべて売却しても銀行から借り入れた 9000 万円全額を返済できず，6000 万円の不足分が生じます。よって，この 6000 万円の不足分について三人に責任が生じます。Ａさんは，すでに 1000 万円を出資した際に合資会社に 1000 万円を払い込み済みです。よって，この 1000 万円を合資会社から回収できません。しかし，有限責任社員であるため，回収できない 1000 万円はありますが，この 1000 万円を限度として責任を果たしたことになり，これ以上の債務について返済義務が生じません。一方，Ｂさん，Ｃさんについては，会社設立時に合資会社に払い込んだ各々の 500 万円を回収できないことは当然として，加えて銀行への返済不足分 6000 万円を連帯して返済する義務を負います。このように銀行等から借り入れを行い，銀行への返済額よりも会社財産が減少した場合に有限責任社員と無限責任社員との間には，大きく違いが生じます。

投資の回収方法　　株式会社や合名会社・合資会社において，会社に出資した資本を回収する方法として，退社と持分譲渡があります（表 8.2）[2]。それぞれ出資者である株主または社員は出資した資本を回収する点で同じですが，回収した後におきる結果が異なります。退社とは，社員たる地位を辞めて，同時に当該社員の地位自体が消滅する制度です。したがって，当該会社の会社財産から投資した資金を回収することになり，会社財産が減少します。他方で，持分譲渡とは，出資者が所有する会社財産の持分を第三者に譲渡することです[3]。この方法によって，持分を譲渡した株主・社員は株主・社員たる地位は失ってしまいますが，当該持分は消滅せず持分を買い取った人が今度は株主・社員となります。したがって，当該会社の会社財産からではなく（その点で会社財産が減少しません），譲渡した代金を通じて出資した資本の回収を第三者から行うことになります。また，退社の場合とは異なり，持分を譲り受けたその第三者が株主・社員として加入することになります。

　合名会社・合資会社では，社員間の信頼関係を前提とした会社制度です。したがって，第三者である誰かが入ってくる可能性が高い回収方法である持分譲渡はあまり望ましくないので，代わりに退社制度を積極的に認めています。他方で，株式会社の場合には，どんな人からでもいいので少額で資金の提供を受け入れ，総額として大きな金額の資金調達ができればいいといった前提がおかれている会社制度です。よって，第三者である誰かが入ってくる可能性が高い持分譲渡で容易に資金調達を実現するとともに，投資家の出資した資本の回収機会を担保しています。どの会社制度も基本的にどちらかの投資の回収方法は積極的に認められ，もう一方の投資の回収方法について制限をかけています。なぜなら，持分譲渡を認めた上でさらに，会社財産が減少する可能性のある退社制度を積極的に認めることになると，すでにその会社に出資をしている投資家にとっては非常に有利な会社制度となります。しかし，会社にとって会社財産が減少し，信頼関係が十分にない第三者が加入するといった会社にとって不利な経路が二つも存在することになります[4]。よって，会社だけではなく，これから新しくその会社に投資をしようと考えている投資家にとっても望ましくありません。

　2）　株式会社では，原則，退社は認められていません。しかし，例外的な措置として会社に対する株式買取請求権の行使（これが退社に相当するもの）によって，会社から出資した資本の回収が認められています。この株式買取請求権の行使は，極めて特別な場合（たとえば合併について株主総会で反対したのに合併が可決された場合など）のみに限定して認められています。

　3）　この持分（＝株式）譲渡が，いわゆる株式市場における株式売買という行為で表れます。

　4）　信頼関係が十分にない第三者が加入した場合，その第三者に企業が支配される可能性が非常に高くなります。

表8.2　**会社制度における出資した資本の回収方法とその特徴**

出資した資本の回収方法	どこからの回収か	当該社員たる地位	第三者の加入
退社	会社財産	消滅する	なし
持分譲渡	第三者からの代金	消滅せず	あり

　経営権限　　合名会社・合資会社では，会社の経営権限は出資者兼所有者である社員にあります。すなわち，合名会社・合資会社では所有者と経営者が同一人物になることから，「所有と経営が一致」します。

　他方で株式会社では，先ほどの持分（株式）を譲渡することを自由に認めているので，株主の交代が頻繁に行われ，株主のメンバーが流動的になることが予定されます。また，投資家である株主は金融に関する専門的知識を持っていても，事業についてまたは企業経営について専門的知識や能力を持っているとは限りません。よって，事業についてまたは企業経営について専門的知識や能力を持つ者を広く探し，その者に企業経営を担当させることができます。会社の経営権限は出資者兼所有者である株主から切り離され，取締役あるいは取締役会に委ねられます。このように，出資者兼所有者と実際の企業経営の担当者が別の人物になることを「所有と経営の分離（Separation of ownership and management）」と呼び，株式会社では所有と経営を分離させることができます。

8.1.3　企業形態の分布

　表8.3は，企業形態別および資本金階級別法人数です。この表から何が読み取れるのかを議論してみましょう。

　平成29（2017）年度分の日本の法人数は270万6627社です。資本金階級別の構成比でみると，資本金1000万円以下の階級（232万8831社，86.1％）と資本金1000万円超1億円以下の階級（35万5294社，13.1％）が全体の99.2％を占めています。中小企業がこの二つの資本金階級にあることから，日本全体の法人数の多くは中小企業で占められていることがわかります。就職活動では，大企業に学生は目がいきがちですが，数の上では，日本において，中小企業は無視できない存在となっています。

　企業形態別の構成比でみると，株式会社が日本全体の法人数270万6627社中，253万7667社の93.8％を占めています。よって，日本に存在する多くの法人は株式会社であることが明らかとなっています。

　次に，表8.4は資本階級別にみた企業形態の構成比をみたものです。資本金階級規模が小さいところでは合名会社や合資会社はある程度存在します。しかし，資本金階級規模が大きくなるほど，合名会社や合資会社はほとんど存在しなくなります。これは，企業が設立されて間もない時点では，個人的なつながり（家族や意気投合した仲間）に基づいて1件当たりの金額が高額な資金調達

を行っていることが多く，合名会社や合資会社といった企業形態が採用されや
すいことを示しています。一方で，企業が成長し規模が大きくなり，それに伴
い資金調達が必要になりますと，できるだけ不特定多数者から 1 件当たりの金
額が少額な資金調達へシフトすることになり，その際には有限責任の株式会社
といった企業形態が採用されやすいことを意味します。なお，1000 万円以下の
株式会社が 93.57% と多数占めているのは，2005（平成 17）年の有限会社法の
廃止に伴い，有限会社が特例有限会社として株式会社の 1 種類となったためで
す。法務省によれば，2011（平成 23）年時点において，特例有限会社は約 172
万社あるといわれています。したがって，この特例有限会社の数をこの表から
除けば，「資本金階級規模が小さいところでは合名会社や合資会社は少なから
ず存在し，資本金階級規模が大きくなるほど，合名会社や合資会社数は減少し，
株式会社数は増加する」といった傾向が強く出現するようになります。

表 8.3　**企業形態別法人企業数**

	1000 万円以下	1000 万円超 1 億円以下	1 億円超 10 億円以下	10 億円超	合計	構成比
合名会社	3,642	171	–	1	3,814	0.1%
合資会社	15,582	526	–	4	16,112	0.6%
株式会社	2,179,140	337,328	15,547	5,652	2,537,667	93.8%
そのほか	130,467	17,269	819	479	149,034	5.5%
合計	2,328,831	355,294	16,366	6,136	2,706,627	100.0%
構成比	86.0%	13.1%	0.6%	0.2%	100.0%	

（出所）国税庁『平成 29 年度分税務統計から見た法人企業の実態』より筆者作成[5]

表 8.4　**資本金階級別にみた企業形態の構成比**

	1000 万円以下	1000 万円超 1 億円以下	1 億円超 10 億円以下	10 億円超
合名会社	0.16%	0.05%	–	0.02%
合資会社	0.67%	0.15%	–	0.07%
株式会社	93.57%	94.94%	95.00%	92.11%
そのほか	5.60%	4.86%	5.00%	7.81%
合計	100.00%	100.00%	100.00%	100.00%

（出所）国税庁『平成 29 年度分税務統計から見た法人企業の実態』より筆者作成

5）　そのほかには合同会社，特定目的会社，相互会社等が含まれています。

8.2　コーポレート・ガバナンス

8.2.1　モラルハザードとモニタリング

　すでに 8.1 節で述べたように，株式会社制度の下で「所有と経営の分離」が起こります。この分離が進むと，次のような問題が出てきます。企業の所有者はもともとの資本を提供した株主ですが，自らが経営をするわけではありませんので，専門経営者にマネジメントを依頼することになります。この両者の関係は，株主が依頼人（プリンシパル，principal），経営者が代理人（エージェント，agent）となり，依頼人が代理人に対し，自分の出資から最大の利益を得ることを期待し実際の事業の展開を委託するという関係といえます。このような関係をプリンシパル・エージェント関係といいます。

　しかし，経営者が必ずしも株主の期待どおりに行動するかどうかはわかりません。経営者が自らの利益や社内権力の強化に向かう可能性は否定できないのです。しかも，実際の事業活動の詳細に関して最もその内容を知りえる立場にあるのは経営者であって，株主ではありません。このような依頼人と代理人の間の情報の非対称性（asymmetry of information）を原因として，依頼人の期待と代理人の行動にズレが生じることになります。ここで経営者が株主の利益に適う行動を取らないモラルハザード（moral hazard）が発生します。

　モラルハザードとは，依頼人と代理人の間で情報の非対称性が存在することによって，代理人の行動が依頼人の期待通りに行われないことが生じ，そのことによって効率的な資源配分が妨げられることを指します。保険契約において，保険加入者は保障を得ることによってリスクを回避するための注意を怠るようになることが指摘されます。モラルハザードはもともとこのような保険の問題点を指す言葉として使われていました。

　モラルハザードを抑制するためには代理人の行動を監視すること，モニタリング（monitoring）が必要になります。依頼人である株主は，代理人である経営者をモニタリングすることで，企業の統治（コーポレート・ガバナンス，corporate governance）をよりよく行うことができます。

　代理人である経営者が株主の期待にそぐわない行動をすることによって株主側が被る負担のことをエージェンシーコスト（agency cost）と呼びます。本来株主が得られたであろう利益を失うことをコストと考えます。モニタリングはこのエージェンシーコストを最小化させるためのものです。

8.2.2　モラルハザードの例

　企業におけるモラルハザードの例として，①大王製紙事件，②日本和装ホールディングス事件があります。両事件とも社長による会社の私物化といったモラルハザードが問題となりました。

　大王製紙株式会社は，三和グループに属する日本の大手製紙メーカーです。同社の家庭用品「エリエール」のブランドは非常に有名で，ティッシュペーパー・トイレットペーパーでの生産量基準の国内市場占有率（シェア）が約15％の首位で業界のトップブランドです。そして，大王製紙の創業家経営者である井川意高氏が，2010年4月から2011年9月の間，総額で100億円を超える会社の資金を，子会社を通して不正に引き出し，私的に流用した背任事件です。私的流用先は，主に同氏のカジノなどの遊興費や夜遊びだったそうです。

（出所）『日本経済新聞』2011年11月22日付夕刊

図8.2　当時の新聞記事

　日本和装ホールディングス株式会社は，主に和服の販売仲介を行っている業界大手企業です。全国で無料のきもの着付け教室を展開中です。同社の創業者である吉田重久氏は，着物を上手く着られない人が多いために着物が売れないのではないかと思い，着物の着付け教室を無料にして着物を販売する目的でこの会社を設立しました。そして，社長兼会長である吉田重久氏は，同氏所有のクルーザー船（つまり私物）の維持費約2300万円，同氏所有のロールスロイスの維持費約180万円，私宅の2回の転居費用約8500万円など合計約1億1000万円を同社の資金から拠出していました。

１．クルーザー・ロールスロイスの維持費について

(1) クルーザーの維持費

　吉田会長個人が所有するクルーザーの船舶係留利用料その他維持費については，当社が支払を行っている。その支払金額については，以下のとおりである（なお，金額については当委員会ではなく，当社が算出したものである。以下同様）

（単位：円）

2014 年 12 月期	2015 年 12 月期	2016 年 12 月期	2017 年 12 月期	2018 年 12 月期	合計
5,173,756	5,039,847	4,468,493	4,454,786	3,985,770	23,122,652

イ　2016 年 1 月～2018 年 6 月

　2016 年 1 月以降の賃借物件については，改装等により会長自宅が利用できなくなったことから，居宅としても利用されている。2016 年 1 月以降は，田園調布，元麻布，日本橋と定期的に転居が行われている。上記期間中の各物件に係る会社負担額は以下のとおりである。

（単位：円）

2016 年 12 月期	2017 年 12 月期	2018 年 12 月期	合計
12,296,696	18,990,416	3,980,880	35,267,992

（出所）日本和装ホールディングスの調査報告書（公表版）4 ～ 5 ページ

図 8.3　日本和装ホールディングスの調査報告書（公表版）の一部

　会社に資金を提供している株主はいくらエージェントである経営者をモニタリングすることでモラルハザードを防ごうと試みても，実際には株主は 24 時間 365 日経営者をモニタリングできるわけではありません。したがって，このような経営者による会社の私物化がどうしても起きてしまい，ことあるごとに株主は不安にかられ，資金提供について萎縮してしまいます。

8.2.3　コーポレート・ガバナンスのタイプ

　株式会社では，前述の通り，所有と経営が分離しており，また株式会社が大規模化してきますと，それにつれて，株式所有の分散化がますます進んでいきます。

　株式所有が多数の株主に分散した企業では，経営者を任命したり，経営に関する意思決定に影響を及ぼすことができるような大株主が存在しないことが多いです。このような状況の下では経営者が会社を支配することになります。そのような経営者支配企業では，経営者は株主のためではなく，自らの利益のために企業を経営する傾向が強くなります。その一つが先述のモラルハザードです。そのため，経営者の行動と株主が経営者に期待している利益が一致しなくなります。したがって，モニタリングでそのような事態を避けられれば問題ないですが，それは難しいです。よってある仕組みを導入しようと試みられました。この経営者の行動と株主の利益を一致させるような仕組みをコーポレート・

ガバナンス（企業統治，corporate governance）といいます。

　大会社についてのコーポレート・ガバナンスの仕組みとして，次の三つがあ
ります。それは，監査役設置会社，指名委員会等設置会社，監査等委員会設置
会社の三つです。ここでは，上場企業において数として最も多い監査役設置会
社に焦点をあて，その仕組みについてみてみましょう（指名委員会等設置会社
と監査等委員会設置会社については別の機会に勉強してください）。

　監査役設置会社　　監査役設置会社には，株主総会，取締役会，監査役（会）
などの機関の設置が法律によって義務づけられています。

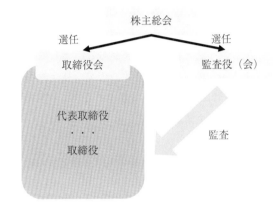

(出所)　一般社団法人日本経営協会（監修），特定非営利活動法人経営能力開発センター（編集）
『経営学の基本（経営学検定試験公式テキスト）』中央経済社，2018 年，36 ページに
筆者加筆

図 8.4　**監査役設置会社**

　株式会社では株主総会が，会社の最高意思決定機関となっています。株主総
会では，会社の清算・解散や他の会社との合併などといった会社の存立に関わ
る基本的事項や，会社の取締役の選任・解任や監査役の選任・解任などを決定
できます。また，取締役の中でも代表権をもっている取締役を代表取締役と呼
び，代表取締役および取締役で構成された機関を取締役会と呼びます。

　監査役は，取締役と同様に株主総会で選任されます。また，大規模な公開会
社（資本金 5 億円以上または負債 200 億円以上の会社で，株式譲渡制限会社以
外の会社）では三人以上の監査役で構成される監査役会を設置しなければなり
ません[6]。そしてその半数以上が社外監査役でなければなりません。監査役は，
法制度上は，経営者を監視する機関です。その監査役の業務内容は，会社の業
務監査および会計監査です。

---

6)　公開会社とは株式を売買取引できる市場が存在する会社を指します。

8.2.4　企業は誰のものか―ステークホルダー

　コーポレート・ガバナンスは，このように株主が自らの期待を実現しようとすることを出発点としており，この場合，あくまでも株主を中心としたコーポレート・ガバナンスという話です。しかし，現代の企業を考える際に株主の視点からだけコーポレート・ガバナンスを考えることが果たして正当なのかという別の考え方がでてきます。それは，企業は誰の（ための）ものであるのか，という問いに発しています。企業設立の元手となる資本の出資者は株主ですし，企業があげた利益の配分を配当として受け取るのも株主の権利であるということからすれば，企業は株主のためのものである，という考え方は株式会社制度の基本であるといえます。しかし，現実に活動している企業は株主の利益だけを考えて行動すればよいのでしょうか。株主以外のことを考えに入れないで行動することが適切なのでしょうか。

　企業は誰のものかという話と密接な関連がある話としてステークホルダー（利害関係者，stakeholder）の話があります。企業の社会的な影響力の高まりから直接的な企業の所有者は株主でも，企業をとりまく利害関係者に配慮した経営が必要です。経営者が企業経営の意思決定をする際に，単に株主の利益だけを考慮するのではなく，より広い範囲の利害関係者（ステークホルダー，stakeholder）との関係性をも考慮に入れるならば，経営者の意思決定は修正されることになります。

　ステークホルダーは，株主，経営者以外に，企業の従業員，資金を融資している金融機関や企業に投資をしている投資家，顧客，取引企業，工場の周辺地域住民や企業の本社や事業所から所得税・法人税といった税収を得ている政府・地方公共団体等，企業活動に何らかの利害関係を持つさまざまな主体から構成されます（図8.5）。

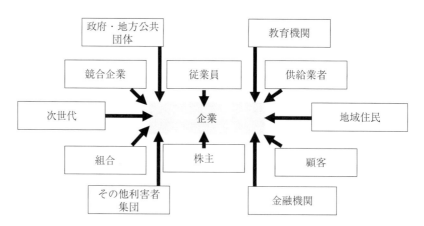

（出所）Schermerhorn, J.R. and Bachrach, D.G. Exploring Management, 5th Edition, John Wiley and Sons, 2016, p.38.

図8.5　**企業を取り巻くステークホルダー（利害関係者）**

　特に現代の大企業にとって，その行動が多くの利害関係者に大きな影響を与えることから，古典的な意味での企業の所有者である株主の利害（利潤）の最大化だけが行動の判断基準とはなりえません。むしろ，広範なステークホルダーの利害調整が行動の判断基準として重要性を増しており，企業も社会の構成員として社会的な存在であることを意識することが求められるようになっていると考えられます。

　現在，コーポレート・ガバナンスという場合，このように広い範囲のステークホルダーを考慮に入れた形で企業のあり方を考えることが基本といえるでしょう。その場合，経営者がどのようなステークホルダーの意向を重視するのかは，企業を取り巻くさまざまな環境によって決まってきます。営利企業としての収益性を維持することはもちろん重要ですが，同時に社会的存在としての持続可能な企業行動にも今日では焦点が当てられることになります。その場合，企業が社会的存在として倫理的にも評価される行動をすること，つまり，企業不祥事等を起こさず，社会的信頼を常に得ることが，結局，企業の永続性を保障することにつながります。むしろ，今日では，企業が利害関係者の生活をより豊かなものまたはより良いものにするといったインパクトを考えた場合，利害関係者のために企業は存在し続けなければならないといった永続性が重視されることになると考えられます（たとえば，従業員，顧客，取引業者，地方自治体の利害で考えると，雇用を維持する，顧客が愛用する製品を改良しながら提供し続ける，取引関係を維持する，税収を維持する，これらのために企業に永続してもらわなければならないといった話です）。

スタディガイド

① 一般社団法人日本経営協会（監修），特定非営利活動法人経営能力開発センター（編集）『経営学の基本（経営学検定試験公式テキスト）』中央経済社，2018 年
② 高橋浩夫・大山泰一郎『現代企業経営学』同文舘，1995 年
③ 植竹晃久『企業形態論』中央経済社，1984 年
④ 小松章『企業形態論』サイエンス社，1990 年
⑤ 田村達也『コーポレート・ガバナンス：日本企業再生への道』中公新書，2002 年
⑥ 深尾光洋『コーポレート・ガバナンス入門』ちくま新書，1994 年
⑦ 株式会社 東京証券取引所「https://www.jpx.co.jp/news/1020/nlsgeu000003u5i6-att/nlsgeu000003u5kr.pdf」2019 年 8 月 6 日アクセス
⑧ 渡邉浩司「上場会社のコーポレート・ガバナンス・コードへの対応状況 – 適用後 1 年を通過して –」『監査役』2016 年 12 月 25 日号，11 ページ
⑨ 森淳二朗・吉本健一編『会社法エッセンシャル』有斐閣，2006 年

　①②は経営学全般に関して学習できる文献。③④はさまざまな企業形態について説明した文献。⑤⑥はコーポレート・ガバナンスを学習する際に参考になる文献。⑦⑧は日本企業のコーポレート・ガバナンス・コードへの対応状況を調査した報告資料・文献。⑨は会社法を学習できる文献。

練習問題 8

8.1 プリンシパル・エージェント関係の例を 2, 3 個列挙しなさい。各例において, プリンシパルはエージェントに対してどのような業務を委託しているのかも説明しなさい。

8.2 本章で取り上げた, 監査役会設置会社を実際に採用している会社を例として挙げなさい。

8.3 株式を取得する目的にはどのようなものがあるかを説明しなさい。

第9章

労働市場

本章のねらい　労働市場は，人が働くことによって生み出される，労働という特殊な生産要素[1]の取引を行う市場です。本章では，まず労働市場と経済全体の関係を確認します。これは，労働市場での需給が他の市場との関係なしでは存在しえないという理由によるものです。また不幸にして失業してしまう状況と，そのときに助けになる社会保障（雇用保険）について学びます。その後で，わが国の労働市場の現状を，さまざまな統計データを用いて，非正規雇用，若者や女性，高齢者の労働の観点から述べていきます。

9.1　労働市場と経済全体の関係

9.1.1　労働市場の働き

労働市場は，経済全体の中に含まれる主要な市場の一つです（図 9.1）。労働市場では，家計が労働を企業に供給し，対価として賃金を受け取るという取引が行われています。この取引では，企業と家計の間の財とおカネの動きが，生産物市場と反対になっていることに気をつけてください。労働市場では，一般的な財市場とは異なり家計が供給者，企業が需要者となります。それでは企業が労働を需要するのはなぜでしょうか。

図 9.1 が示すように，私企業は，基本的には，利潤を獲得する目的で，生産要素である資本と労働を用いて生産活動を行っています。つまり企業は生産活動の過程で必要な投入物（生産要素）として労働を必要としています。ですので，まず生産したい量，つまり生産物市場での需要があって，そこから生産するのに必要な労働の需要量が決まるという決定過程をたどることになります。

1）　労働のほかに重要な生産要素としては，資本，土地，技術，知識，情報などがあります。

このような決まり方をする需要のことを派生需要と呼びます。労働需要は典型的な派生需要であり，景気が良くなったとき，すなわち通常の財の売れ行きが良くなれば労働に対する需要が増加します。また景気が悪くなったとき，すなわち通常の財が売れなくなってしまったときには労働に対する需要も減少するのが普通です。

　また労働市場には，生産要素としての労働供給のほかにもう一つ大きな機能があります。それはGDPの6割近くを占める民間最終消費支出に必要なおカネを家計にもたらすという機能です。企業と家計の間は，財市場と労働市場でつながっていますので，景気が良くなっているときには「生産物市場での財需要が増える→労働市場での労働需要が増える→家計に入る賃金が増える→家計がより多くの財を需要する」という流れで景気がさらに拡大する方向に向かいますが，景気が悪くなって生産物市場が冷え込んだ場合には，この流れが逆転して景気悪化が深刻化する可能性があります。

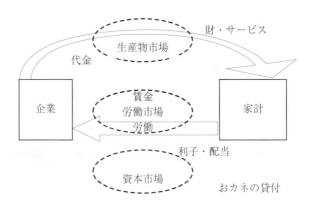

図 9.1　**経済の中の労働市場**

9.1.2　労働市場の特徴

　上述のとおり，労働需要は生産物需要に対する派生需要ですから，労働市場での需要変動と景気変動には関係があります。景気が悪ければ労働需要も減りますし，景気がよければ労働需要は増えます。しかし労働は人が直接関わるものだけに需要が減ったからすぐ解雇するということにはならないのが普通です。よくあるケースでは，たとえばまず残業時間を減らす，中途採用を削減・停止するといった対策をとった後に，パートタイマーなどの非正規雇用者の再雇用停止，解雇が実施されるという段階を踏んで雇用調整が行われていきます。このように雇用調整に時間がかかるため，完全失業率は景気に対して遅れて変化する指標（遅行指標）となっています。

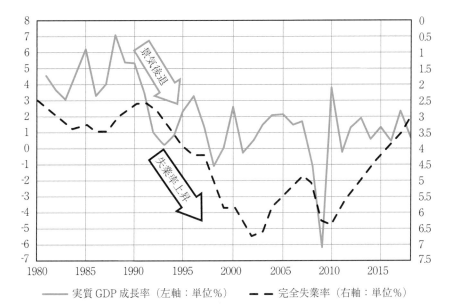

（出所）総務省統計局「労働力調査　長期時系列データ（基本集計）」
　　　　内閣府「国民経済計算」平成17年基準支出系列簡易遡及，および2018年度国民経済計算
　　　　（2011年基準・2008SNA）」

図 9.2　実質 GDP 成長率と完全失業率

　図 9.2 はこの関係を実際のデータで示したものです。特に景気が後退する時
期（実線が下がる時期）に着目すると，完全失業率がそのあと遅れて増加して
いる（図中の点線は下の方に向かっている）ことがわかると思います[2]。

9.2　労働力の測り方

　労働市場での人々の動きを理解するためには，実際の統計データをみること
が重要です。ここでは，総務省統計局が毎月実施している「労働力調査」を例
にとって，労働力の測り方と実際の値について確認します[3]。

　2）　図 9.2 では，完全失業率の軸は通常と上下が逆（上が小さくて下が大きい）になっ
ています。ですから，図 9.2 で完全失業率の線が下がると，完全失業率の値自体は大き
くなっていることに注意してください。
　3）　詳しくは，総務省統計局の「労働力調査の概要」を参照してください。
（https://www.stat.go.jp/data/roudou/outline.html）

9.2.1　調査の概要

　労働力調査では，わが国における就業および不就業の状態を毎月明らかにするために，標本調査として実施しています。調査では，国勢調査の約 100 万調査区から約 2,900 調査区を選定し，その調査区内から選定された約 4 万世帯（基礎調査票の対象世帯，特定調査票についてはうち約 1 万世帯が対象）およびその世帯員が調査対象となります。そして世帯員のうち 15 歳以上の者（約 10 万人）の就業状態を調査します。また調査期間は月末の 1 週間となっています。

　労働力調査では，調査週間中の活動状態に基づき，15 歳以上人口を国際労働機関（International Labour Organization：ILO）の基準に従い次のように区分しています。

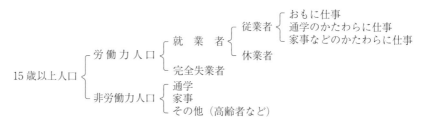

（出所）総務省「労働力調査」 用語の解説　より抜粋

図 9.3　就業状態に関する区分

　まず 15 歳以上人口は，労働力人口（就業者と完全失業者）と非労働力人口（労働力人口以外）に大きく分類され，さらにそれらは細分類されています（図 9.3）。就業者は，就業状態の違いから従業者[4]と休業者[5]とに区分され，従業者は，主に仕事をした者のほかに，通学のかたわらに仕事をした者，家事などのかたわらに仕事をした者となります。もし高校や大学で通学をしながら，アルバイトで週 1 時間以上働いている場合は，従業者に区分されます。また出産，育児，介護等で休業している場合は，完全失業者でも非労働力人口でもなく，休業者という形で就業者の中に区分されます。アルバイトを全くしていない学生や，パート労働等に従事していない専業主婦（主夫），定年退職して仕事をしてい

　4）　調査週間中に賃金，給料，諸手当，内職収入などの収入を伴う仕事を 1 時間以上した者のこと。なお家族従業者は，無給であっても仕事をしたものとされます。

　5）　休業者とは，雇用者で給料・賃金の支払を受けている者又は受けることになっている者，もしくは自営業主で，自分の経営する事業を持ったままで，その仕事を休み始めてから 30 日にならない者のことを指します。職場の就業規則などで定められている育児（介護）休業期間中の者も，職場から給料・賃金をもらうことになっている場合は休業者となりますし，雇用保険法に基づく育児休業基本給付金や介護休業給付金をもらうことになっている場合も休業者に含まれます。また家族従業者で調査週間中に少しも仕事をしなかった者は，休業者ではなく，完全失業者又は非労働力人口のいずれか分類されます。

ない高齢者は，非労働力人口に区分されます。

　なお，労働力調査では従業上の地位の違いから，従業者を個人経営の事業を営んでいる自営業主，自営業主の家族でその自営業主の営む事業に無給で従事している家族従業者，そして会社，団体，官公庁又は自営業主や個人家庭に雇われて給料・賃金を得ている者および会社，団体の役員の雇用者とに区分しています。

　少し細かい話をしてきましたが，労働市場全体をみる上でまず重要なのは，労働力人口と完全失業者です。完全失業者は，その多くが仕事に従事したくてもできず，仕事がないと収入が得られない人たちです。そのため完全失業者が多い状況は，生活が不安定になる人々が増えることとなり，社会にとっても好ましい状況とはいえないでしょう。そのため政府は，社会における失業の状況も考慮して，景気対策等の政策を実施することになります。

9.2.2　完全失業者と非労働力人口の違い

　図 9.3 をみると，完全失業者は労働力人口に含まれていますが，失業者ですから調査時点で仕事をしているわけではありません。同じ仕事をしていないグループとしては非労働力人口がありますが，どのようにこの両者を区別しているかについて整理しておきます。

---

① 仕事がなくて調査週間中に少しも仕事をしなかった（就業者ではない）。
② 仕事があればすぐ就くことができる。
③ 調査週間中に，仕事を探す活動や事業を始める準備をしていた（過去の求職活動の結果を待っている場合を含む）。

（出所）総務省統計局　「労働力調査用語」の解説より抜粋

図 9.4　完全失業者の 3 条件

　労働力調査における定義では，完全失業者は図 9.4 に示すような以下の三つの条件を全て満たす人ということになっています。1 番目の条件は「仕事をしていなかった」ですから，非労働力人口と完全失業者の間に違いはありません。2 番目の条件も，体調が悪いとか，仕事以外の都合（たとえば就学中とか，家族の世話で就業できないなど）といった理由がなければ，非労働力人口に入る人がいてもおかしくありません。重要なのは 3 番目の条件です。

　3 番目の条件は，「仕事を探す活動」や「事業を始める準備」をしていることを求めています。つまり，実際に仕事を探すための行動を取っていることが，非労働力人口と完全失業者の違いです。いくら仕事をしたいと思っていても，実際に仕事を探す行動などを取らず，頭の中で思っているだけでは，統計上は非労働力人口に区分され，完全失業者としては扱われません。

9.2.3　よく使われる労働統計の値

労働統計としてよく使われる指標として，労働力率（労働力人口比率）や完全失業率があります。労働力率は，

$$労働力率＝労働力人口÷15歳以上人口$$

で定義され，労働力人口が15歳以上人口に占める割合を表す値です。この割合は，社会の中で働く意思のある人がどの程度いるかを表しています。図9.5に示すように日本の労働力率は，高齢化に伴い徐々に低下しつつあります。

また完全失業率は，

$$完全失業率＝完全失業者÷労働力人口$$

で定義され，完全失業者が労働力人口に占める割合を表しています。この割合は労働力人口（働く意思のある人）のうち，実際に働くことができない人の割合を表しています。完全失業率は景気によって大きく変動します。図9.5に示すように，日本ではバブル崩壊後は高い水準で推移してきていますが，2010年以降は，近年の好景気を反映して低下傾向にあります。

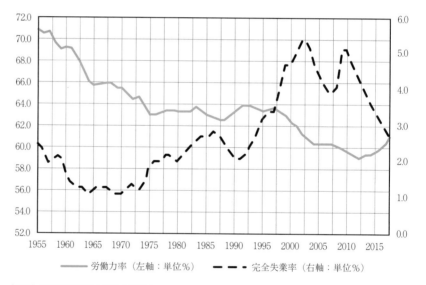

（出所）総務省統計局「労働力調査」

図9.5　**完全失業率と労働力率の変化**

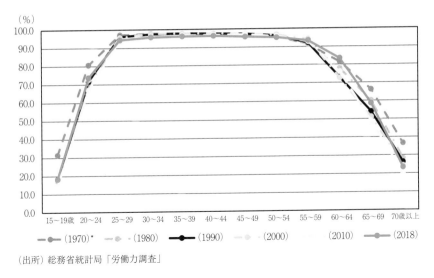

（出所）総務省統計局「労働力調査」

図 9.6　**男性の年齢階級別労働力率**

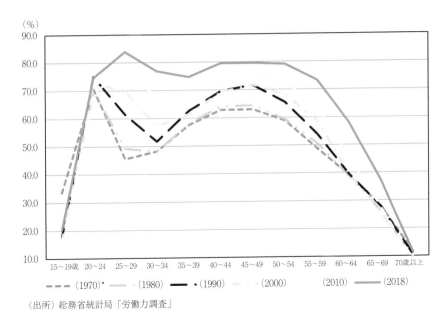

（出所）総務省統計局「労働力調査」

図 9.7　**女性の年齢階級別労働力率**

　このほかに年齢階級別に労働力率を計算した年齢階級別労働力率も，女性労働の分析などではよく用いられる値です。これは，労働力率を年齢階級別（通常は5歳区切り）で計算したもので，年齢が上がるにつれてどのように就業パターンが変わっていくかをみるためによく使われます。図 9.6 および図 9.7 は，それぞれ各年（1970，1980，1990，2000 および 2018 年）の 15 ～ 64 歳までの，男性および女性の年齢階級別労働力率を表しています。日本では，女性の労働力率が高い世代でも約 80％代と，男性に比べて低い水準にあります。また1970 ～ 2000 年にかけて，男性の労働力率が，25 ～ 59 歳にかけてほぼ 100％

に近いのに対し，20 歳代後半から 30 歳代前半の女性の労働力率が，他の年齢階層に比べて低い傾向にあることがわかります。

これは「M 字カーブ」と呼ばれている現象で，その原因として，女性が結婚や出産で非労働力化するためと考えられています。こうした現象があらわれるのは，女性が結婚・出産後に退職して専業主婦となるというライフサイクルとなっており，夫の所得だけで一家が暮らせる社会であることが前提となっています。

また 1970 年とそれ以降の 1980 ～ 2000 年のデータを比較すると，1970 年には顕著だった 25 ～ 29 歳での労働力率の落ち込みは弱まっており，落ち込む年齢も 30 歳以上に高齢化しています。その要因としては，女性が，高度成長期よりもより積極的に労働に従事する傾向が高まったこと，晩婚化・非婚化の影響などにより出産・子育てに従事することが少なくなったことなど，日本における社会的要因が変化したことが考えられます。

9.2.4　失　　業

9.1 節で触れたとおり，労働需要は生産物需要による派生需要です。よって景気変動による影響を個別企業の努力のみで克服し，社会全体の雇用を増やすのには限界がありますし，また企業が労働力の省力化を進めれば，当然，雇用される労働者の数は減るといえます。このようにさまざまな要因で発生する失業に対して，個別企業の努力のみでは対応できないケースがあります。

失業をその原因によって分類すると，景気後退期に生産物需要の減少→労働需要減少という経路で発生する需要不足失業，転職や就職のために一時的に離職して職探しを行う過程で生じる摩擦的失業，企業が求める人材と求職者の属性が食い違うことによって生じる構造的失業に分けられます。

需要不足失業とは，2008 年のリーマン・ショックのように生産物需要が急減するショックが発生した際に，派生需要としての労働需要も急減するために生じる失業です。各企業が直面している労働市場だけを考えるなら，労働需要が減少したら労働の価格を下げる（賃下げを行う）ことで労働需要を増やすことができるでしょう。しかし実際には賃下げを大幅に行えば，従業員の士気（モラール）に悪影響が出ますし，そもそも賃金など労働条件を不利益変更（この場合は賃下げ）するには，原則として相手方である労働者の同意が必要であるため，そう簡単には実施できるわけではありません。

こうした景気変動によって失業が増加した場合は，いずれは景気が回復するわけですから，その間社会保障で，所得（あるいは生計費）を補うことにより，対応できるでしょう。日本でいえば，雇用保険制度によって失業者に対する個人向けの基本手当（いわゆる失業手当）と事業主向けの雇用調整助成金などで対応することになります。解雇された場合，基本手当は 90 ～ 330 日の間（雇用保険の被保険者期間や年齢によって給付日数が異なります）給付されます。

また労働者を解雇せずに，一時的に休業，職業訓練，出向などの方策をとった事業主には雇用調整助成金が支給されます。こうした政策によって短期の景気変動による需要不足失業は，ある程度カバーできるといえるでしょう。

　一方，産業構造の変化などに伴い企業が求める人材と求職者の技能や特性にミスマッチ（ズレ）があることによって生じる構造的失業の場合は，このミスマッチを解消することが失業解決のための道筋となります[6]。この場合の対応としては，教育訓練給付金などが考えられます。教育訓練給付金とは，働く人の主体的な能力開発の取組みや中長期的なキャリア形成を支援し，雇用の安定と再就職の促進を図ることを目的とし，教育訓練受講に支払った費用の一部が支給される制度です。こうした制度は，産業構造によって生じた，企業と求職者の間のミスマッチを，ある程度軽減する働きがあるといえるでしょう。

　上述のように，雇用保険は失業に対してサポートを行う制度をいくつも用意していますが，それには一定期間以上雇用保険の被保険者であった（加入していた）といった適用条件が付いています。これは，雇用保険制度自体が，企業と被保険者からの保険料で運用されている保険[7]である以上，ある意味当然といえるでしょう。

9.3　非正規雇用から見た日本の労働の現状

9.3.1　非正規雇用の現状

　日本では非正規雇用者[8]の多くが，中高年以降の女性労働者や 65 歳以上の労働者です。図 9.8 から，30 歳代以降の非正規雇用者数では，女性のほうが男性よりもはるかに多いことがわかります。また 40 歳代以降では，男性が 30 万人台なのに比べ，女性は 100 〜 200 万人台と，人数が多いことがわかります。日本の社会では，結婚後，男性が主として正規雇用者として働き，女性が出産後にパート労働などの補助的な形で働くことが多いからといえるでしょう。

　6）　もちろん景気が過熱してくれば企業もあまり難しいことをいわずに採用してしまうこともありますので，構造的失業と需要不足失業は無関係ではなく，単純に分けて考えるべきではないでしょう。

　7）　厳密にいえば，求職者給付金などの一部の給付金では国庫負担が若干入っています。

　8）　労働力調査では，会社，団体，官公庁又は自営業主や個人家庭に雇われて給料・賃金を得ている者および会社，団体の役員を雇用者に分類し，勤め先での呼称により，「正規の職員・従業員」，「パート」，「アルバイト」，「労働者派遣事業所の派遣社員」，「契約社員」，「嘱託」，「その他」の七つに区分しています。そして「正規の職員・従業員」以外の 6 区分をまとめて「非正規の職員・従業員」として表章しています。以下の議論では，この非正規の職員・従業員を非正規雇用者として説明をしています。

　さらに高齢者についてみてみると，男性は 60 歳代以降で，非正規雇用者が
増加することがわかります。これは高年齢者雇用安定法の改正など，政策的要
因によるものです（詳しくは後述）。

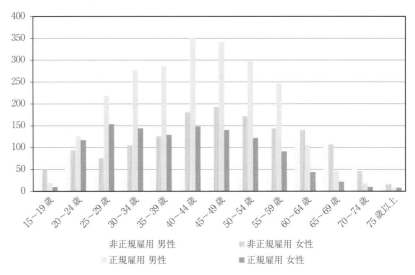

（出所）総務省統計局『労働力調査』

図 9.8　**2018 年の性別・年齢階層別にみた非正規雇用[9]・
　　　　正規雇用の人数（単位・万人）役員を除く雇用者**

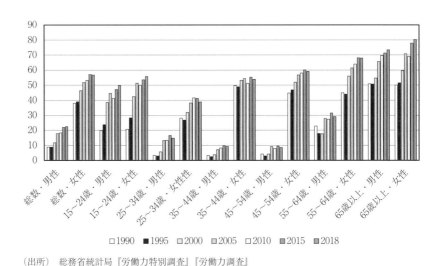

（出所）　総務省統計局『労働力特別調査』『労働力調査』

図 9.9　**年齢・性別ごとの非正規雇用者比率の推移　単位：%**

---

　9)　役員を除く非農林業雇用者に占めるパート，アルバイト，嘱託，派遣，その他の比率。
15 〜 24 歳については在学中を含んでいます。

　ただ近年では，若い人たちの非正規雇用も増加傾向にあります。図9.9をみるとわかりますが，2000年以降，特に25〜34歳，35〜44歳の非正規雇用者の割合が増加しています。特に男性では2005年以降，これらの年齢層の人たちの割合が増加していることがわかります。また同年齢層の女性は，男性に比べて非正規雇用の割合が高いこと，また35歳以上の非正規雇用労働の割合は，高い水準で推移していることがわかるでしょう。

　1990年代以降の長期不況期に，非正規雇用者が増加しました。この時期は，就職氷河期とも呼ばれ，大学を卒業した人たちが正社員として就職できなかったことが多かったことも，その一因といえるでしょう。またワーキングプアと呼ばれる，経済的な自立やキャリア形成などが厳しい状況におかれている人々が増加し，社会問題化しました。非正規雇用の問題は，若い人々にとっても重要なことといえます。

9.3.2　若年労働者の現状

　非正規雇用（特に男性の非正規雇用）が増加した理由には，1990年代以降の長期的な経済停滞に伴う新規求人の減少や求人内容の変化といった企業側の要因などがあります。長期的・持続的な経済成長が見込めない状況では，新規学卒者を長期に育成することのリスクが高まります。企業にとっては，解雇規制が厳しいこと，解雇が既存従業員の士気（モラール）を引き下げるなどの懸念もあることから，正社員の新卒採用を抑制し，代わりに即戦力としての中途採用や，賃金が安く雇用調整がしやすいパート・アルバイトなどの非正規雇用者の採用を増やしていきました。フリーター[10]と呼ばれる人たちが増加して社会問題となったのには，こうした背景があります。

　しかし，これは若年労働者にとってはあまり好ましい状況とはいえません。日本の企業，特に大企業では，学校を卒業した学生を，正社員として新卒一括採用をし，企業内訓練（On the Job Training：OJT）をして，労働者のスキルをアップさせてきました。その一方で，非正規雇用者は，そうした機会が少ない環境にあります。加えて，不況期に学校を卒業した者は，新卒市場においてだけでなく，学卒後も正社員の職に就く可能性が低いといわれています。現在，ワーキングプアといわれる人々の多くは，若年層の非正規雇用者であり，こうした人々は経済的に自立し，キャリアを形成することが難しい状況にあります。

　最近では，パート等の非正規雇用者の業務を補助的なものから基幹的なものに拡大し，中にはパート社員にも積極的に人的資本投資を行い，それを評価・処遇へとつなげる仕組みを導入しているところもあります。また企業の中には，パートや契約社員から正規社員への登用を積極的に行っているところもありま

　10）『労働経済白書』の定義では，15〜34歳の男性または未婚の女性のうち（学生を除く），「パート・アルバイト」で働く者，またはこれを希望する者をいいます。

す。実際の就業経験を通じて，労働者・雇用者がお互いの能力，相性などを正しく見極めたうえでの登用は，双方にとってメリットがあるといえるでしょう。またインターンシップや紹介予定派遣，トライアル雇用など，労働者と企業がお互いに深く，正確に相手を知る採用機会を設けることは，お互いに満足度の高い転職を実現したり，労働者個人のキャリア向上への意欲を高める上でも有効であるといえるでしょう。

9.3.3　女性の労働の現状

　日本では，高度経済成長期に男性が外で働き，女性が家事労働に専念するという家庭内分業体制が普及しました。しかしその後，経済活動のサービス化などにより，女性の社会進出が進みました。加えて，1975 年の国際婦人年，1979 年の女子差別撤廃条約の採択など，女性の社会進出への国際的な動きもあり，1985 年男女雇用機会均等法が成立しました。1997 年改正男女雇用機会均等法（1999 年施行）では，募集・採用，配置・昇進について，女性であることを理由とする差別的取扱いが禁止されるなど，法的には女性が男性と同じように働けるような環境へと近づきつつあります。

　しかし，女性は男性と違い，結婚・出産・育児に携わることで，仕事に専念することが難しい環境にありました。30 歳代以上の女性にパート・アルバイトなどの非正規雇用に従事する人たちが多いのは，非正規の雇用のほうが，出産・育児などの時間を確保しやすいなどのメリットがあるからという事情によります。加えて，結婚・出産・育児などで離職すると，その後，同じ企業で再雇用される保証もないことから，非正規雇用で再就職するケースも多いといえます。さらに，配偶者控除・配偶者特別控除などの税制も，女性が社会で積極的に働こうとするインセンティブを引き下げる要因になっているといえるでしょう。

　しかし，男性と同じようにキャリアアップを望む女性にとってみれば，結婚や出産によってキャリア形成が妨げられるというのは好ましくないといえます。女性がキャリアアップを実現するためには，女性の継続就業を容易にすることが必要であり，それにより能力開発の道が開かれ，女性の人生の選択肢が広がると思われます。加えて，今日の高齢化の進展により，介護を受ける必要がある高齢者が増加しており，それを主として女性が担うことが多い傾向にあります。労働者が高齢者介護に時間を割かなくてはいけない状況は，労働者のキャリア形成にとってマイナスになるといえるでしょう。

　近年，生活と労働の調和（ライフ・ワーク・バランス[11]）が政府によって提唱されています。内閣府による仕事と生活の調和（ワーク・ライフ・バランス）

　11）　政府の白書において「ライフ・ワーク・バランス」という言葉が初めて使われたのは，2003 年版『厚生労働白書』で，当時は「家庭等の個人生活とのバランスの取れた働き方」という表現をしています。

憲章[12] では，日本の社会では，人々の働き方に関する意識や環境が社会経済構造の変化に必ずしも適応しきれておらず，仕事と生活が両立しにくい現実に直面していることが指摘されています。そこで政府は，誰もがやりがいや充実感を感じながら働き，仕事上の責任を果たす一方で，子育て・介護の時間や，家庭，地域，自己啓発等のための個人の時間を持てる，健康で豊かな生活ができるよう，社会全体で仕事と生活の双方の調和の実現を希求していかなければならないとしています。

　また 1991 年に育児休業法が成立して以降，改定を重ねる中で，育児休業だけでなく，介護休業もとれる環境整備を進めていますし，また雇用保険の一環として，育児休業中・介護休業中は，給付金を支給するなど，さまざまな経済的支援制度を実施しています。さらに 2016 年，安倍内閣は「ニッポン一億総活躍プラン」を打ち出し，子育て環境の整備や介護の環境整備などを掲げ，出産・育児や介護などによりキャリア形成が阻害されない環境を整えることに乗り出しています。

9.3.4　高齢者の労働の現状

　日本は他国に比べて，65 歳以上の労働力率が高い水準にあります。図 9.10 は，1990 年代以降の主要 7 カ国の 65 歳以上の労働力を国際比較したものですが，これをみると明らかなように，日本はアメリカなどと比較して 65 歳以上の労働力率が高い水準を維持していることがわかります。さらに他の 6 カ国の 65 歳以上の労働力率は，2000 年以降徐々に上昇しているとはいえ，日本の水準までには至っていません。加えて，2018 年時点の 65 歳以上の労働力率を比較した図 9.11 から，日本は OECD 諸国の中でも第 6 位という，高い水準にあることがわかります。このように日本の高齢者の労働力率は，諸国に比べ，相対的に高い水準にあるといえます。

　この理由として，日本政府が急激な少子高齢化の進行に対応して，高年齢者雇用安定法[13] などで，高齢者の雇用を促進する政策を行ってきたことが挙げられます。この背景には，2001 年以降，厚生年金支給開始年齢の段階的引き上

---

　12)　詳しくは，内閣府「仕事と生活の調和」推進サイトを参照してください。
http://wwwa.cao.go.jp/wlb/government/20barrier_html/20html/charter.html
　13)　高年齢者雇用安定法では，1986 年に 60 歳定年が努力義務化，1998 年に義務化されました。その後，企業における 65 歳までの継続雇用を実現させるため，2006 年から，定年を 65 歳未満に定めている企業に「定年制の廃止」や「定年の引上げ」，「継続雇用制度の導入」のいずれかの措置（高年齢者雇用確保措置）を講じることを義務付けています。またそれまでは，継続雇用の対象者を限定できる仕組みをとっていましたが，2013 年にはその仕組みを廃止し，原則として希望者全員が継続雇用できるようになりました。なお，2015 年 6 月 1 日時点で，高年齢者雇用確保措置を導入している企業は，99.2%（31 人以上の企業）となっており，雇用確保措置の内訳は，「継続雇用制度の導入」が約 8 割を占めている。また，希望者全員が 65 歳以上まで働ける企業も 72.5% と近年増加傾向にあります。

げが始まり，定年退職年齢と年金受給開始年齢との間のギャップを埋める必要
が生じたという実情があります。

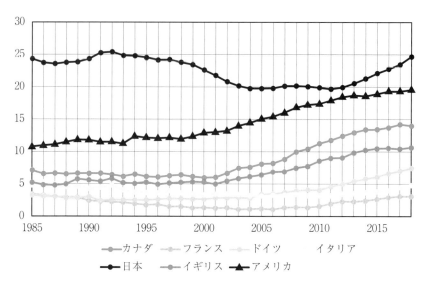

（出所）OECD Statistics

図 9.10　**65 歳以上労働力率（主要 7 カ国各国比較：1985～2018 年　単位%），
なおドイツは 1993 年までは西ドイツのみ**

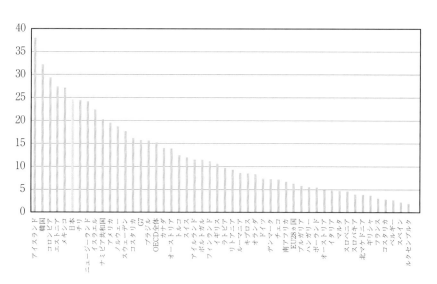

（出所）OECD Statistics

図 9.11　**65 歳以上労働力率の比較（OECD 諸国：2018 年　単位%）**

　このように政府は，高齢者が働くことができるような環境を徐々に整備しているといえるでしょう。しかし高齢者の中には，健康や体力の問題から，必ずしも若年層や中年層とおなじように働けない人たちもいることから，こうした高齢者も働けるような労働環境を整備することも必要であると思われます。しかしそれに対応した労働者個々人に合わせた雇用体系になっていない部分もあり，そうした点に関して，見直しをしなくてはいけないと思われます。

スタディガイド

① 　厚生労働省『労働経済の分析』各年版
② 　宮本弘暁『労働経済学』新世社，2018 年
③ 　川口大司『労働経済学　理論と実証をつなぐ』有斐閣，2017 年
④ 　樋口美雄・石井加代子・佐藤一磨『格差社会と労働市場』慶応義塾大学出版会，2018 年
⑤ 　各種官庁統計関係

　①は，労働市場についてデータを押さえて説明している基本的な資料です。最近の分はインターネットでも公開されていますので簡単にアクセス可能です。(https://www.mhlw.go.jp/toukei_hakusho/hakusho/)。
　②は，経済理論を紹介しながら，労働経済学を学べるテキストとなっています。全体として読みやすい形式で書かれています。労働経済学における経済理論の概要を学びたい人は読んでください。
　③は，経済理論の解説と経済理論に基づくデータ分析の方法などが書かれています。若干レベルの高い内容となっておりますが，労働経済学を本格的に勉強しようとする人にはお勧めです。
　④は，日本社会における格差の問題を労働の観点から分析している本です。内容は専門的ですが，日本社会が抱えている問題等を理解する上で読む価値がある本だと思います。
　⑤は，厚生労働省などの省庁が収集・分析している経済統計が入手できるサイトです。労働の分野に限らず，政府は日本経済の実情を把握するために，詳細な統計を多岐にわたって収集し，それを分析することで，政策を実施する際の指標としています。現実の日本経済の概要をある程度正しく把握する上で重要です。
　（総務省統計局　　　　　　　　　https://www.stat.go.jp/
　　厚生労働省 統計調査結果　　https://www.mhlw.go.jp/toukei_hakusho/toukei/index.html
　　政府統計の総合窓口　　　　　https://www.e-stat.go.jp/）

練習問題 9

9.1　以下の文章の正誤を答えなさい。
　　a.　総務省統計局が実施している労働力調査では，15 歳以上人口を①労働力人口②完全失業者人口の二つに大きく分けている。
　　b.　完全失業者とは仕事をしていない人のことであるから，就業者以外はすべて完全失業者である。

c. 労働力人口は働いている人の数であるから，完全失業者は含まない。

d. 完全失業率とは完全失業者数を労働力人口で割った割合である。

e. 労働力率とは労働力人口を 15 歳以上人口で割った割合である。

9.2　以下の文章を読んで，この村の完全失業率と労働力率を計算しなさい。

15 歳以上の人が 100 人住んでいる村で，40 人は家事や通学に専念していて仕事はせず，50 人は仕事をしていました。残りの 10 人のうち，5 人は求人情報誌を買って求人している会社に電話していましたが，5 人は「いい仕事があるといいな」と思いながらも何もせず家でゲームをしていました。

9.3　完全失業率が 5% で完全失業者数が 1 万人の場合の，労働力人口を求めなさい。

9.4　労働力率が 70% で 15 歳以上人口が 7000 万人だとします。この場合の非労働力人口を求めなさい。

第 10 章

国際経済
── 貿易・国際収支・為替レート ──

　　本章のねらい　　資本主義経済は社会的分業によって成り立っています。
社会的分業とは，社会の構成員が，必要なすべての財やサービスを自分で生
産するのではなく，特定の財・サービスの生産に特化し，それと交換に他の
財やサービスを手に入れるという，他者に依存した関係です。こうした社会
的分業は一国内で完結するのではなく，貿易や国際投資などが行われ国際分
業が形成されています。これらの国際経済取引を国民経済の観点で集約した
統計的記録が国際収支です。また，国際間では異なる通貨が使用されるため，
各国通貨で表示された価格を共通の通貨単位に換算することが必要になりま
す。その役割を果たすのが為替レートです。本章では，日本貿易の特徴と構
造変化，国際収支，為替レートについて学びます。

10.1　日本貿易の特徴と構造変化

10.1.1　世界の輸出・輸入に占める日本，アメリカ，中国のシェア

　第二次世界大戦後，世界の輸出および輸入は，一時的な後退はあるものの，
趨勢的に拡大してきました。近年では，輸出，輸入とも，2009 年および 2015
／16 年に大きく落ち込んでいますが，前者は 2008 年に起きた世界金融危機後
の不況によるものであり，後者は新興国経済とりわけ中国の成長鈍化によるも
のです。

　世界の輸出に占める日本，アメリカ，中国のシェアをみると，アメリカのシェ
アは，1949 年には 20％を超えていましたが，2019 年には 8.7％まで低下して
います。日本のシェアは 1949 年の 0.9％から急激に上昇し，86 年に 9.8％，93
年に 9.6％を記録しますが，その後傾向的に低下し，2019 年は 3.7％です（中
国，アメリカ，ドイツ，オランダに次いで第 5 位）。このような日本，アメリ

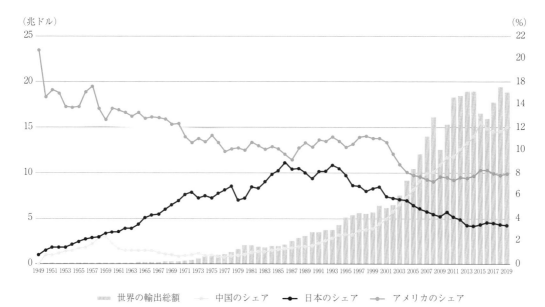

（注）世界の輸出総額は左目盛りで，各国のシェアは右目盛りで表す。
（出所）UNCTAD, *UNCTAD Stat* より作成

図 10.1　**世界の輸出総額と日本，アメリカ，中国のシェア**

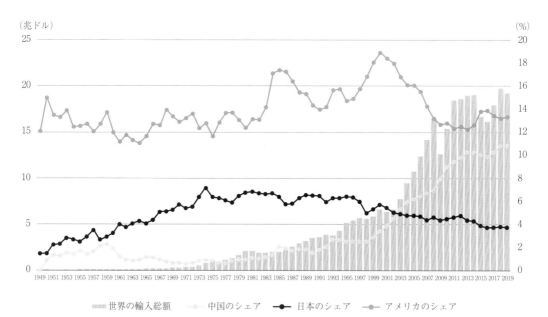

（注）世界の輸入総額は左目盛りで，各国のシェアは右目盛りで表す。
（出所）UNCTAD, *UNCTAD Stat* より作成

図 10.2　**世界の輸入総額と日本，アメリカ，中国のシェア**

カの輸出シェアの低下は中国をはじめとする新興諸国の輸出の拡大によるものです。世界輸出に占める中国のシェアは 1990 年には 1.8％でしたが，世界貿易機関（World Trade Organization：WTO）に加盟した 2001 年以降急速に拡大し，2019 年は 13.2％に達し第 1 位です（図 10.1）。

　世界の輸入に占める各国のシェアについては，アメリカは第二次世界大戦後から現在まで 13％程度を維持しています。日本のシェアは 1970 年代以降 6％台を維持していましたが，1990 年代後半から低下し，2019 年は 3.7％です（アメリカ，中国，ドイツに次いで第 4 位）。中国は輸入についても 2000 年代になって急速にシェアを拡大し，2019 年は 10.8％でアメリカについで第 2 位です（図10.2）。

　2019 年における日本の輸出先および輸入元の上位 5 カ国・地域とそれらのシェアは，以下のとおりです。輸出先では，アメリカ 19.8％，中国 19.1％，韓国 6.6％，台湾 6.1％，香港 4.8％，輸入元では，中国 23.5％，アメリカ 11.0％，オーストラリア 6.3％，韓国 4.1％，サウジアラビア 3.8％が，上位に位置しています。また，2007 年に，日本の対中国貿易総額は 27 兆 8745 億円で，初めて対アメリカ貿易総額（25 兆 2449 億円）を上回りました。2019 年は，日本の対中国貿易総額は 33 兆 1356 億円，対アメリカ貿易総額は 23 兆 8947 億円です。アメリカとの貿易では日本の輸出超過が続いていますが，中国との貿易では 1988 年以降日本の輸入超過となっています。このように，世界貿易においても，日本の貿易相手国としても，中国は目覚ましい躍進を遂げています。それは「世界の生産地・消費地」として中国が成長してきたことを反映したものです。

10.1.2　日本の貿易依存度

　国内総生産（GDP）に対する輸出額および輸入額の比率を，それぞれ輸出依存度，輸入依存度といい，両者を足したものを貿易依存度といいます。表 10.1は各国の貿易依存度を示しています。日本の輸出依存度，輸入依存度は 2000年代以降次第に上昇し，2018 年ではそれぞれ 14.8％，15.1％となっていますが，これらはアメリカと並んで低い値です。日本は貿易立国だといわれますが，輸出依存度，輸入依存度ともそれほど高くないことは，日本が国内市場中心に経済成長を遂げてきたことを示しています。とはいえ，2019 年の日本の輸入額中，最大のシェアを占める品目は，生産の基盤である原油や液化天然ガスなどの鉱物性燃料で，21.6％を占めています。この値は，電気機器の 13.7％，一般機械の 9.8％を上回っています。貿易が日本にとって重要であることはいうまでもありません。

表 10.1　**各国の貿易依存度**（単位：%）

輸出依存度

	1960	1970	1980	1990	2000	2010	2015	2018
日本	9.6	9.8	12.5	9.7	10.1	14.0	14.2	14.8
韓国	1.4	10.2	31.0	26.8	33.7	46.0	35.9	35.2
中国	4.1	2.5	6.0	16.6	23.1	26.6	20.4	18.3
アメリカ	4.1	4.4	8.4	7.1	8.0	8.8	8.2	8.1
ドイツ	16.1	18.3	23.5	27.1	29.0	38.2	39.3	39.4

輸入依存度

	1960	1970	1980	1990	2000	2010	2015	2018
日本	6.0	9.6	13.6	7.9	8.0	12.6	14.8	15.1
韓国	4.2	22.2	39.5	28.8	31.4	41.9	29.8	31.1
中国	2.9	2.5	6.6	14.2	20.9	23.5	15.0	15.7
アメリカ	3.0	4.1	9.8	9.4	12.8	13.6	12.7	12.7
ドイツ	14.3	16.0	22.9	22.8	26.1	32.0	31.2	32.6

（注）1990 年以前のドイツは西ドイツ。1960 年の中国の数値は 1962 年のもの。
（出所）総務省『国際統計要覧』,『世界の統計』, United Nations, *International Trade Statistics,*
National Accounts – Analysis of Main Aggregates.

10.1.3　日本の貿易構造の変化

　資源小国である日本は，原材料やエネルギー資源を輸入し，それを加工・輸出して外貨を獲得する加工貿易を通じて経済成長を実現してきました。また，1980 年代半ばまで，輸出に占めるアメリカの割合が大きく対米依存構造でした。このような日本貿易の構造は 1980 年代以降，大きく変化します。

　品目別輸出構造　　日本の工業化は 1950 年代までは軽工業中心で進んできましたが，高度経済成長期に重化学工業化が進み，1973 年の第一次石油危機後は，素材型産業の比重が低下し加工組立産業が中心となりました。こうした構造変化を反映して，輸出の中心が繊維から金属（鉄鋼など），機械機器（輸送機器，電気機器など）へと変化し，1990 年には機械機器のシェアは 75％に達しました。最近ではアジア諸国の成長を受けて化学や金属の輸出が増え，機械機器のシェアは低下していますが，2019 年においても 6 割以上を維持しています（図 10.3）。

　品目別輸入構造　　1980 年代半ばまで，資源小国という特徴を反映して，食料品，原材料，鉱物性燃料（原油など）が大きな輸入シェアを占めていましたが，それ以降，これらのシェアは低下し，加工製品（繊維製品，化学製品，金属および同製品，機械機器）のシェアが上昇し，2019 年は 53％に達しています（図 10.4）。このような変化は，①石油危機以降，省エネルギー化が進展するととも

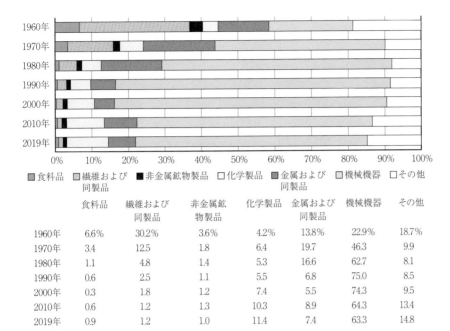

	食料品	繊維および 同製品	非金属鉱 物製品	化学製品	金属および 同製品	機械機器	その他
1960年	6.6%	30.2%	3.6%	4.2%	13.8%	22.9%	18.7%
1970年	3.4	12.5	1.8	6.4	19.7	46.3	9.9
1980年	1.1	4.8	1.4	5.3	16.6	62.7	8.1
1990年	0.6	2.5	1.1	5.5	6.8	75.0	8.5
2000年	0.3	1.8	1.2	7.4	5.5	74.3	9.5
2010年	0.6	1.2	1.3	10.3	8.9	64.3	13.4
2019年	0.9	1.2	1.0	11.4	7.4	63.3	14.8

（出所）大蔵省，財務省，貿易統計より作成

図 10.3 **日本の品目別輸出構造の推移（単位：%）**

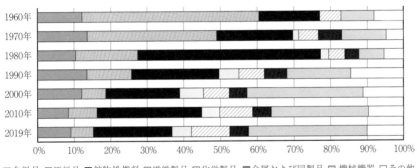

	食料品	原料品	鉱物性燃料	繊維製品	化学製品	金属および 同製品	機械機器	その他
1960年	12.2%	48.3%	16.5%	0.0%	5.9%	0.0%	9.0%	8.1%
1970年	13.6	35.4	20.7	1.6	5.3	6.5	12.2	4.7
1980年	10.4	17.0	49.8	2.3	4.4	3.8	7.0	5.3
1990年	13.5	12.2	23.9	5.4	6.9	6.2	17.4	14.5
2000年	12.1	6.5	20.3	6.5	7.0	4.8	31.6	11.2
2010年	8.4	7.8	28.7	4.9	8.9	5.1	26.5	9.7
2019年	9.1	6.1	21.6	5.3	10.4	5.1	32.3	10.1

（出所）大蔵省，財務省，貿易統計より作成

図 10.4 **日本の品目別輸入構造の推移（単位：%）**

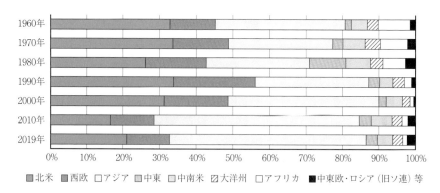

	北米	西欧	アジア	中東	中南米	大洋州	アフリカ	中東欧・ロシア(旧ソ連)等
1960年	32.9%	12.3%	35.5%	1.7%	4.4%	3.0%	8.7%	1.5%
1970年	33.7	15.1	28.5	2.8	6.1	4.2	7.4	2.2
1980年	26.1	16.6	28.2	10.0	6.8	3.4	6.1	2.8
1990年	33.9	22.2	31.1	3.0	3.6	3.1	2.0	1.1
2000年	31.3	17.4	41.3	2.0	4.4	2.1	1.0	0.5
2010年	16.6	11.9	56.1	3.3	5.7	2.7	1.6	2.1
2019年	21.1	11.7	53.7	3.1	4.2	2.7	1.2	2.3

（出所）大蔵省，財務省，貿易統計より作成

図 10.5　**日本の地域別輸出構造の推移（単位：%）**

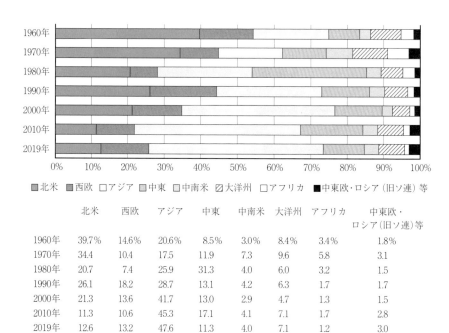

	北米	西欧	アジア	中東	中南米	大洋州	アフリカ	中東欧・ロシア(旧ソ連)等
1960年	39.7%	14.6%	20.6%	8.5%	3.0%	8.4%	3.4%	1.8%
1970年	34.4	10.4	17.5	11.9	7.3	9.6	5.8	3.1
1980年	20.7	7.4	25.9	31.3	4.0	6.0	3.2	1.5
1990年	26.1	18.2	28.7	13.1	4.2	6.3	1.7	1.7
2000年	21.3	13.6	41.7	13.0	2.9	4.7	1.3	1.5
2010年	11.3	10.6	45.3	17.1	4.1	7.1	1.7	2.8
2019年	12.6	13.2	47.6	11.3	4.0	7.1	1.2	3.0

（出所）大蔵省，財務省，貿易統計より作成

図 10.6　**日本の地域別輸入構造の推移（単位：%）**

に，素材型産業の比重が低下したこと，②円高により円でみて価格の低下した工業製品の輸入が増加したこと，③アジア諸国の工業化により工業製品同士の貿易が増加したこと，によるものです。

地域別輸出構造　第二次世界大戦後，日本の輸出先の中心はアメリカでした。特に1980年代前半には，円安ドル高とアメリカの景気拡大を背景に対米輸出が拡大し，1986年にはそのシェアは38％になりました。しかしその後，アジアのシェアが拡大し，2019年には54％に達しています（図10.5）。このような変化は，アジア諸国で工業化が進展し，また，日本のアジア向け直接投資が増加した結果，日本の製品に対するアジアの需要が増加したことによるものです。

地域別輸入構造　1970年代までは原材料や原油の輸入元であるアメリカと中東が大きなシェアを占めていましたが，1980年代半ば以降，アジアのシェアが上昇し，2019年は48％に達しています（図10.6）。このような変化は，①原油価格の低下により中東のシェアが低下したこと，②円高でアジアからの製品輸入が増加したことによるものです。

　以上より，輸出，輸入ともアジアとの製品貿易が中心となっており，その中でも中国の比重が大きくなっているのが，最近の日本貿易の特徴です。

10.2　国際収支

　国際収支（balance of payments）とは，ある経済領域とそれ以外の全世界との経済取引を，一定期間にわたって，体系的にまとめた統計的記録で，通常は年次ベースで集計します[1]。国際収支は国際経済の全体像や特定国・地域の対外経済関係を理解するための基本的な統計です。

10.2.1　居住者と非居住者

　国際収支に記録される国際経済取引は，居住者と非居住者の間の取引です。居住者とは経済活動の本拠がその国にある個人や法人であり，非居住者とはそうでない個人や法人です。これは国籍による区別ではありません。トヨタの在米子会社や日本人メジャーリーガーは，活動の本拠がアメリカにあるので日本の非居住者です。日本で営業するアメリカの銀行などは日本の居住者です。外

---

1)　国際通貨基金（International Monetary Fund：IMF）は2008年に，国際収支統計作成の基準である『国際収支マニュアル第6版』を公表し，日本も2014年1月より第6版に準拠して作成した国際収支統計を公表しています。

国に短期の海外旅行をする日本人や短期間外国で就業する日本の労働者も，活動の基盤が日本にあるので日本の居住者です[2]。したがって，米国トヨタから日本人メジャーリーガーが車を購入しても国際収支には記録されませんが，アメリカに旅行した日本人が車を購入すると，財の輸入として国際収支に記録されます（以下では，国籍と居住者・非居住者の区別が一致するものとして説明します）。

10.2.2　国際収支の項目

　表 10.2 は 2019 年の日本の国際収支を示しています。国際収支の項目は経常収支，資本移転等収支，金融収支の三つに大別され，そのほかに誤差脱漏が設けられています。

　経常収支　　経常収支には財，サービス，所得の国際取引および移転取引が計上され，貿易・サービス収支，第一次所得収支，第二次所得収支から構成されます。

$$経常収支 = 貿易・サービス収支 + 第一次所得収支 + 第二次所得収支$$

（1）貿易・サービス収支

　貿易・サービス収支は貿易収支とサービス収支に分かれます。貿易収支には自動車や原油など財の輸出・輸入が計上されます。サービス収支には輸送や旅行など 12 種類のサービスの輸出・輸入が計上されます[3]。たとえば，日本の船舶会社が貨物を輸送し，外国から運賃が支払われると，日本にとって輸送サービスの輸出となり，外国の船舶会社が貨物を輸送し日本が運賃を支払うと，輸送サービスの輸入となります。旅行では，外国人が日本に旅行して支出をすると，日本にとってサービスの輸出になり，日本人が海外に旅行して支出をすると，サービスの輸入になります。

（2）第一次所得収支

　第一次所得収支には，労働や資本が海外で経済活動を行うことに伴って発生する報酬の受取と支払が計上されます。それは雇用者報酬，投資収益，その他第一次所得収支から構成されます。雇用者報酬は，短期間，外国で働く季節労働者などが自国以外で労働することによって嫁得した報酬で，その受取と支払

---

　2)　日本に存在する外国軍事基地や外国の大使館，領事館などの公的機関は外国の居住者として扱われます。IMF などの国際機関は常に非居住者として扱われます。

　3)　サービス収支には以下の 12 項目が計上されます。委託加工サービス，維持修理サービス，輸送，旅行，建設，保険・年金サービス，金融サービス，知的財産権等使用料，通信・コンピュータ・情報サービス，その他業務サービス，個人・文化・娯楽サービス，公的サービス等。近年では，輸送，旅行のほかに知的財産権使用料やその他業務サービス（研究開発サービス，専門・経営コンサルティングサービスなど）の収支が大きくなっています。

表 10.2　**2019 年の日本の国際収支（単位：億円）**

経常収支				205259
	貿易・サービス収支			5060
		貿易収支		3812
			輸出	760309
			輸入	756498
		サービス収支		1248
	第一次所得収支			213954
	第二次所得収支			− 13755
資本移転等収支				− 4131
金融収支				247164
	直接投資			235314
	証券投資			93337
	金融派生商品			3778
	その他投資			− 113305
	外貨準備			28039
誤差脱漏				46035

（注）合計は四捨五入により合わないことがある。
（出所）財務省，国際収支状況，国際収支総括表

が計上されます。投資収益は第一次所得収支の中心となる項目です。日本から海外に，および外国から日本に直接投資や証券投資，金融機関による貸付が行われると，対外金融資産・負債が発生し，配当や利子の受取と支払がなされます。投資収益には対外金融資産・負債から生じる配当や利子の受取と支払が計上されます。

(3) 第二次所得収支

　財・サービスの輸出・輸入を行うとその代金の受取・支払がなされ，労働や資本が海外で経済活動を行うと，その報酬として雇用者報酬や投資収益の受取・支払がなされます。これに対して，経済的価値のあるものが無償で相手側に提供される場合があります。このような取引を移転取引といいます。第二次所得収支には，移転取引のうち経常移転が計上されます。具体的には，食料・医療品などの消費財の援助，個人または政府間の無償資金援助，長い間，外国で働いており海外居住者として扱われる労働者による所得の本国への送金（労働者送金）などがこれに計上されます。

　資本移転等収支　対価を伴わない移転取引のうち，受取国の資本形成に貢献するものを資本移転といいます。資本移転等収支には，資本移転などが計上されます。具体的には，相手国の資本形成のための無償資金援助や債務免除などが計上されます。

　金融収支　金融収支は対外金融資産・負債の増減に関する取引を計上する

項目で，直接投資，証券投資，金融派生商品，その他投資，外貨準備から構成されます。

金融収支＝直接投資＋証券投資＋金融派生商品＋その他投資＋外貨準備

(1) 直接投資

直接投資とは，海外に子会社や支店を設立するなど経営支配を目的として行われる投資です。『国際収支マニュアル第 6 版』は，投資家が投資先企業に対して議決権の 10% 以上を所有している場合を直接投資としています。

(2) 証券投資

証券投資とは，経営支配ではなく利子や配当を得る目的で，日本の，あるいは外国の株式や社債，国債などを取得するために行われる投資です。

(3) 金融派生商品

金融派生商品とは，将来のある時点であらかじめ決められた経済的便益を受け取る権利を授受するもので，オプション，スワップ，先物取引などがあります。この項目にはこれらの取引が計上されます。

(4) その他投資

その他投資には，直接投資，証券投資，金融派生商品，外貨準備に該当しない資本取引，具体的には，貸付・借入，貿易信用，現預金などが計上されます。財・サービスの輸出・輸入を行い代金の受取や支払がなされると，現預金の増減となりますので，その金額がその他投資の現預金の項目に計上されます。所得の受取や支払がなされた場合，直接投資や証券投資により資金の流出入が生じる場合も同様です。

(5) 外貨準備

外貨準備には，通貨当局（政府・中央銀行）の管理下にある対外資産の増減が記録されます。外貨準備は通貨当局による為替市場への介入や運用損益によって増減します。

　誤差脱漏　　国際収支統計を作成する際，すべての国際経済取引を把握することは困難で，統計上の誤差や漏れが生じます。そこで，誤差や漏れを調整する項目として誤差脱漏が設けられています。

10.2.3　複式計上

　国際収支の関係式　　国際収支は複式計上というルールに従って記録されます。複式計上とは，一つの取引が行われたとき，その取引を二つの側面からとらえ，同一の金額を貸方と借方の両方に計上するという記録の仕方です。たとえば，財を輸出した場合，この取引を「財を輸出した」という側面と，「輸出代金を受け取った」という側面に分け，前者を「貿易収支」の貸方に，後者を金融収支の「その他投資」の借方に計上します。複式計上というルールにより，

国際収支統計では，貸方（借方）に計上されたのと同じ金額が借方（貸方）に計上されます。つまり，貸方の総額と借方の総額は等しくなります。また，国際収支の各項目は，貿易収支＝輸出－輸入のように，すべて差額（収支）で示されます。経常収支と資本移転等収支は「貸方－借方」で算出され，金融収支は「借方－貸方」で算出されます。この二つのことから，経常収支と資本移転等収支の合計が金融収支に等しいという関係が成立します。

$$経常収支＋資本移転等収支－金融収支＝0$$

　しかし，統計上の誤差や漏れがあり，実際の国際収支統計では，それを調整する項目である誤差脱漏を加え，経常収支＋資本移転等収支－金融収支＋誤差脱漏＝0となります（このようになっていることを表10.2で確認してください）。資本移転等収支の額は小さいので，誤差脱漏がない場合には，経常収支と金融収支はほぼ一致します。

　経常収支の計算　　経常収支の計算の仕方について説明します。経常収支の各項目を記録するルールは次のとおりです。
- 財・サービスの輸出，所得および経常移転の受取をもたらす取引は，貸方に記録する。つまり，資金の流入をもたらす取引は，貸方に記入する。
- 財・サービスの輸入，所得の支払および経常移転の支払をもたらす取引は，借方に記録する。つまり，資金の流出をもたらす取引は，借方に記入する。

　そして，前述のように，経常収支の各項目は「貸方－借方」で算出されます。以上のことから，各取引が貿易，サービス，所得，経常移転のどの取引に該当するかをみきわめ，資金の流入をもたらす場合はその取引をプラスで，資金の流出をもたらす場合はその取引をマイナスで記録し，それらを集計することにより，経常収支の各項目の収支を計算することができます。

10.2.4　日本，アメリカ，中国の国際収支
日本・中国の経常収支黒字とアメリカの経常収支赤字の持続　　図10.7は日本，アメリカ，中国の経常収支の対名目GDP比を示しています。日本の経常収支は1981年以降，黒字で，2007年には25兆円，対名目GDP比4.8％と最高を記録します。その主たる要因は貿易収支および第一次所得収支の黒字です。一方，1983年以降，アメリカの経常収支赤字が拡大しました。プラザ合意による円高ドル安の効果で1980年代後半には赤字が減少しますが，1990年代以降，再び赤字が拡大し，2006年には対名目GDP比で6％を記録しました。その主たる要因は貿易収支の大幅な赤字です。

　このような経常収支の不均衡はグローバル・インバランスといわれ，アメリカの経常収支赤字の持続可能性やドル暴落の危険性が問題になりましたが，

2009 年以降，日本，アメリカとも経常収支の不均衡が縮小しています。日本の場合，2011 年から 15 年まで貿易収支が赤字になったことが影響し，2014 年には経常収支黒字は対名目 GDP 比 0.8％まで縮小しています。しかし，2015 年以降，貿易収支赤字の減少・黒字化と第一次所得収支黒字の増加の影響で，経常収支の黒字が拡大しています。アメリカの場合，貿易収支は依然として大きな赤字を記録していますが，サービス収支および第一次所得収支の黒字が拡大したことにより，経常収支の赤字が減少しています。

　もう一つ注目すべきことは中国の経常収支の動向です。1978 年に開始された改革・開放政策の本格化に伴い，1990 年代半ば以降，中国の経常収支黒字が定着し，2007 年には対名目 GDP 比で 10％に達しました。その主たる要因は貿易収支黒字の増加です。しかし，2009 年以降，経常収支黒字が減少しています。中国の場合，貿易収支は大幅な黒字を継続的に記録していますが，サービス収支の赤字が急激に拡大していることが，経常収支黒字の減少の大きな要因です。サービス収支赤字の拡大の主要因としては，中国人の海外渡航の増加による旅行収支赤字の拡大，副次的要因としては，貿易量の増加に伴う輸送収支赤字の拡大が挙げられます。

　米中関係について触れると，2000 年までは日本がアメリカの最大の経常収支赤字国でしたが，2001 年以降，中国が日本に代わりアメリカの最大の経常収支赤字国になっています。貿易収支でみると，2018 年には，アメリカの対中国貿易収支赤字は 4180 億ドルとこれまでの最高額を記録し，アメリカの貿易収支赤字（8803 億ドル）に占めるその割合は 48％に上っています。さらに，2019 年末で，中国の外貨準備高は 3 兆 2229 億ドルで，第 2 位の日本の 1 兆 3224 億ドルを大きく引き離して世界第 1 位です。

日本における第一次所得収支の黒字の増加　　図 10.8 は日本の経常収支およびその各項目の推移を示しています。貿易収支と第一次所得収支が黒字で，サービス収支と第二次所得収支が赤字というパターンが一般的でしたが，近年次のような特徴が見られます。つまり，日本の対外投資が 1980 年代後半から顕著に増加し，対外投資の累積に伴い，それから得られる投資収益が増大し，第一次所得収支の黒字が貿易収支の黒字を上回る状態が 2005 年から続いています。2011 年から 15 年まで，東日本大震災の影響で原油の輸入が増加したことなどにより，日本の貿易収支は赤字になりますが，第一次所得収支の黒字がこれを補い，経常収支は黒字を維持しています[4]。このことから，日本は貿易立国から投資立国になりつつあるという見解があらわれています。

　4）　日本のサービス収支は，1996 年から 2018 年までは赤字でしたが，2019 年に初めて黒字を記録しました。その要因は，外国人観光客の増加による旅行収支の黒字の増加と，知的財産権使用料収支の黒字の増加です。

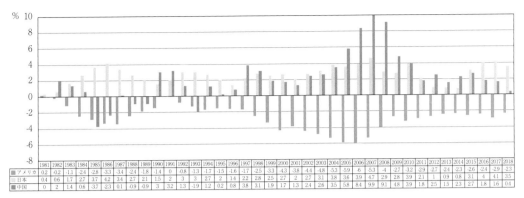

	1981	1982	1983	1984	1985	1986	1987	1988	1989	1990	1991	1992	1993	1994	1995	1996	1997	1998	1999	2000	2001	2002	2003	2004	2005	2006	2007	2008	2009	2010	2011	2012	2013	2014	2015	2016	2017	2018
アメリカ	0.2	-0.2	-1.1	-2.4	-2.8	-3.3	-3.4	-2.4	-1.8	-1.4	0	-0.8	-1.3	-1.7	-1.5	-1.6	-1.7	-2.5	-3.3	-4.3	-3.8	-4.4	-4.8	-5.3	-5.9	-6	-5.3	-4	-2.7	-3.2	-2.9	-2.7	-2.4	-2.3	-2.6	-2.4	-2.9	-2.3
日本	0.4	0.6	1.7	2.7	3.7	4.2	3.4	2.7	2.1	1.5	2	3	3	2.7	2	1.4	2.2	2.8	2.5	2.7	2	2.7	3.1	3.8	3.6	3.9	4.7	2.9	2.8	3.9	2.1	1	0.9	0.8	3.1	4	4.1	3.5
中国	0	2	1.4	0.6	-3.7	-2.3	0.1	-0.9	-0.9	3	3.2	1.3	-1.9	1.2	0.2	0.8	3.8	3.1	1.9	1.7	1.3	2.4	2.6	3.5	5.8	8.4	9.9	9.1	4.8	3.9	1.8	2.5	1.5	2.3	2.7	1.8	1.6	0.4

（出所）内閣府『令和元年版　経済財政白書』2019 年，長期経済統計，U. S. Department of Commerce, Bureau of Economic Analysis Website, UNCTAD, *UNCTAD Stat* より作成

図 10.7　**日本，アメリカ，中国の経常収支の対名目 GDP 比（単位：%）**

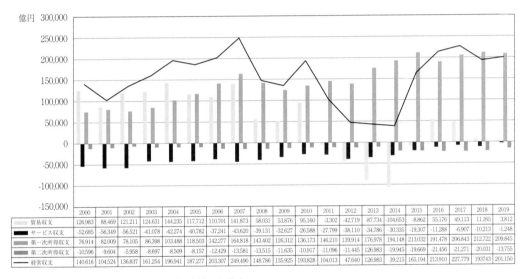

	2000	2001	2002	2003	2004	2005	2006	2007	2008	2009	2010	2011	2012	2013	2014	2015	2016	2017	2018	2019
貿易収支	126,983	88,469	121,211	124,631	144,235	117,712	110,701	141,873	58,031	53,876	95,160	-3,302	-42,719	-87,734	-104,653	-8,862	55,176	49,113	11,265	3,812
サービス収支	-52,685	-56,349	-56,521	-41,078	-42,274	-40,782	-37,241	-43,620	-39,131	-32,627	-26,588	-27,799	-38,110	-34,786	-30,335	-19,307	-11,288	-6,907	-10,213	-1,248
第一次所得収支	76,914	82,009	78,105	86,398	103,488	118,503	142,277	164,818	143,402	126,312	136,173	146,210	139,914	176,978	194,148	213,032	191,478	206,843	212,722	209,845
第二次所得収支	-10,596	-9,604	-5,958	-8,697	-8,509	-8,157	-12,429	-13,581	-13,515	-11,635	-10,917	-11,096	-11,445	-12,983	-19,945	-19,669	-21,456	-21,271	-20,031	-13,755
経常収支	140,616	104,524	136,837	161,254	196,941	187,277	203,307	249,490	148,786	135,925	193,828	104,013	47,640	126,983	39,215	165,194	213,910	227,779	193743	201,150

（出所）財務省，国際収支状況，国際収支総括表より作成

図 10.8　**貿易収支の赤字・黒字減少を補う第一次所得収支の黒字の増大（単位：億円）**

10.3　為替レート

10.3.1　為替レートの役割

　国際経済取引を行うためには，各国の異なる通貨で表された財やサービスの価格を共通の通貨単位で表す必要があります。この役割を果たすのが為替レート（exchange rate）です。

　為替レートとは二国の通貨の交換比率です。1 ドルと 200 円が交換されると，

円ドルレートは 1 ドル = 200 円となります。逆に，為替レートは 1 円 = 1/200 ドルと表すこともできます。前者は外貨の一定量がどれだけの自国通貨に相当するかを表しており，邦貨建てといいます。後者は自国通貨の一定量がどれだけの外貨に相当するかを表しており，外貨建てといいます。日本では，為替レートは邦貨建てで表示されます。1 ドル = e 円という邦貨建ての場合，1 ドルが何円に相当するかを示しているので，e が大きいほどドルが高く円が安い，e が小さいほどドルが安く円が高いことになります。1 ドル = 200 円と 1 ドル = 100 円を比較すると，前者が円安ドル高，後者が円高ドル安です。

また，対ドルレートを媒介にして，円と元，円とユーロなどの為替レートを求めることもできます。1 ドル = 110 円，1 ドル = 7 元のとき，円・元レートは，7 元 = 110 円より，1 元 = 15.7 円となります[5]。

10.3.2　1973 年以降の為替レートの推移

為替相場制度は，為替レートをあらかじめ決められた一定の水準に維持する固定相場制と，その決定を市場に委ねる変動相場制に分けられます。第二次世界大戦後，日本は 1 ドル = 360 円を基準レートとする固定相場制を採用しました。しかし，1971 年 8 月のニクソン・ショックにより固定相場制は崩壊します。その後，同年 12 月のスミソニアン協定により，1 ドル = 308 円を新しい基準レートとして固定相場制が再建されました。しかし，それも長続きせず，1973 年から主要国は変動相場制に移行しました。

1973 年以降，円ドルレートは大きく変動し，趨勢的に円高ドル安が進んでいます（図 10.9）。1980 年代前半には，アメリカの高金利によりドルが買われ，円安ドル高が持続しました（1982 年 10 月，1 ドル = 271.33 円）。このためアメリカの経常収支赤字が拡大し，ドル暴落が懸念されるようになりました。そこで，1985 年にプラザ合意が成立しました。プラザ合意は，ドルレートを管理しながら低下させるために，各国が協調して為替市場に介入するという約束です。プラザ合意後，1985 年の 1 ドル = 239 円から 87 年には 1 ドル = 145 円，88 年には 1 ドル = 128 円と急速に円高ドル安が進み，その効果で 1980 年代後半にはアメリカの経常収支赤字は改善しました。円高ドル安は 1995 年まで続き，95 年には 1 ドル = 94 円となりました（当時の円の最高値は 1995 年 4 月 19 日の 1 ドル = 79.75 円）。

1998 年には，日本の大型金融倒産の影響で 1 ドル = 131 円と円安ドル高が進み，2002 年にも景気後退の懸念から円が売られ 1 ドル = 125 円となりますが，

---

5)　国際通貨（ドル）と自国通貨との為替レートを基準レートいい，国際通貨（ドル）と第三国通貨（ここでは元）との為替レートをクロスレートいいます。基準レートとクロスレートを通じて算出される自国通貨と第三国通貨との為替レートを裁定レートといいます。ここでは，1 ドル = 110 円が基準レート，1 ドル = 7 元がクロスレート，1 元 = 15.7 円が裁定レートです。

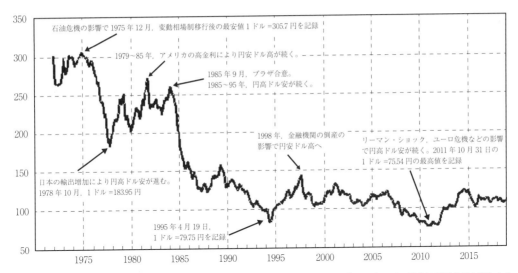

(注) 縦軸は 1 ドル当たりの円を表す。したがって，円ドルレートは上に行くほど円安ドル高，下に行くほど円高ドル安となる。
(出所) 日本銀行，時系列統計データ

図 10.9 **円ドルレートの推移**

2003 〜 07 年には景気が回復する中で，1 ドル = 110 円前後で推移しました。

その後，円ドルレートが大きく動いたのは，2007 年後半からです。サブプライムローン問題を契機に世界金融危機が発生してドル不安が生じ円高ドル安が進み，米大手投資銀行ベア・スターンズ破綻直後の 2008 年 3 月 17 日には 1 ドル = 95.71 円を記録しました。その後もギリシャ債務危機やユーロ危機などが起こり，比較的安全とされる円が買われたため，円高ドル安が 2012 年まで続き，2011 年から 12 年にかけては 1 ドル = 70 円台という歴史的円高ドル安を記録しました（最高値は 2011 年 10 月 31 日の 1 ドル = 75.54 円）。その後ヨーロッパ経済が小康状態を取り戻したことなどから 2012 年末から円安ドル高への転換が起こり，2014 年以降は円ドルレートは 1 ドル = 105 円から 120 円で推移しています。

10.3.3 為替レートと貿易

為替レートの変化は貿易に影響します。為替レートが 1 ドル = 200 円から 1 ドル = 100 円に変化する場合，財およびサービスの貿易がどのような影響を受けるかを考えます。

為替レートの変化と財の輸出・輸入　　1 台 200 万円の日本車を輸出するとき，日本車がドル建てでいくらになるかを考えます。為替レートが 1 ドル = 200 円のとき，1 円 = 1/200 ドルなので，200 万円の日本車は 200 万 × 1/200 ドル = 1 万ドルとなります。為替レートが 1 ドル = 100 円へと円高ドル安に変化

すると，1 円 = 1/100 ドルなので，200 万円 = 200 万 × 1/100 ドル = 2 万ドルと
なります。つまり，円安になると輸出価格が下落するため財の輸出は増加し，
円高になると輸出価格が上昇するため輸出は減少します。

$\boxed{200 \text{万円}}$ の日本車→ [1 ドル = 200 円　1 円 = $\frac{1}{200}$ ドル]

→ 200 万円 = 200 万 × $\frac{1}{200}$ ドル = $\boxed{1 \text{万ドル}}$ →輸出増加

$\boxed{200 \text{万円}}$ の日本車→ [1 ドル = 100 円　1 円 = $\frac{1}{100}$ ドル]

→ 200 万円 = 200 万 × $\frac{1}{100}$ ドル = $\boxed{2 \text{万ドル}}$ →輸出減少

次に，1 バレルが 60 ドルの原油を輸入するとき，60 ドルの輸入代金を入手
するのに必要な円がいくらになるか考えます。60 ドルの原油の輸入に必要な円
は，1 ドル = 200 円のときは 60 ドル = 60 × 200 円 = 12000 円，1 ドル = 100
円のときは 60 ドル = 60 × 100 円 = 6000 円となります。つまり，円が安くな
ると円建ての輸入価格が高くなるため財の輸入は減少し，円が高くなると円建
ての輸入価格が安くなるため輸入は増加します。また，為替レートの変化によ
る原油価格の変化は国内物価に反映されます。

$\boxed{60 \text{ドル}}$ の原油の輸入代金→ [1 ドル = 200 円]

→ 60 ドル = 60 × 200 円 = $\boxed{12000 \text{円}}$ →輸入減少

$\boxed{60 \text{ドル}}$ の原油の輸入代金→ [1 ドル = 100 円]

→ 60 ドル = 60 × 100 円 = $\boxed{6000 \text{円}}$ →輸入増加

● 円安ドル高になると，財の輸出が増加し，輸入が減少し，経常収支の黒
　字が増加する，あるいは赤字が減少する。

● 円高ドル安になると，財の輸出が減少し，輸入が増加し，経常収支の黒
　字が減少する，あるいは赤字が増加する。

● 円安ドル高になると，円で表した輸入価格が上昇するため，物価が上昇
　する。

● 円高ドル安になると，円で表した輸入価格が低下するため，物価が下落
　する。

為替レートの変化とサービスの輸出・輸入　　サービス貿易も為替レートに
よって財貿易と同様の影響を受けます。日本人がアメリカに旅行して 1 泊 100
ドルのホテルに泊まるのに必要な円はどれだけか考えます。100 ドルのホテル
代を円に換算すると，1 ドル = 200 円のときは，100 ドル = 100 × 200 円 = 2 万円，
1 ドル = 100 円のときは，100 ドル = 100 × 100 円 = 1 万円となります。したがっ
て，日本人の海外旅行（日本にとってサービスの輸入）は円安ドル高になると
減少し，円高ドル安になると増加します。

$\boxed{100 \text{ドル}}$ のホテル代→ [1 ドル = 200 円]

→ 100 ドル = 100 × 200 円 = $\boxed{2 \text{万円}}$

→日本人の海外旅行（日本のサービスの輸入）減少

$\boxed{100 \text{ドル}}$ のホテル代→ [1 ドル = 100 円]

$$\rightarrow 100 \text{ ドル} = 100 \times 100 \text{ 円} = \boxed{1 \text{ 万円}}$$

→日本人の海外旅行（日本のサービスの輸入）増加

次に，アメリカ人が日本を訪れ 1 泊 2 万円の旅館に宿泊する場合に必要なドルはどれだけかを考えます。2 万円の旅館代をドルに換算すると，1 ドル = 200 円のときは，2 万円 = 2 万 × 1/200 ドル = 100 ドルであり，1 ドル = 100 円のときは 2 万円 = 2 万 × 1/100 ドル = 200 ドルとなります。したがって，外国人の日本への旅行（日本にとってサービスの輸出）は円安ドル高になると増加し，円高ドル安になると減少します。

$$\boxed{2 \text{ 万円}} \text{ の旅館代} \rightarrow [1 \text{ ドル} = 200 \text{ 円} \quad 1 \text{ 円} = \frac{1}{200} \text{ ドル}]$$

$$\rightarrow 2 \text{ 万円} = 2 \text{ 万} \times \frac{1}{200} \text{ ドル} = \boxed{100 \text{ ドル}}$$

→外国人の日本への旅行（日本のサービスの輸出）増加

$$\boxed{2 \text{ 万円}} \text{ の旅館代} \rightarrow [1 \text{ ドル} = 100 \text{ 円} \quad 1 \text{ 円} = \frac{1}{100} \text{ ドル}]$$

$$\rightarrow 2 \text{ 万円} = 2 \text{ 万} \times \frac{1}{100} \text{ ドル} = \boxed{200 \text{ ドル}}$$

→外国人の日本への旅行（日本のサービスの輸出）減少

● 円安ドル高になると，サービスの輸入が減少し，輸出が増加する。

● 円高ドル安になると，サービスの輸入が増加し，輸出が減少する。

10.3.4 為替レートと企業の収益

為替レートは企業の収益に影響を及ぼします。企業は一定の為替レートを前提として収益を予想し，事業計画を立てます。企業が業績見通しや事業計画を立てる際，前提とする為替レートを想定為替レートといいます。事業のグローバル化に伴い，ドルやユーロに加えバーツなど新興国通貨に対しても想定為替レートを設定する企業が増えています。想定為替レートは実際の為替レートをみながら設定されます。想定為替レートは円高であった 2012 年は 1 ドル = 78 円台でしたが，円安となった 2015 年 12 月は 1 ドル = 119 円でした。

輸出企業の場合，円高が続いているときは想定為替レートを円高に修正し，円高でも利益が生まれるように経営体質の強化を図ります。しかし，想定為替レートを超えて円高が進むと合理化で対応できず，輸出が落ち込み収益が減少します。それだけなく，企業が海外で得た収益も円に換算すると減少します。たとえば，1000 万ドルの収益は 1 ドル = 100 円のときは 10 億円ですが，1 ドル = 95 円と円高になると 9 億 5000 万円で 5000 万円の減収となります。1 円の円高でトヨタは 300 億円，ホンダは 120 億円，日産は 110 億円の利益が吹き飛ぶといわれるのはこうした事情によります。

他方，海外から財を仕入れ国内で販売している流通業では，円高が進めば海外からの仕入れ価格が安くなるため収益が増加し，値引きして円高還元セールを実施することができます。このように為替レートの変動が及ぼす影響は輸出産業と輸入産業では対照的です。世界中の経済的・政治的要因によって変動する為替レートは私たちの生活に直結しています。

スタディガイド

①　矢野恒太記念会編集『日本国勢図会』各年版，矢野恒太記念会

②　大守隆編『日本経済読本（第 21 版）』東洋経済新報社，2019 年

③　大泉啓一郎『新貿易立国論』文藝春秋，2018 年

④　奥田宏司ほか編『深く学べる国際金融―持続可能性と将来像を問う』法律文化社，
　　2020 年

⑤　柵瀬順哉編『国際収支の基礎・理論・諸問題』財経詳報社，2019 年

⑥　内村広志ほか『国際収支の読み方・考え方』中央経済社，1998 年

⑦　日本銀行国際収支統計研究会『入門国際収支：統計の見方・使い方と実践的活用法』
　　東洋経済新報社，2000 年

⑧　小林尚朗ほか編『貿易入門―世界と日本が見えてくる』大月書店，2017 年

　　①によって各年の日本の貿易，国際収支，為替レートなどに関する基本的情報を得ることができます。定期的に刊行される②も日本経済の国際的側面を理解するのに役立ちます。③は日本が新興国によって追い上げられている状況とその打開策を貿易の面から示した好著です。IMF『国際収支マニュアル第6版』に基づいた国際収支の説明については，④第 1 章，⑤第 1 部を参照してください。⑥と⑦は『国際収支マニュアル第 5 版』に基づいていますが，国際収支について説明した有益な文献です。為替レートや国際通貨制度について詳しく知りたい人は，④第 2 章以降，⑤第 2・3 部を読んでください。⑧では，貿易，国際投資の基礎理論や現実の国際経済の諸問題について書かれています。

練習問題 10

10.1　次の文章の空欄 A，B および C，D に当てはまる語句の組み合わせとして最適なものを，それぞれ下記の選択肢①〜⑤の中から一つずつ選びなさい。

　　現在の日本の品目別輸出・輸入において，最大の輸出品目は　　A　　であり，最大の輸入品目は　　B　　である。また，日本の地域別輸出・輸入構造をみると，1980 年代半ば以降，輸出では　　C　　向けのシェアが，輸入では　　D　　からのシェアが上昇し，2019 年にはそれぞれ 54％，48％であった。

空欄 A，B の選択肢

①　A：金属および同製品　　　　B：鉱物性燃料

②　A：金属および同製品　　　　B：加工製品

③　A：化学製品　　　　　　　　B：鉱物性燃料

④　A：機械機器　　　　　　　　B：原材料

⑤　A：機械機器　　　　　　　　B：加工製品

空欄 C，D の選択肢

①　C：アメリカ　　　D：アメリカ

②　C：アメリカ　　　D：アジア

③　C：アメリカ　　　D：ヨーロッパ

④　C：アジア　　　　D：ヨーロッパ

⑤　C：アジア　　　　D：アジア

10.2 日本が次の国際経済取引①〜⑦を行ったとき，日本の貿易収支，サービス収支，貿易・サービス収支，第一次所得収支，第二次所得収支，経常収支を求めなさい。

① 日本の企業が日本で生産した製品を 800 億円中国に輸出した。

② 日本がサウジアラビアから原油を 480 億円輸入した。

③ 海外の人が日本に旅行し 15 億円支出した。

④ 日本の船舶会社が外国の貨物を運搬し，運賃として 3 億円受け取った。

⑤ アメリカ企業の日本の子会社が，投資収益として 40 億円をアメリカの親会社に支払った。

⑥ アメリカの企業で短期間働いた日本の労働者が報酬として 2 億円受け取った。

⑦ 日本が開発途上国に 12 億円の無償資金援助を行った。

10.3 ある日本の企業が 2019 年に，1 トン当たり 20 億円の製品を 1 ドル = 150 円の為替レートで 360 トン輸出し，2020 年には，1 トン当たり 30 億円の製品を 1 ドル = 120 円の為替レートで 220 トン輸出したとする。このとき，この企業の 2020 年の輸出額は 2019 年と比較して，ドルで表して何億ドル増加または減少したか答えなさい。

第 11 章

戦後日本経済の歴史 (1)
—— 高度経済成長への道程 ——

　　　　本章のねらい　　現在の日本経済のあり方を理解するためには，どのよう
な歴史的経緯のうえに成り立っているのかという視点が欠かせません。本章
と次章では，第二次世界大戦後における日本経済の発展過程の概略を説明し，
それによって現代の日本経済がどのような歴史的位置にあるかを学ぶことを
ねらいとしています。現在の経済の仕組みも歴史的にみるといわば相対的な
面も多く，変わりうるものという認識が必要です。本章は，第二次世界大戦
が終了した 1945 年から 1970 年代初頭までを対象としています。この四半世
紀を戦後復興期と高度経済成長期の二つの時期に分けて説明します。

11.1　戦後復興期
1945（昭和20）年～ 1955（昭和30）年

　　　　戦争と日本の敗戦　　第二次世界大戦は，アジアにおける太平洋戦争の終了
（日本の終戦）によって，1945 年 8 月 15 日に終わりました。戦争によって日本
は壊滅的な打撃を被りました。そして荒廃した焦土から復興が始まり，やがて
誰もが予測しなかった奇跡的な経済発展が起きます。その起点は，終戦直後の
連合軍による占領下での，いわゆる戦後改革の一環としての経済改革です[1]。

11.1.1　経済の民主化

　アメリカを中心とする連合国は，マッカーサーを最高司令官とする **GHQ**（ゼ
ネラル・ヘッド・クォーターズ：連合国軍最高司令官総司令部）を設置し，そ

---

　1)　ただし，すでに戦争中に，コーポレート・ガバナンス（企業統治）においては経
営者の株主からの自律性が強まるとか，企業金融においては間接金融傾向が強まるとか，
農村においては地主の力が弱まるなど，戦後につながるような変化が進行していました。

こを通じて占領政策を遂行しました。GHQの当初の占領政策は，日本が二度と戦争をおこさないように，日本を非軍事化・民主化するというものでした。しかしこれによって行われた経済改革の多くは，のちの高度経済成長の前提となるという予期しなかった効果をもたらしました。以下，この時期の重要な経済改革として，財閥解体，労働改革，農地改革，独占禁止政策を説明します。

財閥解体

(1) 財閥の概要

　財閥とは，戦前日本において，一族が所有し，多くは持株会社を頂点とし，その傘下に有力企業が複数存在していた企業集団です。三井・三菱・住友などが代表的な財閥であり，たとえば三井財閥傘下には三井銀行・三井物産・三井鉱山など戦前の日本を代表するような大企業が並んでいました。そして一つの財閥が複数の事業分野にわたって経営していたこと（経営の多角化）も特徴です。三井財閥の所有者である三井家は，江戸時代前期に越後屋という屋号で三都（江戸―大坂・京都）に呉服店と両替店を開き，江戸の呉服店は現在の三越デパートに継承されています。三菱財閥の創業者岩崎弥太郎は，幕末・維新期に海運業の経営で事業を急拡大しました。住友財閥の所有者住友家は，近世初期から大坂で銅の精錬業を行い，元禄期に伊予（愛媛県）の別子銅山を開発して成長しました。この三大財閥に安田銀行（戦後の富士銀行）など金融業が中心であった安田財閥を加えて四大財閥と呼びます。そのほかの中小の事業家のなかにも，複数の事業分野に進出して持株会社を保有していたものが多数いましたが，これらの人々は財閥と呼ぶことはまれです。

(2) 財閥解体の根拠

　戦前の日本経済において，財閥はどのくらいの比重を占めたのでしょうか。これを全産業の払込資本金における四大財閥傘下企業の割合でみると，1937年当時10％でしたが，敗戦時の1945年には24％へと，戦時期の重化学工業化に伴い大幅に上昇しました。かなり大きな割合を占めていたことがわかります。それではなぜGHQは，その財閥を解体したのでしょうか。

　第一には，財閥を軍国主義の発生源の一つとみなしたからです。すなわち偏った富の分配が，民主的勢力になりうる中産階級の成長を抑制し，また労働者の低賃金が国内財市場を狭いものにし，生産物を輸出に向かわせて帝国主義的政策の誘因となったと理解したのです。財閥解体は日本の非軍事化・民主化政策の一環であったわけです。第二には，独占的市場構造を解体することが，公正な競争を生み出し，健全な資本主義経済を形成することになると考えたからです。

(3) 財閥解体の方法

　GHQは財閥解体に際してまず四大財閥にねらいをつけ，さらに対象を拡大していきました。ここでは四大財閥を例にとって，おおまかな解体方法を述べ

ておきます。

　はじめに持株会社の株式を没収して解散させたほか，持株会社や財閥家族の所有する傘下企業の株式をその企業の従業員などに売却しました。また財閥一族を，財閥傘下企業の経営者から排除しました。これらの措置により，持株会社や財閥家族による傘下企業に対する支配権は奪われ，財閥は徹底的に解体されました。

　労働改革の推進　　次に労働者の権利保護を目的として，主に労働関係法制の整備が急速に進みました。1945 〜 47 年に，労働組合法，労働関係調整法，労働基準法が制定され，労働をめぐる戦後の法的枠組みが形成されました。戦前においては，労働組合法は制定されず，労働組合を基礎とした労働運動にも大きな限界があったのです。これら三つの法律により，労働組合による労使交渉や争議が公認され，また調整方法や労働条件の最低基準などが定められました。

　こうした法制の整備にともなって労働組合が続々と結成されていきました。戦時期に形成された企業別の産業報国会が母体となって，企業別労働組合の設立が急増したのです [2]。これらの労働組合は，欧米の組合とは異なって，事務労働者（ホワイトカラー）と現業労働者（ブルーカラー）が同一の組合に組織されたことが特徴でした。

　これらの労働改革と労働組合の組織化，労働運動の高揚によって，戦前に存在した事務労働者（職員）と現業労働者（職工）の身分差別・賃金格差は解消ないし是正され，巨視的にみれば労働者の賃金改善により，次の農地改革などとともに国内市場（財市場）を拡大する役割を果たし，高度経済成長の一つの前提条件となりました。

　農地改革の強行　　戦前日本農業の特徴は，耕地（田畑）のかなりの部分を地主が所有し，地主は小作人にそれを貸与して高率の小作料を徴収していたことです。このようなシステムを地主制と呼び，戦前から大きな問題とみなされていました。これを解消するために，農地改革では国が仲介して地主の所有耕地を小作人に安価で売却したため，地主制は 1950 年頃までにほぼ完全に解体したのです。これによって自作農が大幅に増え農家所得が増加して，その旺盛な購買力は国内市場（財市場）の拡大につながりました。このため農地改革は，のちの高度経済成長にとって一つの前提条件になったといえます。

　独占禁止政策の実施　　財閥とは関係のない大企業に対しても，財閥と同様

---

　2)　1940 年代後半には，企業別組合のみならず産業別組合の組織化が出始め，1950 年代になって戦後日本経済システムの特徴とされる企業別組合が広く普及していきました。

に厳しい政策が実施されました。まず1947年に独占禁止法が制定され，（純粋）持株会社やカルテルなどが禁止されました。また過度経済力集中排除法によって大企業のいくつかが分割されました。これらは，のちの激しい企業間競争の前提を形成したものと評価されています[3]。

　さらにこの時期に大企業の経営者など財界指導者が戦争協力者として職を追われました。いわゆる公職追放です。この結果，代わりに経営者になったのは主に企業内部から昇進した者であり，これにより経営者層が若返りし，その後の革新的企業活動をもたらすことにもなりました。

11.1.2　経済復興の概要

　以上のような経済改革が実施されたことで，すぐに経済が復興したわけではありません。戦後の混乱期には経済の安定と生産回復のための緊急の対策が必要でした。戦後直後は，極端なモノ不足で激しいインフレーションが進行していたのです。これを阻止するために，以下のような各種対策を実施しました。

　金融緊急措置と物価統制令　　まず1946年2月より，インフレ対策のために金融緊急措置が打ち出されました。政府は金融緊急措置令を公布し，預金を封鎖しそれまでの旧円の流通を禁止して，新たに発行した新円に交換し，しかも新円の引き出しを制限するという方法（新円切り換え）で，通貨供給量を強制的に削減しました。さらに同年3月には物価統制令によって新たな公定価格を設定しましたが，それらはインフレを一時的に抑えたに過ぎませんでした。1945～49年の間に，小売物価指数は79倍，卸売物価指数は60倍になっていました。

　傾斜生産方式の採用　　原材料もエネルギーも不足して生産が落ち込み，物価が持続的に上昇してゆくという負のスパイラルをくい止める必要があります。いかにして生産を回復軌道に乗せるかという課題に対して，1946年12月に閣議で採用を決定したのが，傾斜生産方式と呼ばれる再建方法でした。

　傾斜生産方式では，まずアメリカから輸入された貴重な重油を鉄鋼生産に振り向け，そこで増産された鉄鋼を石炭業に投人して石炭増産をはかり，増産された石炭はまた鉄鋼生産に振り向けるといった方法を実施しました。その後でそれをてこに他産業の生産を徐々に増産していこうとするものです。つまり他の産業を犠牲にしてでも，鉄鋼業や石炭業などの重要産業に政府の支援を集中しました。

　これにより一定の生産回復が実現しましたが，この方法は戦時期以来の統制

---

　3)　この分割政策についても近年の研究は，いくぶん非合理な面もあったことなどを指摘しています。

経済すなわち計画経済の手法であり，関係企業に補助金を与えることなしに成功は不可能でした。それでは本当に日本経済が自立したとはいえませんし，この時の重要産業への資金供給は日銀引受の復金債発行[4]などでまかなっていたため，インフレの要因になりました。このため当時のインフレを，復金インフレとも呼んでいました。そこで日本経済の自立のために打ち出された政策がドッジ・ラインでした。

ドッジ・ラインの実施　1948 年頃になると東西冷戦が本格化し，アメリカとしては日本経済の速やかな復興を望むようになりました。そこで 1949 年 2 月にドッジ（当時デトロイト銀行頭取）をアメリカ大統領の特使として来日させ，ドッジ・ラインと呼ばれる強力な経済安定政策を実施させました。

　それは，（1）インフレをくい止め，財政赤字を立て直すために補助金を削減して，1949 年度予算（一般会計のほか特別会計も含む）を超均衡予算（実質は黒字財政）としたほか，（2）復興金融金庫の新規貸出の全面停止，復興金融債の償還開始，（3）為替レートを単一為替レート（1 ドル＝ 360 円）としました。特に（3）の為替レートは従来，個々の取引ごとに企業に補助金を与えることによって，実質的に（平均すると）輸出は円安，輸入は円高に設定されていたものをあらためました。

　これらの政策により，マネタリーベース（ハイパワードマネー）の増大はくい止められてインフレは終息し，それまで続いた統制の必要がなくなりました。また単一為替レートの設定によって，日本経済は国際経済にリンクすることになりました。このようにドッジ・ラインは，日本経済を戦時期以来の統制経済からそれ以前の市場経済へ復帰させる役割を果たしました。その代わり企業は，経営の効率化・合理化に迫られ，日本経済は深刻な不況（ドッジ不況）に陥りました。こんにち世界に冠たるトヨタ自動車（当時はトヨタ自動車工業）なども倒産寸前にまでなりました。

　また 1949 年に来日したアメリカの財政学者シャウプの勧告（シャウプ勧告）によって，翌 50 年度に税制改革が行われ，戦前の国税では酒税など間接税の比重が大きかったのに対し，直接税，特に所得税を中心とした税制にあらためました。これは戦後税制の原点と評価されています。

朝鮮特需による景気回復　日本経済がドッジ不況からなかなか立ち直れないでいる 1950 年 6 月に，突如朝鮮戦争が勃発しました。日本企業は，この戦争に参加したアメリカ軍から大量の軍需品を受注する幸運にめぐまれました。この特別需要を朝鮮特需と呼んでいます。朝鮮特需は，5 年間におよびましたが，

---

[4]　復金債とは復興金融金庫が発行した債券のことです。復興金融金庫は基幹産業の復興のため，1947 年 1 月に設立された政府系金融機関です。

これにより日本経済は急速に息を吹き返しました。この隣国同士の争いが日本経済に幸いした，という結果をもたらしました。

　朝鮮特需の恩恵を被ったのは，特に繊維・金属・機械の各産業であったため，この景気は「糸へん景気」，「金へん景気」，「ガチャ万景気」（織機をガチャと動かしただけで万単位のおカネが入ってくるという意味）などと呼ばれました。自動車の売れ行き不振と労使紛争で経営危機に陥っていたトヨタも，この特需によって危機を脱しています。

コラム　朝鮮戦争とは？

　明治末期から日本の植民地になっていた朝鮮半島は，太平洋戦争終了後，南部をアメリカが，北部をソ連が分割占領し，次いで 1948 年に南部は大韓民国（韓国），北部は朝鮮民主主義人民共和国（北朝鮮）として独立しました。しかし冷戦の中で朝鮮の統一をめぐる南北の対立は深まり，1950 年 6 月 25 日，北朝鮮軍が一斉に韓国への攻撃を開始しました。韓国側の要請により，ただちに米軍が参戦し，米韓軍を中心とした国連軍が押し返すと，中国軍も参戦し米中を巻き込んだ大戦争の様相を呈してきました。ソ連も北朝鮮に戦闘機などを送って支援しました。日本の海上保安庁の掃海艇も米軍の要請により出動して，死傷者 19 名を出しました。結局，1953 年 7 月に休戦協定が締結されたことで，朝鮮半島全土を戦場とし，300 ～ 400 万人が死亡したともいわれる実質的な戦争は約 3 年で終わりました。ただし法的には未だ戦争は終了しておらず，現在の北朝鮮をめぐる交渉でも朝鮮戦争の終結宣言が一つの課題となっています。

11.2　高度経済成長期
1955（昭和30）年頃～1970（昭和45）年

　朝鮮戦争最中の 1952 年 4 月に，前年に調印されたサンフランシスコ講和条約が発効して，それまで占領体制下にあった日本はようやく独立を果たしました。そして 1955 年頃から長期の経済成長を遂げていきます。いわゆる高度経済成長期の始まりです。まず高度経済成長期の景気変動について説明しましょう。

11.2.1　景気変動

　高度経済成長期には，景気循環が神武景気（1955 ～ 57 年）・岩戸景気（1958 ～ 61 年）・オリンピック景気（1963 ～ 64 年）・いざなぎ景気（1966 ～ 70 年）と続きます。その間に景気後退ないし不況がはさまれますが，特にオリンピック景気のあとの 1965 年不況は深刻なものでした（なお，景気循環の一覧表は，第 4 章の表 4.3 を参照のこと）。

　まずオリンピック景気は，1964 年 10 月にアジアで最初の東京オリンピック

開催に向けた公共事業ラッシュで一層盛り上がりました。東海道新幹線も，オリンピック開幕直前の同年 10 月 1 日に開業しました。しかしオリンピックが閉幕すると公共工事は急減し，1965 年不況（昭和 40 年不況）が到来しました。

　株価は 1964／65 年に暴落し，この不況は「証券不況」とも呼ばれ，大手証券の山一證券が 1965 年 5 月に破綻しました。この時は，日銀の銀行への特別融資により同証券は倒産を免れましたが，証券不況は零細個人投資家の株離れを一層促進し，結果として企業の資金調達において，家計の株式購入などを通じて家計から直接調達する直接金融ではなく，家計から銀行を介して借り入れる間接金融システムが形成されていきました。またこの不況により，均衡財政主義を守って戦後まったく行われなかった国債発行が，歳入不足を補い積極的な財政政策を実施するために始まりました。

11.2.2　高度経済成長の実態

　年率約 10％の高率成長　　高度経済成長期には，年平均で約 10％の実質経済成長率が実現しました。すなわち日本でのモノやサービスの生産量が毎年約 1 割ずつ増えていったわけです。この時期には他の先進国でも高度経済成長がみられましたが，日本の成長率は特に高かったのです。これは日本人の生活水準が大きく向上していったことを意味しています。

　このような長期にわたる高成長はどのような要因によって可能になったのでしょうか。まず成長の推進力は，重化学工業部門を中心とした民間設備投資でした。工場建設や機械設備などの需要が旺盛で，そのための鉄鋼や機械などを供給するために製鉄所や機械金属工場をつくるというように，この循環は「投資が投資を呼ぶ」と表現されました。こうした設備投資が活発だった背景には技術革新の進展がありました。そして，海外からの資本の導入が大きく制限さ

コラム　　景気の名称はどのように付けたのでしょうか

　高度経済成長期の景気名称は，まだ戦前の皇国史観による歴史教育を受けた世代が活躍していた時代だったためか，日本の神話から採られた場合が多いのです。**神武景気**とは，わが国始まって以来の好景気という意味を込めて，初代天皇とされる神武天皇（実在性は疑問視されています）以来という意味で命名されました。次の**岩戸景気**は，神武景気を上回る大型景気であったことから，歴史をさかのぼり，神武天皇の祖先である天照大神（太陽神で女神）が天岩戸に隠れて以来の好景気という意味で命名されました。**いざなぎ景気**は，神武景気・岩戸景気以上の長期景気のため，天岩戸神話以前の国生みの男神，伊弉諾尊までさかのぼって確認できる景気という意味です。

　いざなぎ景気は 57 ヵ月続き，高度経済成長期における最も長期の好景気です。高度経済成長期以降もこの記録が破られることはありませんでしたが，2002 年 2 月〜2008 年 2 月の 73 ヵ月となった好景気がこれを超えました。マスコミなどで，そのことを「いざなぎ超え」と称され，伊弉諾尊の妻，伊弉冉尊を引き合いに出して，「いざなみ景気」と呼ばれることもあります。

れていましたから，投資には国内の貯蓄が必要でした。それを満たしたのが日本の国際的に見ても高い家計貯蓄率でした。

　さらに新技術を導入し，新産業を定着させるためには，多くの優れた労働力が必要です。折から高度経済成長期には（高校）進学率の急速な上昇がみられ，若手労働者の高い教育水準が実現し，それは企業内訓練とあいまって高い労働生産性を実現させたのです。すなわち 1960 年頃から高校進学率は急上昇し，1973 年には中卒就職者 9％に対して進学者は 87％にも達しました。また都市部での急増する労働需要に対して，労働力人口が大幅に増加するとともに地方から若年層を中心とした活発な人口移動がみられました。それは世帯数の増加につながり，内需の拡大をもたらしました。たとえば 1959 年から始まる集団就職列車に乗って，地方の中卒者たちは労働供給が不足がちな大都市部の中小零細企業・商店などへ就職していきました。彼らはやがてその都市で結婚して世帯を持ち，核家族を形成するといったプロセスによって，耐久消費財などの需要増加をもたらしたのです。

　メインバンク制の普及　　高度経済成長期における企業の資金調達の特徴は，主に間接金融だったという点にあります。それは大蔵省の金融・資本市場に対する規制の下で，大企業といえども資金調達に際しては，銀行から資金を借り入れる以外の方法がきわめて乏しかったからです。また戦後の諸改革で戦前以来の資産家階級が消滅したほか，各家計が高いリスクと取引コストのかかる株の購入などを嫌い，銀行預金の形で金融資産を保有したこともあります。この下でメインバンク制と呼ばれる非公式の金融経済システムが普及しました。メインバンクとは，借り手企業の資金調達において中心的な役割をする特定の銀行のことです。同行は，融資銀行を代表して貸出先企業の経営を監視（モニタリング）し，その経営が順調な場合には特に介入しませんが，業績が悪化した場合には役員を派遣したり緊急融資を実施したりして，経営の支援や再建に乗り出しました。

　小さな政府の状態　　政府財政のあり方も高度経済成長と無関係ではありません。政府の財政規模の相対的な大きさによって，小さな政府，大きな政府と呼びます（普通その国の GDP または GNP に対する比率で国際比較や時系列比較して，その大小を決めます）。

　1950／1960 年代の日本は基本的に小さな政府が維持されました。すなわち日本は，戦時期に他の先進国と同様に大きな政府になりましたが，戦後は陸海軍が解体され代わって自衛隊が組織されたものの，それほど大きな規模の経費をかけなかったことで，小さな政府となりました。その下で減税などによって民間への資源配分を大きくした結果，日本政府は民間の資本蓄積を促進し，高度経済成長を支えるという効果がありました。

各種産業政策の実施　　産業政策とは，産業や企業活動に介入し資源配分を変えることによって，経済厚生を高めようとする経済政策ですが，高度経済成長期には，成長のボトルネックの解消や，日本にとって戦略的に重要な産業の国際競争力を高めるための政策が中心でした。具体的な政策手段としては，輸入制限，外資規制，設備投資促進的税制，日本開発銀行による重点産業への政策的融資などがありました。

　こうした産業政策についてはいろいろな議論があります。従来，高度経済成長期の産業政策は全体として有効だったという見方が多くありました。しかし一方で，過度な保護や，政治的な理由から行われた非効率な政策も多かったという見方もあります。高度経済成長期後半以降は，日本経済の成長により政策的な介入の余地はますます少なくなり，産業構造の急激な変化を避けるための斜陽産業の保護へと，産業政策の性格は変化していきました。

「国民所得倍増計画」の策定　　1960 年 12 月に，池田勇人内閣が「国民所得倍増計画」を閣議決定しました。1961 〜 1970 年の 10 年間で実質国民所得を 2倍にするという目標を掲げたのです（そのための年平均実質成長率は 7.2 ％になります）。この目標は当時，とうてい実現不可能といわれましたが，実際は目標より早い 1967 年度に達成してしまったのです。そして 1968 年頃以降，日本の GNP（国民総生産）[5] はアメリカに次いで西側（資本主義国）で第 2 位という「経済大国」になりました。生活水準の一つの指標である一人当たりGNP も高いペースで上昇し，特に 1960 年代には所得格差の縮小を伴っていたので「中流」意識も強まり，いわゆる大衆消費社会が実現したのです。それが高度経済成長の需要面を支えたことはいうまでもありません。

石炭から石油への転換　　高度経済成長期には，生産・輸送・国民生活などあらゆる面で，エネルギーが石炭から石油へ転換していきました。鉄道では蒸気機関車が大幅に減少し，電化・ディーゼル化が進展しました。この背景には，なによりも石油価格の低下がありました。それは戦後の中東大油田の開発と，大型タンカーの就航による輸送費の低落によって実現しました。さらに欧米の工業地帯が内陸部にあったことが多いのに対し，日本の工業地帯は太平洋岸・瀬戸内沿岸に発達し，そこで直ちに輸入原油の精製が可能だったこともあります。（この点は石油に限ったことではなく，わが国はカナダ・オーストラリアなどの新興資源国からの輸入資源の利用に有利であったことが高度経済成長のもう一つの要因として挙げられます。欧米のように内陸部に重量物を運搬する輸送コストはかなり高いのです）。

　5）　GNP は，一国の経済活動の成果を表す概念として，現在の GDP の代わりに 1990年代まで一般的に使われていました。GNP と GDP は，GNP = GDP ＋海外からの所得受取 −海外への所得支払，という関係にあります。

　こうしたエネルギー源の転換により，石炭産業は斜陽化しました。1960年に有力炭鉱の三井鉱山三池炭鉱（福岡県）において労働組合が人員整理と合理化に反対した大争議が発生しました（三井三池争議）。この大争議は，結局労働組合側の敗北に終わり，エネルギーの転換と石炭産業の斜陽化を象徴するものとなりました。

六大企業集団の形成　　財閥は戦後改革期に解体されたほか，三井・三菱などの名称を使用することが禁止されました。しかし講和条約後になると，三井・三菱・住友といった旧財閥名を冠した企業が再びあらわれ，それぞれ三井グループ・三菱グループ・住友グループなどの企業集団が結成されました。ただし戦前の財閥と異なるのは，財閥本社や財閥家族が大株主として支配したわけではなく，各企業の独立性が強いという点です。

　そして相互に株式を持ち合うという関係を形成していきました。これは，零細個人投資家の株離れや資本自由化が進んだので，外国投資家など第三者による敵対的買収を予防するためであり，経営者による株主安定化政策というべきものでした。1950年代以降1960年代半ばまでに，六大都市銀行（三井・三菱・住友・富士・三和・第一勧銀）の系列企業への融資を通じてこうした企業集団が形成されていき，集団内では銀行が幹事役を務めました。各集団は社長会を月1回開いて情報交換・懇談を行い，ゆるやかな協力関係を築いていました。

産業構造の高度化　　先進国では，経済発展とともに就業者数が第一次産業，第二次産業，第三次産業の順に比重を移すという現象が共通に確認されています。この現象をペティ＝クラークの法則と呼びます（ペティとクラークという

表 11.1　**産業構造の変化**

（就業者数の構成比：%）

	1955年	1960年	1970年	1980年	1990年	2000年	2010年
第1次産業	41.3	32.9	19.7	12.9	8.8	5.2	4.2
第2次産業	24.9	30.4	35.3	34.3	33.8	29.5	25.2
鉱　業	1.2	1.1	0.5	0.3	0.2	0.1	0.0
製造業	18.4	22.3	26.7	24.0	24.0	19.0	16.1
建設業	5.3	7.0	8.1	10.1	9.6	10.1	7.5
第3次産業	33.8	36.7	45.0	52.8	57.4	65.3	70.6
卸売・小売業	12.2	13.8	16.0	17.8	17.2	18.1	16.4
金融・保険業	1.6	1.7	2.4	3.0	3.3	2.8	2.5
不動産業	0.1	0.2	0.6	1.0	1.5	1.7	1.9
運輸・通信業	4.4	4.8	5.5	5.7	5.5	7.6	8.1
サービス業	9.3	9.6	12.7	16.1	20.9	30.5	32.5
政府サービス	4.9	5.2	5.8	6.7	6.1	3.4	3.4
その他	1.3	1.5	1.9	2.6	3.0	1.2	5.8
合　計	100.0	100.0	100.0	100.0	100.0	100.0	100.0

（出所）経済企画庁編『戦後日本経済の軌跡』1997年，18ページ。2000／2010年は総務省のホームページ（総務省統計局「労働力調査」）

二人の経済学者の名にちなんでいます）。さらにサービス産業の比重が上昇する傾向を，経済のサービス化とかサービス経済化ともいいます。

　日本でも高度経済成長期に第一次産業の比重が急速に低下しました。また製造業における重化学工業化の進展（特に電気機械・輸送機械の比重増加）が顕著です。さらに戦後，経済のサービス化は先進国ではアメリカを先頭に進みましたが，日本も高度経済成長期後半ないし1970年代頃からその傾向が明確にみられるようになりました。この傾向は現在もなお続いています。

　公害問題の深刻化　　公害は，第3章で学んだように，市場を通さずに他の人々に悪影響を及ぼす負の外部性の例であり，市場の失敗の一例です。市場にまかせておくだけでは企業は負の外部性の全費用を負担するわけではないので，公害を防止しようとする適切なインセンティブを持ちません。このため政府による何らかの介入がなければ，公害は拡大してゆくことが多くなるのです。公害問題は戦前にもありましたが，高度経済成長期にはきわめて深刻となり，高度経済成長の負の側面といえます。とりわけ以下の四つの公害問題はその代表的なものであり，被害者たちによって裁判が起こされ（四大公害訴訟），いずれも被害者側の勝訴に終わりました。政府の公害対策も遅ればせながら進んでいき，1967年に公害対策基本法が制定され，1971年には環境庁（現在の環境省）が設置されました。

(1) 水俣病

　戦後日本において最も有名になった公害病は，熊本県水俣市を中心に発生した水俣病です。原因は，新日本窒素肥料会社水俣工場から海に排出された有機水銀であり，それが魚介類に蓄積し，それを食べた漁民など付近住民から多くの患者がでました。最初に漁村の猫が「狂い死に」するという異変が起き，次いで1956年にこの新しい病気の発生が正式に確認されました。この公害問題では，企業だけでなく政府の責任，そして学者や労働者などのモラルも問われました。

(2) イタイイタイ病

　富山県神通川上流の三井金属鉱業会社神岡鉱業所（岐阜県）から排出されたカドミウムが下流域にある富山平野の水田などを汚染し，食物・飲み水を経由して体内に入り，骨の異常などを引き起こしました。

(3) 新潟水俣病

　新潟県阿賀野川流域で，上流にある昭和電工会社の工場から，熊本県の水俣病の原因と同じ有機水銀が垂れ流されて深刻な公害が発生しました。

(4) 四日市ぜんそく

　三重県の四日市石油化学コンビナートにある多くの工場から亜硫酸ガスなどの有害物質が大量に排出されて大気汚染が深刻化し，付近住民から重いぜんそ

く患者が多数出ました。

スタディガイド

① 宮本又郎編著『新版日本経済史』放送大学教育振興会，2008 年（本章の対象時期は，第 11・12 章）
② 杉山伸也『日本経済史　近世—現代』岩波書店，2012 年（同，第 26・27 章）
③ 中村隆英『日本の経済統制—戦時・戦後の経験と教訓』ちくま学芸文庫，2017 年（同，第 5 章）
④ 岡崎哲二『工業化の軌跡』読売新聞社，1997 年（同，第 4 章）
⑤ 吉川洋『高度成長—日本を変えた 6000 日』読売新聞社，1997 年
⑥ 谷沢弘毅『近現代日本経済史　下巻』八千代出版，2020 年（同，第 7 項）

　①，②は江戸期から戦後低成長期までの概説書であり，このうち②は戦後改革・復興期，高度経済成長期を 1 章ずつにまとめています。③，④は戦後の経済統制・産業政策を戦前と比較しつつ解説しているほか，⑤，⑥は高度経済成長の発生メカニズムを詳しく紹介しています。特に⑤は，高度経済成長を時代史としても捉えており，経済読み物としても一読をお勧めします。

練習問題 11

11.1 戦後直後なぜ激しいインフレーションが発生したのでしょうか。またなぜそれが終息したのでしょうか。

11.2 高度経済成長期には，なぜ長期にわたる高度経済成長が実現したのでしょうか。さまざまな要因を考えてみなさい。

第 12 章

戦後日本経済の歴史 (2)
—— 1970 年代以降, 低成長期の推移 ——

本章のねらい　この章では, 高度成長が終了した 1970 年代以降, 50 年間にわたる日本経済の姿を概観します。1960 年代までの高度成長が終わり, 1970 年代以降の日本経済は実質 GDP 成長率が徐々に低下する, 低成長期に入ります (図 12.1)。より細かくみると, 1970 年代から 80 年代までは平均 4 ～ 5% で推移していたのが, 90 年代以降は平均 2%, 近年は 1% 程度まで低下しています。そこで, 本章では 50 年間を以下のように四つに区分して概観していきます。すなわち, (1) 列島改造バブルと 2 度の石油危機 (1970 年代), (2) 貿易摩擦とバブル景気 (1980 年代), (3) バブル崩壊と不良債権問題 (1990 年代), (4) さらなる低成長期 (1990 年代末以降) の四つの時期です。

12.1　列島改造バブルと二度の石油危機 (1970 年代)

12.1.1　ニクソン・ショック

　1960 年代後半のいざなぎ景気は, 1970 年 7 月に終わりを告げます。その約 1 年後の 1971 年 8 月, 当時のアメリカのニクソン大統領は, 金とドルの交換停止などの新経済政策を発表しました。金との交換が保証されたドルを基軸として, 各国通貨の価値を決める国際通貨制度 (ブレトンウッズ体制) が終わったのです。日本にとっては 20 年強にわたり続いた 1 ドル = 360 円の固定為替相場が終わりました。1971 年 12 月には 1 ドル = 308 円に円が切り上げられ, 73 年 2 月には現在のような変動為替相場に移行します。移行した当日の円ドルレートは 1 ドル = 279 円で, 日本は 1 年半で 2 割強の円高を経験します。

12.1.2　列島改造バブル

　1 ドル = 360 円という固定為替相場は, 日本の輸出競争力を高め, 高度経済成長の一因でもありました。それが崩れること, すなわち急激な円高を政府も

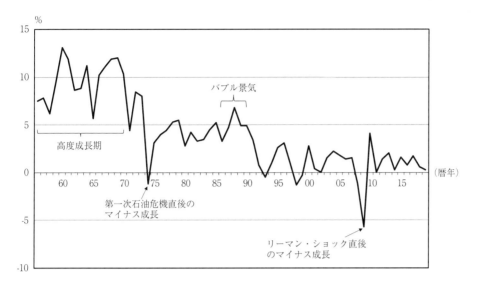

図 12.1　**実質 GDP 成長率の推移（1956〜2019 年）**

企業も避けたいと考えていました。そこで，政府は，為替介入でドル買い円売りを実施するとともに，円高の一因とされた国際収支の黒字を内需拡大により減らそうと考えました。政府は 1971 年，72 年と大型の景気対策を実施し，日本銀行は公定歩合を引き下げました。さらに，1972 年 7 月に首相に就任した田中角栄が打ち出した「日本列島改造論」は，日本列島の各地で大規模公共事業を展開するものでありました。開発の候補地の買い占めなどが行われて地価が高騰しました。また，1973 年には年金・健康保険給付の大幅拡大が実施され，福祉元年とも呼ばれました。

12.1.3　第一次石油危機

　第二次世界大戦後，中東ではパレスチナの領有をめぐってイスラエルとアラブ諸国との間で戦争が繰り返されていましたが，1973 年 10 月に第四次中東戦争が勃発しました。これによりサウジアラビアなど OAPEC（アラブ石油輸出国機構）は非友好国に対して原油輸出を削減し，OPEC（石油輸出国機構）は原油価格を一挙に 4 倍に引き上げたため，世界経済に大きなダメージを与えました。いわゆる第一次石油危機です。

　1973 年当時，日本は一次エネルギー（自然界から得られた変換加工していないエネルギーのこと）の 7 割強を原油に依存していました（現在は 4 割程度）。日本は，12.1.2 項の列島改造バブルにより，通貨供給量が 20 〜 30％増と大幅に拡大していました。物価上昇の素地ができあがったところに，輸入に頼っていた原油価格が急騰したことで，狂乱物価とも呼ばれた激しいインフレーションに悩まされます。当時，1974 年の消費者物価上昇率は 20％を超える高さとなりました（図 12.2）。

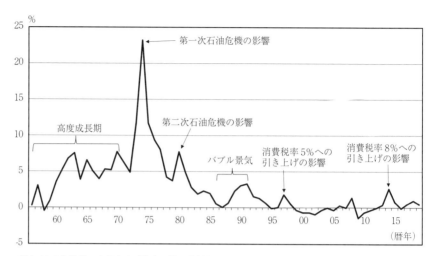

（注）1970 年以前の上昇率は「持家の帰属家賃を除く総合」，71 年以降は「総合」
（出所）総務省「消費者物価指数」

図 12.2　**消費者物価上昇率の推移（1956〜2019 年）**

　企業の収益性が悪化し，生産が停滞する中で，1974 年には実質 GDP 成長率がマイナスに転じます。図 12.1 をみればわかるように，これは実質 GDP 成長率が算出可能な 1956 年以降で初めてのマイナス成長でした。

　このようにインフレーションと不景気の同時発生というスタグフレーションが，日本のみならず世界各国を悩ませます。日本政府は，金融政策，財政政策ともに引き締めに転じさせるという総需要抑制政策で，インフレ率の抑制を図りましたが，1975 年に入るまで物価上昇はなかなか沈静化しませんでした。

12.1.4　財政悪化と赤字国債の発行

　景気悪化による税収不足により，1975 年から赤字国債（特例国債）の発行が開始され，建設国債と合わせて国債の発行額が拡大していきます。1975 年度は 5 兆円程度であった国債発行額は，1979 年度には 13 兆円まで膨らみました。第一次石油危機の影響で世界各国の経済が低迷する中，相対的に経済のパフォーマンスが良かった日本と西ドイツ（当時）にも世界経済のけん引役に加わって欲しいという機関車論を背景に，日本が積極的な財政政策を打ち出したことも原因でありました。

　このように発行が急増した国債をスムーズに処理することが求められるようになり，発行した後の国債を自由に売買する流通市場の整備が必要になりました。この結果，高度成長期までのような大蔵省が銀行の預金金利に規制をかける仕組みは徐々に変わらざるを得なくなっていきました。

12.1.5 第二次石油危機

1978年12月からイラン革命が始まり，イランの原油生産が停止され，OPECによる原油価格の段階的引き上げが開始されました。79年1月には，国際石油資本（メジャー）が対日原油供給の削減を通告し，第二次石油危機が到来しました。これにより，1980年にかけて先進国を中心に深刻なインフレと経済不振すなわちスタグフレーションに陥りましたが，日本は比較的小さな混乱でおさまりました。労使が協調して賃上げ率を抑制し，激しいインフレを回避したことなどが功を奏しました。第一次石油危機に学んだだけでなく，企業別労働組合という日本の労使関係の特徴がプラスに働いたといわれています。

12.2 貿易摩擦とバブル景気（1980年代）

12.2.1 1980年代前半に膨らんだ経常収支の黒字

第10章143ページの図10.9からわかるように，1980年代前半に円ドルレートは円安ドル高が進みました。スタグフレーションに悩まされたアメリカが1980年に金利引き上げによるインフレ抑制を図ったため，高金利通貨であるドルの人気が高まったのです。これにより，海外から見て日本製品が割安に見えるようになります。

この間，日本製品とりわけ主要輸出品である機械機器の国際競争力が高まっていました。たとえば，燃費の良かった日本の自動車は，2度の石油危機を経てガソリン価格が上昇する中で人気を集め，輸出が伸びました。1980年には日本の自動車生産台数が1100万台を超え，アメリカを抜いて初めて世界一になります。

一方，1980年代前半の日本は財政再建を目指していました。1970年代に急増した赤字国債からの脱却を目指して，各省からの予算の概算要求について前年度と同じにとどめるゼロ・シーリングや，前年度より減額したものとするマイナス・シーリングが打ち出されます。国内需要が伸び悩む中，輸出への依存度が高まっていきます。

この結果，日本の経常収支（特に貿易黒字）は1981年度に黒字に転じ，徐々に拡大していきます。経常収支の黒字が拡大するなか，日本の対外投資も拡大していきます。日本は1985年には対外純資産額（総資産から総負債を引いた額）で初めて世界第1位になり，88年には対外総資産額でも世界第1位になります。

12.2.2 激化する貿易摩擦

1980年代初頭から日本の経常収支黒字が拡大する一方で，アメリカの経常収支赤字が拡大し始めます。アメリカは世界最大の債務国になっていきます。

　経常収支赤字の過半はアメリカの国内要因によるものという分析もありましたが，アメリカでは自動車など日本からの輸出急増への反発が強まっていきます。このような貿易を媒介とした国際関係の悪化を貿易摩擦といいます。

　戦後の日本では，こうした貿易摩擦は，主要輸出国であるアメリカとの間でたびたび起きていました。たとえば 1970 年前後には繊維製品，鉄鋼製品，1970 年代にはカラーテレビ，1970 年代から 80 年代にかけては自動車，において貿易摩擦が激しくなります。自動車の貿易摩擦においては，アメリカからの求めに応じて 1980 年代から輸出の自主規制を開始（94 年に終了）したほか，80 年代後半では米国内に工場を建設して，製品を生産・販売する現地生産を拡大していきました。

12.2.3　金融自由化の進展と大企業の銀行離れ

　12.1.4 項で触れたように，1970 年代後半から金融自由化の動きが強まります。高度成長期のような規制金利体系の維持は難しくなり，規制金利を背景にした金融機関同士の住みわけが崩れ始めてきます。一方，1980 年の外国為替管理法の改正により，それまで原則禁止とされていた日本国内に住んでいる人（居住者）の為替取引が原則自由に変わりました。これにより，競争力が高い大企業ほど資金調達に際して銀行融資に頼らずに済むようになりました（大企業の銀行離れ）。株式や社債を発行して，投資家からおカネを集められるようになったのです。

　従来，メインバンク制の下で，金融機関は企業の経営を十分に把握，監視したうえで融資などを行っていました。しかし，大企業の銀行離れが進む中で，金融機関は新たな貸出先を探す必要に迫られます。融資先に関する十分な情報が得られない中で，金融機関が拡大したのは土地，建物など不動産を担保とした融資でした。戦後から 1980 年代まで，土地の価格はほぼ一貫して右肩上がりで上昇しており，「土地は値下がりしない」という土地神話があったためです。不動産担保融資の拡大は，後述するようにバブルの一因となります。

12.2.4　プラザ合意と急激な円高

　1985 年 9 月 22 日，アメリカ・ニューヨークのプラザホテルで，先進 5 ヵ国（日本，アメリカ，西ドイツ，フランス，イギリス）蔵相会議が開かれ，協調して為替介入することに合意しました。プラザ合意です。これは経常収支が先進国間で不均衡で（特にアメリカの赤字，日本の黒字），その原因としてドルが高すぎる（円が安すぎる）ことがあり，それを是正する（ドル高是正と呼びます）国際的な政策協調が成ったという点で，画期的なこととされています。

　プラザ合意により，1985 年 8 月末には 1 ドル = 237.20 円だった円ドルレートは，1 年後には 154.11 円まで円高ドル安となります。わずか 1 年で 3 割を超す円高です。12.2.1 項で述べたように 1980 年代前半の日本経済は輸出に依存し

ていましたので，1986 年には「円高不況」と呼ばれる景気後退を迎えます。

12.2.5 金融緩和と土地・株など資産価格の異常高騰

景気後退に対応するため，日本銀行は金融緩和を進めます。12.2.1 項で述べたように財政再建を目指すなか，金融政策に頼らざるを得なかったのです。

当時，日本銀行が一般の銀行に貸し出す際に適用される基準金利であった公定歩合は，プラザ合意時の 5% から 1987 年 2 月には 2.5% まで引き下げられます（図 12.3）。円高により輸出の減少が見込まれる中，金利を引き下げることで個人消費や設備投資といった国内需要を盛り上げようとしたのです。低金利を維持することでさらなる円高を防ごうという意図もありました。なお，この 2.5% という水準は，当時としては日本銀行創業以来の低さでありましたが，1989 年 5 月に引き上げられるまで 2 年強続きます。低金利が続いた一因として，1987 年 10 月の世界同時株安（ブラックマンデーと呼ばれました）があります。世界同時株安を契機に，利上げを当面見送ることが国際的にも求められるようになったのです。

一方，円高不況は 86 年 11 月には終わります。円高により確かに輸出は減りましたが，輸入品価格も低下して，それを原材料とする製造業や流通業に利益をもたらしました。消費者が購入する製品の価格が低下したことも，購買力の増加としてプラスに働きました。これらの円高メリットを日本は享受したのです。

「平成景気」または「バブル景気」と呼ばれる景気拡大が始まるなか，当時として超低金利が続いたことは，土地や株式など資産価格の異常な高騰をもたらします。1985 年末には 1 万 3128 円だった日経平均株価は 1989 年末には 3 万

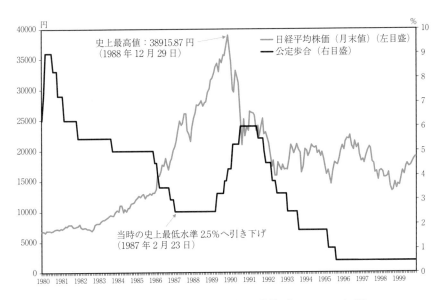

図 12.3 公定歩合と日経平均株価の推移（1980〜90 年代）

8915 円の史上最高値を記録しました（図 12.3）。地価上昇については，六大都市市街地価格指数は，（1990 年 3 月を 100 として）1985 年の 35.1 から 1990 年の 105.1 へ高騰しました。

　超低金利とともに，こうした地価や株価の急騰を生んだのは，前述した金融機関による不動産担保融資の拡大でした。企業と経済活動の東京への集中が進んだ（東京一極集中）ことでその受け皿としての建設投資が盛んになっただけでなく，一部の企業での「財テク」も高騰に寄与したと考えられます。これは，資金を借り入れてそれを土地や株に投資して値上がりを期待するというものでした。

コラム　1980 年代の行財政改革（財政再建と民営化）

　1982 年に発足した中曽根康弘内閣は，財政再建のために行財政改革を積極的に推進しました。この行財政改革の目玉となったのが**三公社（日本電信電話公社，日本専売公社，日本国有鉄道）の民営化**でした。日本電信電話公社は戦後，国内の電気通信，通話業務を一手に引き受けてきましたが，1985 年に民営化され**日本電信電話株式会社（NTT）**になりました。電気通信業務の新規参入も認められるようになり，1987年には第二電電，日本テレコム，日本高速通信の 3 社が長距離電話サービスに参入しました。現在の NTT，KDDI，ソフトバンクという通信事業の 3 社体制の源流はここにあります。

　日本専売公社も 1985 年に民営化され**日本たばこ産業株式会社（JT）**となりました。民営化したものの，日本におけるたばこ事業の独占権を持つ点には変わりがありません。日本国有鉄道（国鉄）は，1987 年に分割民営化され，北海道，東日本，東海，西日本，四国，九州の 6 つの旅客会社と，日本貨物鉄道株式会社の 7 社からなる **JRグループ**となりました。

　このほか，半官半民の特殊会社であり，国際線を独占していた**日本航空（JAL）**が1987 年に完全民営化され，**全日本空輸（ANA）**なども国内線だけでなく国際線にもビジネスを拡大しました。

　以上のように，一部の例外はあるものの，公企業による独占的な事業展開をやめ，民間企業同士の競争により経営の効率化を図ろうとしたことが民営化の背景にあったと考えられます。また，民営化によって新たに売り出した株式の売却代金を財政再建に活用するというねらいもありました。

　このほか，1989 年には**消費税**が初めて導入されました。当初の税率は 3％でした。それまで物品税という形でぜいたく品に間接税がかけられていましたが，ぜいたく品の基準があいまいになっていました。高齢化社会の財源を確保するというねらいもあり，一部の例外を除き，すべての財・サービスに税金をかける消費税が導入されたのです。それまで導入されていた物品税は廃止されました。

12.3 バブル崩壊と不良債権問題（1990年代）

12.3.1 金融政策の転換

日本銀行は，1989年5月に公定歩合を3.25％に引き上げた後，1年強の間に4回利上げを行い，1990年8月には公定歩合を6％とします（図12.3）。1989年末に最高値をつけた日経平均株価は，1990年4月には2万8000円台と3割近くも下落したものの，地価の下落が始まらず，金融引き締めの効果が確認できなかったためです。高すぎる地価のために一般サラリーマンにはマイホームが高嶺の花になってしまったことに対する国民の不満が強まる中，バブル退治のために利上げを続けた当時の三重野康・日本銀行総裁は，「平成の鬼平」ともてはやされました。

政府も1990年4月に不動産関連融資の総量規制を導入します。金融機関に対して不動産業向け貸出比率の拡大の抑制，不動産業，建設業およびノンバンク向け貸出状況の報告義務などを課し，不動産関連融資の抑制を狙ったものです。金融引き締めと不動産関連融資の抑制により，91年に入ると地価も下落を始めました。

12.3.2 資産価格下落と成長減速

株と土地という資産価格の下落（バブル崩壊）により，日本の景気は91年2月を山に後退を始めます。平成不況の始まりです。この景気後退は93年10月にいったん谷をつけますが，その後の景気回復も力強さを欠き，1990年代は「失われた10年」と呼ばれるほどの長い経済低迷期になります。

資産価格下落の日本経済への影響は主に二つあったと考えられます。

第一は，逆資産効果です。バブル期は，資産価格の高騰により，自分が豊かになった感じた家計が消費を拡大しました（資産効果）。逆に，資産価格の下落が始まると，家計は消費を抑制し，企業は設備投資を手控えるようになりました。これが逆資産効果です。民間需要が低迷する中で，80年代には平均で4～5％あった実質GDP成長率は2％へと減速していきました。

第二が，不良債権の発生と金融危機です。不良債権とは金融機関が企業に行った融資が返済されなくなる状況です。バブル期に不動産業，建設業，小売業の三業種では銀行からの借り入れを増やして土地を購入し，ビルなどを建設した企業が多かったですが，地価の下落によって資産の価値が借金を下回るようになり，返済が滞るようになったのです。90年代に経済低迷が続く中で，他の業種にも不良債権問題は拡大しました。金融機関の中には貸出などの資産が目減りし，債務（家計から集めた預金など）が上回るという債務超過に陥り，破綻するところも出てきました（金融危機）。住宅価格が大きく下がり，自ずとマイホームの経済的価値も低下する中で，住宅ローンの借り入れ額が変わらず，

それが大きな経済的負担となる家計もあらわれました。住宅ローンの繰り上げ返済に励む家計もあらわれ，個人消費の低迷につながりました。

　金融危機への警戒感が強まるなか，90 年代後半には金融機関による貸し渋りが起きました。不良債権の損失拡大をおそれた銀行が貸し出しに慎重になり，企業が設備投資などをしにくくなりました。一方，不良債権問題が表面化しないように，問題のある企業にあえて追加融資するという追い貸しも起きました。こうした中，企業側も借金返済を優先し，設備投資を抑制し，人員削減を進めました。2000 年初頭には完全失業率は 5 ％台まで上昇し，雇用不安も民間消費の抑制につながりました（第 9 章 115 ページの図 9.2 参照）。

12.3.3　金融危機の深刻化

　不良債権問題による金融機関の破綻は，90 年代前半は小規模なところが多く，他の金融機関への営業譲渡など業界内の自助努力で問題を解決していました。しかし，1995 年の住宅金融専門会社（住専）の破綻処理では，初めて公的資金（つまり，税金）が投入されました。

　住専は，住宅ローンを専門に扱う会社で，銀行等の金融機関の共同出資で 1970 年代に設立されました。大企業の銀行離れが進む中，1980 年代に銀行自身が住宅ローンを取り扱うようになり，住専は不動産関連融資を拡大させていきました。そして，バブル崩壊により多額の不良債権を抱えるようになったのです。公的資金の投入に対しては，設立した金融機関の責任を問う声も強く，国会での論戦も激しいものとなりました（住専国会という名前があるぐらいです）。

　この経験から政府は金融機関への公的資金の投入に慎重になり，不良債権処理の仕組みづくりがいったん遅れます。そうした中，1997 年 11 月には都市銀行の一つであった北海道拓殖銀行や，四大証券の一角であった山一證券が破綻します。

　1998 年 10 月になって，ようやく政府は金融再生法と金融早期健全化法という二つの法律を施行します。金融再生法は，金融機関の破綻処理の原則，倒産金融機関の公的管理（一時国有化）などの緊急措置を定めたものです。破綻処理の受け皿機関として，整理回収機構も設立させます。施行直後の 10 月には日本長期信用銀行が，11 月には日本債券信用銀行が，この法律に従って破綻処理されます。両行は，長期信用銀行と呼ばれ，高度成長期は大企業への設備投資資金供給などで日本経済に貢献したものの，大企業の銀行離れによりバブル期には不動産関連融資に傾斜し，バブル崩壊で多額の不良債権を抱えました。バブルとその崩壊の象徴のような金融機関です。

　一方，金融早期健全化法は，体力の落ちた金融機関に予防的に公的資金を注入できるように定めました。金融機関の資本金を増強し，不良債権処理ができる余力を持たせようと考えたものです。

12.4 さらなる低成長期へ（1990年代末以降）

12.4.1 デフレーション

　戦後の日本では，高度成長期は緩やかなインフレーション，第一次石油危機の際は一時的にやや激しいインフレーションと，物価上昇が当たり前でした。しかし，1990年代末以降，持続的な物価下落（デフレーション）が大きな経済問題となりました。

　財やサービスの値段が安くなるのは一見良いことのように思われがちですが，デフレーションは以下の三つの点で経済に悪影響を及ぼすと考えられます。

　第一は雇用への影響です。物価が下がっても賃金は簡単に下がらないので，企業にとっては人件費の負担が重くなり，収益を圧迫します。このため，新規雇用を抑制したり，賃金が相対的に低く，雇用調整のしやすい非正規雇用に変えたりするようになります。家計全体としては所得が伸び悩みます。

　第二は企業の設備投資などへの影響です。物価が下がるということはおカネの価値が上がることにつながります。資産を持っている人はうれしいでしょうが，借金している人は返済負担が増すことになります。企業は追加的に借金をして新規事業に取り組んだり，工場を新設したりすることに躊躇します。返済能力が不十分な場合には不良債権問題につながります。

　第三は金融政策への影響です。前述した通り，日本銀行は公定歩合などを上下させることで，世の中の金利を動かし，経済の過度の変動を押さえようとします。たとえば，景気が悪いときには金利を低くして借金しやすくし，企業の設備投資などを促します。しかし，前述したようにデフレーションになると金利がゼロであっても借金の返済負担が重くなっていきます。

　デフレーションの問題は，2020年になったいまでも完全な解決には至っていません。このため，日本銀行がさまざまな金融政策を試行錯誤せざるを得なくなっています（後述）。

12.4.2 財政政策か構造改革か

　バブル崩壊後，政府は数次にわたり，大規模な景気対策を行いました。公共事業を追加し，減税を行うことで経済を下支えしたのです。しかし，本格的な回復にはなかなか至らず，長期的な経済低迷は日本の経済構造に原因があるのではないかという見方も強まりました。こうした中で，90年代後半に打ち出されたのが1996年1月に就任した橋本龍太郎首相による六大構造改革です。それは，①日本の金融市場をニューヨークやロンドンなみに活性化させることをめざし，銀行業・証券業・保険業の業際規制撤廃や外国為替業務の自由化などを盛り込んだ金融システム改革，②内閣機能の強化，省庁再編などを盛り込んだ行政改革，③財政再建に向けた道筋を定めた財政構造改革，④介護保険導入

を決めた社会保障改革，⑤純粋持株会社の解禁などを決めた経済構造改革，⑥ゆとり教育を打ち出した教育改革——です。

ただ，この構造改革は道半ばで終わります。1997 年 4 月の消費税率を 5% への引き上げなどの負担増と，97 年夏から秋にかけてのアジア通貨危機の発生などにより，90 年代末の日本経済は危機的な状況に陥ったためです。橋本首相は，財政構造改革を凍結せざるを得なくなり，98 年春には退陣します。日本経済の底割れを回避するために，大型の景気対策が再び打ち出されるようになります。

なお，金融システム改革と純粋持株会社の解禁は，生き残りをかけた金融機関の再編を促したともいわれています。2000 年代には，現在の 5 大金融グループ（三井住友フィナンシャルグループ，みずほフィナンシャルグループ，三菱 UFJ フィナンシャルグループ，りそなホールディングス，三井住友信託銀行グループ）が形成されていきました。戦前の財閥の系譜をもつ戦後の代表的な企業集団である三井グループと住友グループの主力銀行が合併したことは，人々に時代が変わったことを強く印象付けました。

2000 年代に入り，再び構造改革が打ち出されます。2001 年 4 月に就任した小泉純一郎首相は「改革なくして成長なし」という謳い文句を掲げ，不良債権問題の解決などを進めました。規制改革を進めるため，構造改革特区を設定し，その地域に限り規制を緩めることを認めるという社会実験でありました。大きな政治的争点となった郵政民営化は，衆議院の解散総選挙を断行して反対派を与党から追い出して進められました。前述の行政改革で，郵政省（現在の総務省）から郵政事業庁として分離された郵政事業は，日本郵政公社を経て 2007 年 10 月に民営化され，現在の日本郵政グループ（日本郵便，ゆうちょ銀行，かんぽ生命）に至っています。

2000 年代の小泉政権およびその後の自民党政権では財政再建のために公共事業の削減を進めましたが，世界同時好況のおかげで輸出が大幅に伸び，景気拡張期間は戦後最長を記録します。しかし，非正規雇用の増加が続き，所得格差も拡大し，力強い成長の実現には至りませんでした。2008 年 9 月のリーマン・ショックを契機とした世界同時不況により日本経済は再び大幅なマイナス成長を記録します。政権は一時，民主党に移りますが，2012 年 12 月に自民党が政権を奪還し，安倍晋三が首相に返り咲きました。安倍政権の経済政策（アベノミクス）では，構造改革が 3 本柱の一つとして謳われてはいますが，金融政策に重点が置かれていたと考えられます。

12.4.3　長引く非伝統的金融政策

1994 年の金融自由化の完了により，日本銀行の公定歩合（現在は基準割引率および基準貸付利率と呼ばれています）と預金金利との直接的な連動性がなくなりました。その後，日本銀行は，無担保コールレート・オーバーナイト物（金融機関同士の貸し借りで，貸した翌日返済してもらう場合の金利）を誘導しな

がら，世の中の金利を動かしています。90年代の長引く経済低迷の中で金利も
徐々に低下しましたが，1999年2月には，無担保コールレート・オーバーナイ
ト物をほぼゼロにするゼロ金利政策を日本銀行は導入しました（図12.4）。

　99年2月から輸出主導の景気拡大が始まったことでゼロ金利政策はいったん
解除されますが，2000年末には再び景気は後退局面入りし，デフレーションも
深刻化します。そこで，日本銀行は金利ではなく，世の中のおカネの量を増や
すことでデフレ脱却を目指す量的緩和を2001年3月から始めます。金融機関
が日本銀行に保有する当座預金（日本銀行当座預金）の残高を，金融機関の保
有する国債などを日銀が購入することで増やし，それが貸し出しに回ることを
期待しました。金利を動かす従来の伝統的な金融政策に対して，非伝統的な金
融政策と呼ばれています。

　2000年代後半には徐々にデフレーションがやわらぎ，インフレ率が安定的に
0％を超えたとの判断を踏まえ，2007年には日銀は無担保コールレート・オー
バーナイト物を0.5％まで引き上げます。伝統的な金融政策に復帰したのです。
しかし，ここで前述のリーマン・ショックが発生します。インフレ率は再びマ
イナスに転じ，その幅を拡大させる中，日銀は無担保コールレート・オーバー
物を実質的にゼロにする政策などを打ち出し，非伝統的な金融政策に逆戻りし
ます。

　そして，2012年12月に誕生した安倍政権は「アベノミクス」の第一の矢と
して，「大胆な」金融政策を打ち出します。それを受けて，2013年3月に就任
した黒田東彦・日銀総裁は量的・質的金融緩和を打ち出します。内容は2000
年代の量的緩和のリバイバル的な部分もありますが，日本銀行が株式，土地な

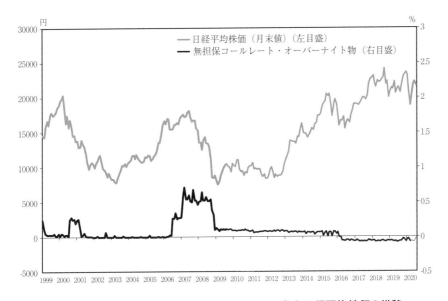

図 12.4　**無担保コールレート・オーバーナイト物と日経平均株価の推移**
　　　　　（1999〜2020 年）

どのリスク資産も購入することを打ち出し，インフレ率2％を目標とすること
を明確にしています。

　こうした金融政策は円安ドル高を通じて日本の輸出（外国人観光客の増加を
含む）を拡大させ，株価や地価の上昇を生み出すことで長期間の景気拡大には
つながったと考えられますが，インフレ率2％の目標は7年経過した現在でも
実現できていません（図12.2）。2014年にインフレ率がはねあがっているのは，
消費税率が5％から8％へ引き上げられた影響が大きいです。

　こうした中，日本銀行は金融政策の試行錯誤を続けています。2016年1月
には日銀当座預金の一部にマイナス金利を適用するなどのマイナス金利付き量
的・質的金融緩和を導入，無担保コールレート・オーバーナイト物もマイナス
で推移しています。さらに，9月には，長短金利操作付き量的・質的金融緩和
を導入し，短期金利だけでなく長期金利（10年物国債利回り）も日銀がコント
ロールしています。

12.5　日本経済の現在と課題

　安倍政権下での景気拡張は2018年10月で終了しました。景気拡張期間は
71ヵ月と，2000年代の73ヵ月にわずかにおよびませんでした。2000年代の景
気拡張期間の平均成長率は年率1.6％と最長ながら最弱に終わりましたが，安
倍政権下の景気拡張平均成長率は年率1.1％とさらに低下しています。バブル
崩壊後，政府は財政政策，構造改革，金融政策とさまざまな試行錯誤を繰り返
して来ていますが，低成長からなかなか脱せずにいます。

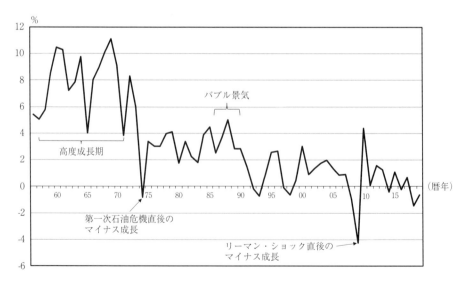

図12.5　**就業者一人当たり実質GDP成長率（1956～2019年）**

安倍首相は2020年8月28日に退陣を表明し，9月16日に菅義偉首相による新しい政権が誕生しました。新政権にとって短期的には，コロナ禍に伴う世界的な経済停滞にどう対処するかが喫緊の課題ですが，中長期的には，急速に進む少子高齢化への対応が求められます。第9章119ページの図9.7および126ページの図9.10にあるように，女性や高齢者の労働参加が進む中で労働力人口は2019年まで7年連続で増加していますが，いずれ頭打ちになる可能性もあります。一方，就業者一人当たりが生み出す付加価値（GDP）の伸びは，近年低下傾向にあり，18年と19年はマイナスに転じています。医療・福祉といった労働集約的な産業で労働需要が増加していることや，短時間労働が増えているという要因もありますが，一人当たりが生み出す付加価値をいかに伸ばすかという古くて新しい課題に取り組むことが今後も求められそうです。

スタディガイド

① 浅子和美・飯塚信夫・篠原総一編『入門・日本経済（第6版）』有斐閣，2020年

② 大守隆編『日本経済読本（第21版）』東洋経済新報社，2019年

③ 橋本寿郎・長谷川信・宮島英昭・齋藤直『現代日本経済（第4版）』有斐閣，2019年

④ 小峰隆夫『平成の経済』日本経済新聞出版社，2019年

本章で学んだ内容は，今後，日本経済論，日本経済史などで詳しく扱われます。①〜③は，そうした科目でよく教科書として取り上げられている書籍になります。①は本書と同様に，日本経済の各部門（家計，企業，政府）や制度と，戦後日本経済史をまとめて学べるようになっています。②は，経済政策，財政赤字，地方再生など日本経済のトピックごとに章立てされています。③は戦後日本経済史を通じて，現代日本経済を見る眼を養う内容になっています。④は，バブル崩壊後の平成時代の日本経済を振り返る内容になっています。

練習問題 12

12.1 第一次石油危機において激しいインフレーションとなった背景，さらにその後の日本経済が低迷した理由をまとめなさい。

12.2 1980年代後半の資産価格の異常な高騰が生じた要因について説明しなさい。

12.3 不良債権問題とは何か，またそれが日本経済に与えた影響について説明しなさい。

12.4 近年の金融政策の特徴と，日本経済への影響について説明しなさい。

第 13 章

戦後世界経済
—— 自由貿易体制の展開と
　　グローバリゼーション ——

本章のねらい　どの国も孤立して存立することはできず，諸外国に影響
を与えるとともに海外から影響を受けています。第二次世界大戦後，日本が
良好な国際環境の中で高度経済成長を実現したこと，1980 年代の日本の輸出
拡大が激しい貿易摩擦を引き起こしたこと，2008 年のリーマン・ショックを
契機に発生した金融危機の影響がアメリカにとどまらず西欧や中東欧，日本
にまで及んだことなどを想起すれば，世界経済の重要性は明らかです。本章
では，第二次世界大戦後の世界経済について学びます。

13.1　経済的ナショナリズムの時代　　1930 年代

　　第二次世界大戦後の世界経済の特徴を明らかにするために，1930 年代につい
て概観します。1929 年，ニューヨーク株式市場での株価暴落を契機に大恐慌が
発生しました。1929 〜 32 年にかけて工業生産は資本主義国全体で 4 割低下し，
アメリカでは半減しました。33 年の完全失業率は，アメリカでは 24.9％に達し
ました。大恐慌が深刻化した一因は，世界経済の混乱にあります。

　　各国は不況から脱出するために，関税引上げ，為替管理，為替切下げなど自
国本位の政策をとりました。他国の犠牲で自国経済を改善することを近隣窮乏
化政策といいます。その代表が 1930 年のアメリカの「スムート・ホーリー関
税法」で，32 年にはアメリカの平均関税率は 60％になりました。これは諸外
国の報復的関税引上げを招きました。また，二国間で貿易を均衡化する双務主
義が横行しました。ドイツは 1938 年までに約 40 カ国と双務的貿易協定を結び，
それら諸国との貿易額は全貿易額の 3 分の 2 に達しました。

　　さらに，ブロック経済が形成されました。これは，主要国が植民地や周辺国
と形成した，域外国を差別的に扱う閉鎖的な経済圏で，イギリスを中心とする

スターリング・ブロック，ドイツを中心とする広域経済圏，フランスを中心と
する金ブロック，日本がアジアの植民地との間で形成した大東亜共栄圏などが
あります。

こうして各国は経済的ナショナリズムへ突き進みました。その結果，世界貿
易は縮小して不況は深刻化し，「持てる国」と「持たざる国」の対立が激化し，
第二次世界大戦に行き着きました。

13.2 自由貿易体制の枠組みの形成 第二次世界大戦末～1950年

人類を第二次世界大戦へ導いた1930年代は「保護主義，差別主義，双務主義」
を特徴としていました。その反省から，「自由（貿易障壁を軽減する），無差別
（諸国を平等に待遇する），多角的（多国間で貿易を均衡化する）」という原則
に基づく自由貿易体制が平和と等置され，その形成が戦後の目標となりました。
それを主導したのはアメリカです。自由貿易体制は「アメリカ体制」として形
成され，冷戦，南北問題，国際通貨危機などを内包しながら展開していきます。

13.2.1 関税及び貿易に関する一般協定（GATT）

自由貿易体制を形成するためには，国際貿易と国際金融の両面から制度を構
築する必要があります。国際貿易面では，貿易障壁を軽減し差別待遇を除去し
なければなりません。そのために構想されたのが国際貿易機関（ITO）です。
しかし，国際貿易機関憲章が広範な内容であったことが影響して，同憲章は発
効せずITOは実現しませんでした。それに代わって世界貿易のルールとなった
のが，同憲章の「通商政策」を継承した関税及び貿易に関する一般協定（General
Agreement on Tariffs and Trade：GATT）です（1948年発効）。GATTは次の
ことを原則としています。
① 関税以外の貿易制限を禁止する（関税主義）。
② 相互主義（互恵主義）に基づいて関税を引き下げる。
③ 関税などの通商条件を一般的最恵国待遇に基づいて全締約国に平等に適
　 用する。
④ 輸入品に内国民待遇を与える。

相互主義とは，お互いの利益を考慮して関税引下げ交渉を行うことです。一
般的最恵国待遇とは，ある国が他国に与えている最も有利な通商上の条件は，
すべての国に無条件で与えられることで，すべての国を平等に扱う無差別主義
を意味します。内国民待遇とは，国内の規制や手続きなどに関して輸入品と国
産品を平等に扱うことです。

13.2.2　国際通貨基金（IMF）

　自由貿易体制を国際金融面から整備したのが，1944年のブレトンウッズ協定で設立された国際通貨基金（International Monetary Fund：IMF）です[1]。その主要な役割は次のことです。

　第一は，国際収支の一時的赤字を埋めるための短期資金貸の貸付です。これは，赤字国が保護主義をとることを防ぎ，貿易を拡大均衡へ導くためです。

　第二は，固定相場制の維持です。これは，為替レートを安定させ貿易を拡大し，成長を実現するためです。固定相場制を維持するために，非米諸国（日本）の通貨当局は為替市場に介入し，為替レートを為替平価（1ドル＝360円）の±1％以内に維持する義務を負います。その範囲を超えて円高ドル安になると，円売りドル買い，円安ドル高になると，円買いドル売りを行います。為替市場へ介入するためには，外貨準備（ドル）を保有しなければならず，そのためには，ドル価値が安定していなければなりません。それを保証するのが，海外の通貨当局が保有するドルに対し，金1オンス＝35ドルの公定価格で金ドル交換に応じるというアメリカの義務です。固定相場制は二つの義務がセットになって維持されます。

　戦後世界経済はIMFとGATTが中心となって形成されたことから，IMF・GATT体制とも呼ばれます。

13.3　戦後世界経済体制の動揺と再編　1950〜80年代

13.3.1　国際通貨体制の変遷

　国際通貨危機　　1950／60年代には，先進資本主義国は自由貿易体制の恩恵を受け高い成長を実現します。しかし，1950年代末には国際通貨危機が発生します。IMFの役割は国際収支の赤字を埋めるための短期資金を貸し付けることですが，IMFは十分な資金を持たず，赤字国が必要とするドルはIMFの外部から，アメリカの公的資本輸出（対外援助）などを通じて供給されました（1945年から57年まで，IMFからのドルの引出し額が30億ドルであったのに対して，アメリカの対外援助は640億ドル）。アメリカの対外援助は経済復興をもたらすとともに，社会主義陣営を封じ込め，途上国の民族運動を抑圧し，冷戦体制を構築して政治的安定に貢献しました。しかし，それはアメリカの国際収支赤字を拡大し，国際通貨危機の原因となりました。

　1）　ブレトンウッズ協定ではIMFと並んで，経済復興と開発のための長期資金を供給する国際復興開発銀行（IBRD，世界銀行）が設立されました。

　生産力を回復した西欧諸国は輸出を拡大し，アメリカが世界に散布したドル
を吸収するようになりました。このドルは為替市場で売られます。このとき通
貨当局は固定相場制を維持するために，自国通貨売り・ドル買いを行います。
通貨当局は保有するドルを，資産価値保全の観点から金に交換し，1958年には
アメリカから大量の金が流出しました[2]。その結果，ドルの金との一体性に疑
念が生じ，ドルの信認が動揺するようになりました。ドルの信認が動揺すると，
通貨当局による金ドル交換と，民間の投機的ドル売りが加速し，固定相場制を
維持することが困難になりました。こうして国際通貨危機が発生しました。

アメリカのジレンマ　　国際通貨危機に直面したアメリカは，1960年代には，
固定相場制を維持することを決意します。しかし冷戦下では，国際収支赤字の
主因である対外援助を削減することはできません。そこで，資金流出を防ぐた
めの資本規制，投機的ドル売りに対処するためのスワップ協定，金価格の変動
を防ぐための金プールなどの政策が行われました。

　ここでは金プール（1960年）を取り上げます。金には二つの価格があります。
一つは金の公定価格で，通貨当局が保有するドルが金と交換されるときの価格
（金1オンス＝35ドル）です。もう一つは金の市場価格で，金が商品としてロ
ンドン金市場で取引されるときの価格です。固定相場制を維持するためには，
両者は同一に保たれなければなりません。しかし，ドル信認の動揺から，1960
年に金投機が起こり，金の市場価格が金1オンス＝41ドルとなりました。こ
れを放置すれば価格差を利用した裁定取引（公定価格35ドルで金1オンスを
入手し，市場価格41ドルで売り利益を得ること）が起こりアメリカからの金
流出が加速し，ドルの信認がさらに低下します。これに対処するために創設さ
れたのが金プールです。これは，欧米8カ国（米，英，西独，仏，伊，オランダ，
ベルギー，スイス）が保有する金をロンドン金市場に放出し，金の市場価格を
安定させる制度です。しかし，1967年にフランスが脱退して金プールは崩壊し，
金の市場価格が公定価格を上回ることが常態化します。これを金の二重価格制
といいます。

　金の二重価格制ではアメリカからの金流出が加速します。これを防ぐにはア
メリカは諸国に金ドル交換の自粛を要請するしかありません。諸国は，対米協
力と引き換えにアメリカに国際収支赤字の改善を求めました。その結果，アメ
リカはベトナム戦争への介入を縮小せざるを得ず，対外直接投資や金融機関の
対外投融資などを制限しました。また，1969年以降，景気が後退しますが，国
際収支の赤字拡大につながるために，十分な景気刺激策をとることが困難にな
りました。アメリカは，固定相場制を維持しようとすれば，政策的自律性を侵

---

　2)　1958年にはアメリカの対抗勢力となる欧州経済共同体（EEC）が成立しており，
この年は戦後世界経済の画期となる年です。

害されるというジレンマに陥りました。

固定相場制の崩壊と変動相場制への移行　固定相場制の維持と政策的自律
性が矛盾するようになると，アメリカは固定相場制を崩すことをためらいませ
んでした。固定相場制を崩すとは，それを支える仕組みを崩すことです。アメ
リカは，1971 年 8 月，「ニクソン大統領の新経済政策」を発表し，金ドル交換
を一方的に停止しました（ニクソン・ショック）。金ドル交換が維持されてい
ると，海外の通貨当局は，固定相場制が放棄されれば価値が低下することが明
らかなドルを保有せず，金と交換します。金ドル交換の停止はそのルートをあ
らかじめ断ち切ったものです。

　さらに，アメリカは「ドルは切り下げられるべきだ」と，ドル安容認発言を
繰り返します。そうするとドルの信認はますます揺らぎ，市場はドル売り一色
となります。このとき，固定相場制を維持するためには，海外の通貨当局は，
自国通貨を売り，金との交換性を失った価値の不安定なドルを買い続けなけれ
ばならず，それは国内の通貨量を増加させ，インフレを生みます。こうした状
態を続けることはできず，それを避けるには為替市場への介入を止め，自国通
貨を切り上げるしかありません。現実はこのように進んでいきました。

　混乱した通貨秩序を立て直すために，1971 年 12 月，スミソニアン協定が結
ばれます。その内容は次のとおりです。①ドルは金に対して切り下げられ（金
オンス＝ 35 ドルから 38 ドルへ），諸国通貨はドルに対して切り上げられまし
た（1 ドル＝ 360 円から 308 円へ）。②為替レート変動幅が平価の± 1％から±
2.25％に拡大されました。こうして固定相場制が再建されますが，為替投機は
止まず，弱い通貨が売られ強い通貨が買われ，固定相場制を維持することは困
難となり，1973 年より主要国は変動相場制に移行しました。1976 年のキング
ストン合意で，変動相場制が公認され，金の公定価格が廃止されました。

　変動相場制移行当時，国際収支不均衡は為替レートの変動により自動的に調
整されるという変動相場制擁護論が主張されました。しかし，1983 年以降，ド
ルが上昇しアメリカの経常収支赤字が拡大し，ドル暴落が懸念されるようにな
りました。そこで，1985 年，ドルレートを管理しつつ下落させるために各国が
為替市場に協調介入するというプラザ合意がなされ，87 年には，ドルレートを
現在の水準で安定させるためのルーブル合意がなされました。1980 年代の世界
経済は国際間の政策協調によって運営されました。

13.3.2　GATT／WTO と開発途上国

GATT の基本原則と途上国　GATT は国際協定であるとともに交渉の
フォーラムであり，これまで GATT の下で 8 回の多角的貿易交渉が行われ，自
由貿易体制は強化されました（表 13.1）。しかし，1970 年代までは，途上国は
自由貿易体制に入ることができませんでした。その理由は GATT の仕組みにあ

表 13.1　**GATT／WTO における多角的貿易交渉**

	開催年	開催地または名称	参加国・地域数	主要交渉内容
第 1 回	1947年	ジュネーブ	23	45000品目について関税譲許
第 2 回	1949年	アヌシー	13	5000品目について関税譲許
第 3 回	1950〜51年	トーキー	38	87000品目について関税譲許
第 4 回	1956年	ジュネーブ	26	3000品目について関税譲許
第 5 回	1960〜61年	ディロン・ラウンド	26	4000品目について関税譲許
第 6 回	1964〜67年	ケネディ・ラウンド	62	関税の一括引下げを試み，33000品目について関税譲許，鉱工業品で35％の関税引下げ。アンチダンピング措置に関する交渉
第 7 回	1973〜79年	東京ラウンド	102	33000品目について関税譲許，鉱工業品で33％の関税引下げ。非関税障壁の軽減に関する交渉
第 8 回	1986〜94年	ウルグアイ・ラウンド	123	鉱工業品で33％の関税引下げ。繊維・農産物貿易の自由化。サービス貿易，知的財産権，国際投資に関するルール化
第 9 回	2001年〜	ドーハ開発アジェンダ（ドーハ・ラウンド）	164	開発と貧困の削減を中心テーマとする。農業，鉱工業品分野，サービス，ルール，貿易円滑化，開発，知的財産権，環境

（出所）経済産業省『通商白書』（2009 年版）238 ページに補筆・修正

ります。

　GATT では，互いに利益を与える相互主義に基づいて交渉が行われます。相手国に関税引下げを要求するには等価値の関税引下げを提供しなければなりませんが，途上国にはそれは困難です。途上国は関税を引き下げて国内市場を開放しようにも十分な国内市場をもたず，また，保護主義的政策をとっており関税引下げに消極的であったからです。そのため，途上国は関税交渉に参加できず，それは先進国間で進められました。途上国の関心の高い農業は，先進国が保護政策をとっており自由化の対象外であり，繊維も GATT 枠外の「繊維製品の国際貿易に関する取極」（MFA）によって管理されていました。先進国間で自由化の対象となるのは工業製品ですが，途上国が競争力を持たない工業製品が自由化されても，途上国の利益にはなりません。

　途上国が関税交渉に参加できない原因は，GATT が先進国と途上国との経済的格差を無視し，両者を同質の経済主体として扱っていることにあります。対等でないものを形式的に平等に扱うことは実質的不平等を生みだすのです。これを是正するために，1960／70 年代には，途上国は特別待遇（特別かつ異なる待遇）を求め，二つの制度がつくられました。一つは，GATT 第 4 部「貿易及び開発」（1966 年発効）の創設です。第 4 部は，先進国は貿易交渉において途上国に相互主義を求めないことを規定していますが，それは努力目標に過ぎません。もう一つは，一般特恵関税制度（GSP）（1971 年導入）です。GSP は，

先進国が途上国の関心品目に対しより低い関税率を課すか無税にする制度です。しかし，GSP も，その利益が一部の発展した国や地域に偏るなどの問題があり，途上国の状況を改善するものとはなりませんでした。

ウルグアイ・ラウンド

先進国の工業製品を中心に自由化が進められ，途上国は特別待遇を要求するという構造は，1980 年代を境に変わりました。サービス貿易や多国籍企業の活動の比重が大きくなり，知的財産権の重要性が増し，サービス貿易，国際投資，知的財産権（これらを新分野といいます）のルールを策定することが，先進国の重要な課題となりました。

自由貿易体制に対する途上国の姿勢も変化しました。先進国本位の国際経済秩序を改革する途上国の行動は，1974 年の「新国際経済秩序（NIEO）樹立宣言」で頂点に達しますが，1980 年代以降，急速に衰退しました。債務危機に陥ったラテンアメリカ諸国は，国際機関からの金融的支援と引き換えに，保護主義を放棄し自由化政策をとることを余儀なくされ，東アジアでは，韓国や台湾などの新興工業経済地域（NIEs）に続き ASEAN 諸国が外資に依存した工業化を実現し，途上国の開発政策は自由化へと収斂しました。その結果，途上国は多角的貿易交渉を通じて利益を得ることに期待するようになりました。こうして，途上国は自由貿易体制に包摂されるようになりました。

先進国が新分野を交渉事項に加えることを提案し，途上国も農業と繊維の自由化を交渉事項とすることと引き換えに，それを受け入れ，1986 年にウルグアイ・ラウンドが始まりました。ウルグアイ・ラウンドは，新分野のルール化を望む先進国と，農業と繊維の自由化を求める途上国との一大取引だといわれています。先進国，途上国がともに「自由貿易の利益」という共通の土俵で交渉した結果，広範な合意が実現し，「世界貿易機関を設立するマラケシュ協定」（WTO 協定）が成立し，1995 年に世界貿易機関（World Trade Organization：WTO）が設立されました。

WTO 協定と途上国

ウルグアイ・ラウンドは，途上国が積極的に交渉に参加し，新分野に関するルールが策定された点で画期的なラウンドです。しかし，その結果は途上国に不利なものでした。サービス貿易では「サービス貿易に関する一般協定」（GATS）が制定されましたが，交渉の中心は，多国籍企業が海外拠点を通じて金融サービスなどを提供することが中心で，途上国が関心を持つ，看護師など人の移動によるサービスの提供の交渉は進みませんでした。国際投資では「貿易に関連する投資措置に関する協定」（TRIMS 協定）が制定されました。同協定は，投資受入れ国が進出企業に現地産品の使用を義務付けるローカルコンテントなどを課すことを禁止しており，これは外国資本を途上国の開発に役立てることを制約します。知的財産権では「知的所有権の貿易関連の側面に関する協定」（TRIPS 協定）が制定されました。同協定は知的財産

権の保護を強化していますが，途上国への技術移転のコストを高めるとともに，医薬品アクセス問題を引き起こしました。これは，生命に関わる HIV/AIDS 薬などを生産できない国が，高額な特許料のために医薬品を入手できないという問題です。

途上国は新分野のルール化と引き換えに，農業と繊維の市場開放を先進国に期待しました。しかし，農業では先進国の保護の削減はほとんど進まず，繊維では，繊維貿易を管理する MFA が 1995 年から 10 年かけて撤廃されましたが，タリフ・ピーク（高率関税）の問題が残っています。これは，先進国は，鉱工業品の関税率では 1 ～ 3％台と低いけれども，途上国の関心品目である繊維・衣類に 10 ～ 30％と高い関税を課しているという問題です。

以上より，途上国は実効性のない先進国市場の開放と引き換えに大きな負担を負ったというのが，ウルグアイ・ラウンドの一般的評価です。

13.4 グローバリゼーションの時代 1990 年代以降

1989 年のベルリンの壁崩壊，91 年のソ連解体を経て冷戦体制が終焉しました。1980 年代に途上国が自由貿易体制に包摂されたのに続いて，90 年代には，旧社会主義国は移行経済として，市場経済に包摂されました。1990 年代以降は，市場経済が地球的規模で浸透するようになった「グローバリゼーションの時代」と規定できます。ここでは，1990 年代以降の貿易と金融の問題を取り上げます。

13.4.1 ドーハ開発アジェンダ

WTO 加盟国の 5 分の 4 を占めるようになった途上国は，ウルグアイ・ラウンドで期待した成果を得られませんでした。そこで，2001 年，開発と貧困の削減を中心課題としたドーハ開発アジェンダ（DDA，ドーハ・ラウンド）が立ち上げられました。「ドーハ閣僚宣言」は次のように述べています。

「国際貿易は経済開発の促進と貧困の削減に大きな役割を果たすことができる。多角的貿易システムが生み出す機会と厚生の増加という利益は，すべての人々に享受されなければならない。WTO 加盟国の大多数は開発途上国である。われわれは，開発途上国の要求と利益が本宣言で採択された作業計画の中心に据えられるよう努力する。」

DDA は次の基本的対立を抱えています。①農産物の関税削減に関し，例外品目を多く確保して国内農業を保護しようとする日本，EU と，農産物市場の開放を求めるアメリカ，ブラジル，オーストラリアなどの対立。②アメリカ農業を保護している国内補助金の大幅削減を求めるアメリカ以外と，それに抵抗するアメリカの対立。③途上国に鉱工業製品の関税の大幅削減を求める先進国

と，それに抵抗する途上国の対立。

　WTO は，医薬品アクセスの改善や中国と台湾の加盟承認などの成果をあげましたが，上記の対立はほぐれず，交渉は難航しました。その原因として，先進国と途上国の対立のほかに，すべての国が全交渉分野について合意して交渉が妥結するという一括受諾方式がとられていたことが挙げられます。164 に上る全加盟国がすべての事項に合意することは困難です。そこで，2011 年，一括受諾方式を見直し，進展可能な分野で交渉を進める「プラグマティックなアプローチ」が採用され，2013 年，貿易円滑化，農業，開発の 3 分野で合意しました。17 年には，WTO 初の全加盟国参加の貿易円滑化協定（TFA）が発効しました。これは，通関業務の透明性・迅速化のために各国がとる措置を規定しています。

　また，全加盟国ではなく有志国が参加し，特定分野での合意を目指す「新たなアプローチ」が採用されました。このアプローチによる協定をプルリ協定といい，「情報技術協定」（ITA），「環境物品協定」（EGA），「サービス貿易に関する新たな協定」（TiSA）があります[3]。

　これらは多角的交渉を存続させるための現実的方法で，今後は多様な方式で自由化が進められると考えられます。しかし，問題は自由化交渉から取り残される途上国，特に後発発展途上国が多数存在することです。戦後，GATT は，先進国の工業製品貿易の範囲で「成長のエンジンとしての貿易」を制度化することに成功しました。途上国が自由貿易体制に包摂された現在は，「開発に貢献する貿易」を制度化することが課題として残っています。

13.4.2　アジア通貨危機

　1990 年代から 2000 年代にかけて，EU，メキシコ，アジア，ロシア，アルゼンチンなどで，通貨危機が発生しました。この中で注目されたのが，1997／98 年のアジア通貨危機です。東アジアは 1980 年代以降，「東アジアの奇跡」といわれる成長を実現し，90 年代も概して良好な経済状態でした。このような東アジア 5 カ国（タイ，インドネシア，マレーシア，フィリピン，韓国）の通貨が突然売られ為替レートが暴落し，生産も大きく落ち込みました。その主因は，1990 年代以降飛躍的に増大した国際資本移動にあるとされています。通貨危機の過程を震源地であるタイについて説明します。

　タイは，1 ドル ＝ 25 バーツ近辺に為替レートを維持するドル連動制を採用し

---

　3)　プルリ協定は plurilateral agreement の訳で複数国間協定という意味です。「情報技術協定」（1997 年発効）は，情報関連品目の関税を撤廃することを定めています。2015 年に，53 カ国・地域で新たに 201 品目の関税を撤廃するとことが決定されました。「環境物品協定」は，環境関連物品の関税撤廃を目的とし，18 カ国・地域で交渉が行われています。「サービス貿易に関する新たな協定」は，「サービス貿易に関する一般協定」（GATS）の継続交渉事項です。先進国と途上国の対立から WTO での交渉進展が見込めないため，2020 年時点で 23 の有志国・地域で交渉が行われています。TiSA に対しては，交渉の秘密性や公共サービスが自由化されることへ懸念が表明されています。

ていました。1985 〜 95 年には，ドルは他通貨に対して安く，安いドルにバーツは連動していたためバーツも安く，タイの輸出は増加しました。タイは 1993 年より資本自由化に踏み切りました。その結果，内外金利差（タイの高金利）に促され大量の短期外国資本が流入しました（主要形態は銀行借入）。大量の資本が流入すると，通貨当局は対ドルレートを維持するために，為替市場に介入しバーツ売りドル買いを行います。その結果，国内の通貨供給量が増加しバブルが発生しました。しかし，96 年にバブルが崩壊し景気が反転すると，バーツへの不信からバーツ売りが殺到しました。通貨当局はバーツ買いドル売りで対抗しますが，外貨準備が底をつき，97 年 7 月，為替市場への介入を停止し，バーツは暴落しました。短期外国資本の急激な流出とそれによるバーツ暴落は甚大な影響を及ぼし，企業倒産と銀行危機が発生しました。こうした危機により内需の収縮し輸入が大幅に減少した結果，タイの経常収支は黒字化しました。

　通貨危機はタイから諸国に伝染しました。インドネシアではルピアは 10 分の 1 にまで暴落し，経済的・政治的混乱からスハルト大統領が辞任しました。通貨危機が伝染したのは，諸国の実体経済が悪化していたからではなく，短期外国資本に過度に依存し外貨準備が少ない点を狙われ，通貨が売られたことによります。韓国への波及も，巨額の短期債務の返済を迫られていたことを衝かれたものです。

13.4.3　世界金融危機

サブプライムローン問題　　2008 年，リーマン・ショックを契機に世界金融危機が発生しました。その発端は，サブプライムローン問題です。サブプライムローン問題とは，返済能力に問題のある低所得層への住宅ローンが返済不能になったことです。なぜ，この問題が世界金融危機にまで発展したのでしょうか。

　2001 年にアメリカは景気後退に向かい，連邦準備制度理事会（FRB）は政策金利を引き下げます。その結果，住宅ローン金利が低下し，住宅価格が上昇しました。これを背景に，住宅ローン会社は低所得層に，最初の 2，3 年は低い金利が適用され，その後金利が上昇する変動金利方式のローンを提供しました。こうしたローンが成り立つのは，住宅価格の上昇が続けば，借手は優遇期間が終了し金利が上昇する前に，より有利なローンに切り替えることができるからです。サブプライムローンは，借手の返済能力ではなく，住宅価格の上昇に依存した不安定なローンでした。

　住宅ローン債権は証券化されました。証券化とは，キャッシュフロー（おカネの流れ）を生む資産を組み替えて証券とし，第三者に売却することです。住宅ローン会社は，低所得層への貸付で発生する債権を保有するのではなく，投資銀行に転売します。投資銀行は多くの住宅ローン債権をプールして，それから生まれる元利金を裏付けに，さまざまな種類の証券をつくって投資家に販売

します。こうした証券を住宅ローン担保証券（RMBS）といいます。債権の証券化によって返済を受ける権利が住宅ローン会社から投資家に移り，債務不履行のリスクも分散されます。RMBS の一部は再び集められ，同じ方法でさまざまな種類の証券につくり直されます（再証券化）。こうしてつくられたのが債務担保証券（CDO）です。さらに，CDO は，自動車ローンや社債などと混ぜ合わされ，それらをさまざまな種類の証券につくり直した複雑な組成物に進化します。保険会社はクレジット・デフォルト・スワップ（CDS[4]）によりこれらに損失補償を与え，格付け会社は投資適格の評価を与えました。こうして複雑な証券が各国の投資家に販売されました。

　　金融危機の発生　　サブプライムローン関連証券が額面どおりの価値を持つのは，低所得層が債務を返済する限りにおいてであり，住宅価格の上昇がその前提です。しかし，2007 年になると住宅価格は下落に向かいます。そうなると，低所得層はローンを借り換えることができず，優遇期間後は高い金利を支払わなければなりませんが，それは無理です。こうして次第に延滞率が上昇し，サブプライムローンをもとにした RMBS や CDO が下落し，それらは売るに売れない有毒資産と化しました。

　　証券化に関わった金融機関や投資家は，巨額の損失を被りました。2007 年 8 月，仏大手金融グループ BNP パリバが，サブプライムローン関連証券に投資していた傘下のファンドの口座を凍結しました。通常，欧州の銀行がアメリカの住宅ローンに関わることはありませんが，住宅ローン債権が証券化され世界中に販売されたために，こうしたことが起きたのです[5]。2008 年 5 月，米国第 4 位の投資銀行ベア・スターンズが経営難に陥り，JP モルガン銀行に買収されました。そして 9 月 15 日，米大手投資銀行リーマン・ブラザーズが破綻しました（負債総額 6130 億ドル）。「大きすぎてつぶせない（too big to fail）」と考えられていたリーマン・ブラザーズが救済されなかったことは衝撃を与え，世界金融危機が始まりました。

　　アメリカ政府および FRB の金融危機への対応　　金融危機の拡大を抑えるために，共和党ブッシュ政権はあらゆる手段をとりました。リーマン・ブラザーズに続いて大手保険会社 AIG が危機に見舞われます。その原因は，住宅ローン

　4）　CDS はプレミアム（保険料）と引き換えに，社債や CDO などに債務不履行が発生したときに，その保有者が被る損失を肩代わりする仕組みで，米大手保険会社 AIG が CDS の販売を一手に引き受けていました。CDS の売手は何も起こらないときは，プレミアムを得ますが，債務不履行が起こったときは，社債や CDO の価値を全額保証しなければならず，多額の支払を迫られます。

　5）　アメリカの住宅ローン債権のうち 4 分の 1 が海外に販売されていました（スティグリッツ『フリーフォール』徳間書店，2010 年，50 ページ）。

関連証券と CDS による損失です。政府はリーマン・ブラザーズを救済しませんでしたが，9月16日に，緊急事態に銀行以外への融資を認める米連邦準備法13条を発動し，AIG を救済しました。9月21日，大手投資銀行ゴールドマン・サックスとモルガン・スタンレーの銀行持ち株会社への転換が承認されました。これは，両者を FRB の監督下におき，FRB が緊急融資を行えるようにするためです。10月3日には，最大7000億ドルを用いて金融機関から不良債権を買い取る「不良資産救済プログラム」（TARP）を盛り込んだ「緊急経済安定化法」が成立しました。

2009年に民主党オバマ政権が誕生し，2月に，金融機関への資本注入，不良債権買取のための官民ファンドの設立を柱とする「金融安定化プラン」が発表されました。同月，「アメリカ投資・再生法」（総額7872億ドルの過去最大の景気刺激策）が成立しました。

FRB も「最後の貸し手」として大量の資金を供給しました。2008年12月には，政策金利を0〜0.25％に引き下げ（ゼロ金利政策），09年3月以降は，RMBSや長期国債などを大量に購入して市場に資金を供給する量的緩和政策（QE）を実行しました。

これらの政策について，『大統領経済報告』はこう述べています。金融システムが破綻すると，信用が供与されず生産が急減し失業が増加する。これらの政策の目的は金融機関ではなく，一般の人を救済することである[6]。スティグリッツはこれを批判しています。銀行を救うことは必要である。しかし，銀行が債務を返済できなくなったとき，まずその株主や債券保有者がすべてを失うべきで，納税者に負担を求めるのはその後だ。銀行に資金を注入する場合，それは住宅所有者や小企業を救うために使うべきで，銀行家にボーナスを支給するために使ってはならないという条件を付けるべきだ，と[7]。ところが，大手金融機関の幹部は金融危機の責任を問われることなく，巨額のボーナスを受け取りました。銀行は救済され，金融危機の犠牲者は救済されませんでした。こうした政策で危機の深刻化は避けられました。しかし，このような不公平は政治に影響を及ぼすことになります。

金融規制　　金融機関が投機に走った挙句に経営破綻し，公的資金で救済されることを防ぐには，金融規制が必要です。そのための法律として，2010年7月に「ウォール街改革・消費者保護法（ドット・フランク法）」が成立しました。その柱は「ボルカー・ルール」です。ボルカー・ルールは，規制論者として名高い第12代 FRB 議長ボルカーを起用して策定されたことから，こう呼ばれま

---

6)　『2010年米国経済白書』毎日新聞社，2010年，62〜63ページ。

7)　スティグリッツ『プログレッシブ・キャピタリズム』東洋経済新報社，164ページ

す。その内容は，民間銀行は顧客の注文を受けた証券売買（マーケット・メイキング）は許されるが，自己勘定取引（投機の婉曲的表現）については，直接行うことも傘下のヘッジファンドなどを通じて行うことも禁止する，ということです。金融規制については緩和派と維持派が対立し，ボルカー・ルールに対しても，マーケット・メイキングと自己勘定取引を区別できるのか，との批判がなされました。2017 年に規制緩和を唱えるトランプ大統領が就任して以降，ドット・フランク法は見直され，2018 年に，資産価値 2500 億ドル以下の中小銀行を規制対象から外すことが決定されました。

13.5　金融危機後の世界経済　　2010 年代以降

第 13 代 FRB 議長，グリーンスパンは，世界金融危機を「100 年に一度の出来事」だと形容しましたが，各国が金融機関を救済し，拡張的財政政策や金融緩和を実施したことにより，金融危機は大恐慌には至りませんでした。しかし，金融危機を契機に世界経済は大きく変化しました。

13.5.1　アメリカ経済の変貌

所得分配の不平等　　危機や不況は社会に伏在する問題をあぶりだします。2011 年 9 月，ニューヨークで公共空間占拠運動「ウォール街を占拠せよ」が発生し，全米に拡大しました。これは，投機に走り破綻した金融機関が救済される一方，その犠牲者が救済されない不公正な社会の変革を求める運動で，参加者は「1％対 99％」「私たちは 99％だ」というメッセージを発しました。

図 13.1 は驚くべきことを示しています。アメリカでは，上位 1％の所得シェアは，20 世紀前半を通じて低下し，1980 年には 10％になりますが，2019 年には 19％に上昇しています。また，2010 年からの 6 年間で上位 1％の所得は 35％増加しており，それは金融危機後に生み出された総利潤の 91％を占めていました[8]。さらに，1997 年以降，上位 1％の所得シェアが下位 50％の所得シェアを上回るようになりました。

その要因として，生産体制の変化があげられます。戦後のアメリカでは，フォーディズム（米自動車会社フォードに由来）と呼ばれる生産体制が支配的でした。フォーディズムの下で，重化学工業と耐久消費財を中心に新製品が次々に生み出され，労働者は，労働組合の強い交渉力を背景に，生産性上昇に連動した賃金上昇を保証されていました。

しかし，アメリカ企業の在外生産の拡大や日本などの追い上げによって，製

---

8)　古矢旬『グローバル時代のアメリカ　冷戦時代から 21 世紀』岩波書店，2020 年，276 ページ

造業は衰退し，1980 年代以降の新自由主義的改革の中で，労働組合の交渉力は低下しました（労働組合組織率は全雇用者で 1973 年 24％，2020 年 10.8％，民間ではそれぞれ 24.2％，6.3％）。1990 年代以降，情報化投資により企業の生産性が上昇する一方，それによって代替される労働者の雇用と所得は減少しました。1970 年代までは，実質賃金は生産性の伸びに比例して上昇していましたが，それ以降，生産性が上昇する一方，実質賃金は横ばいの状態が続いています。

　アメリカの分厚い中間層の中心は，製造業を担った白人労働者でした。彼らの多くは高卒で工場労働者となり，生産への貢献に応じてまっとうな賃金を稼ぎ，将来は中流の生活を送ることができました。しかし，上記の理由で彼らの賃金は停滞し雇用も減少し，その結果，中間層の所得シェアが低下したのです。

　大局的にみると，中間層の減少した所得の大部分は，上位 10％の富裕層や上位 1％の超富裕層に移転しているといえます。金融危機があぶりだしたのは，所得分配の不平等という問題です。

ラストベルトと絶望死　　かつて白人労働者によって担われ，アメリカ経済を牽引しながら，現在は衰退した鉄鋼や自動車などの産業を抱える五大湖周辺から東海岸にかけての地域は，ラストベルト（rust belt，錆びついた工業地帯）と呼ばれるようになりました。そこに住む人々は職だけでなく労働意欲も失うという状況が生まれています。

　それだけではありません。ケースとディートンは，アメリカの白人中年層（45

（出所）World Inequality Database

図 13.1　アメリカにおける所得分配の不平等　1913 〜 2019 年

〜 54 歳）の死亡率が，1999 年から 2013 年において上昇しているという事実を明らかにしています。医療が進歩する中で，このようなことは，他の先進国でも，アメリカの他の人種や年齢層でもみられません。彼らの死亡率を上昇させているのは，癌や糖尿病などの通常の原因ではなく，薬物中毒，自殺，アルコール性肝臓障害による死亡です。薬物やアルコールを原因とする死亡も一種の自殺行為です。ケースらはこうした死亡を，社会から疎外され将来に展望を見出せない人たちの死という意味で，「絶望死」と名付けています。学歴別では，高卒以下の人のこれらの原因による死亡率が上昇しています。1970 年代に高校を卒業した白人中年層には，親の世代には可能であった，今日より明日の暮らしは良くなるというアメリカン・ドリームが不可能になりつつあったことが，絶望死を生み出した大きな要因です。

　　2016 年大統領選挙　　こうした中で，2016 年に大統領選挙が行われました。共和党候補が 12 年の選挙で敗れ，16 年の選挙でトランプが勝利した州が六つあります。オハイオ，ペンシルベニア，ウィスコンシン，ミシガン，アイオワ，フロリダです。これらの州の投票結果が大統領選を左右したといわれています。これらのうちフロリダを除く 5 州はその全体または一部がラストベルトに属しています[9]。

　トランプは，現状を放置した政治家を批判し，「アメリカ第一主義」を掲げ，ラストベルトの人たちに訴えました。「グローバリゼーションが中間層を全滅させました。まだ取り返せます。私が大統領になれば。」彼らが求めていたのは，自分たちの声に耳を傾けてくれるという実感です。トランプの言葉が彼らの胸に響いても不思議ではありません。アメリカ社会の深刻な格差や不平等を放置してきた，ワシントンのエリート政治家に対する民衆の不満と怒りが，2016 年大統領選挙の帰趨を決したといえるでしょう。

13.5.2　米中貿易戦争

　金融危機後の世界経済の大きな変化は，中国の存在感の高まりです。中国は 2009／10 年に 4 兆元の景気対策を実施しました。これにより世界経済は支えられ，中国は 2010 年に，GDP で世界第 2 位になりました。2015 年には「中国製造 2025」を発表しました。これは，次世代情報技術など 10 分野を指定して補助金などで技術の国産化を促し，建国 100 周年の 2049 年に「製造強国」の前列に立つことを目標にした産業政策です。アメリカはこの野心的計画に危機感を抱くようになりました。トランプ政権は，中国の巨額の対米貿易黒字がアメリカの雇用を奪っているとして，中国に強硬手段をとっていきます。その背後には米中のハイテク覇権争いがあります。

---

9)　金成隆一『ルポ　トランプ国』岩波書店，2017 年，iii ページ

関税賦課の応酬　2018 年 7 月，アメリカは「1974 年通商法 301 条 [10)]」を根拠に，「中国製造 2025」が自国に被害を与えているとして，産業機械や電子部品など 340 億ドル相当に 25％の追加関税を発動し（第 1 弾），8 月には，集積回路など 160 億ドル相当に 25％の追加関税を課しました（第 2 弾）。これらは「中国製造 2025」関連品目を念頭においた制裁措置です。中国は大豆や自動車などに対し，同規模の対抗措置を実施しました。

同年 9 月，アメリカは「中国製造 2025」関連品目に加え食料品や家具なども対象に 2000 億ドル相当に 10％の追加関税を課しました（第 3 弾）。第 4 弾は，第 1 段階として，スマートウォッチなど 1200 億ドル相当に 15％の追加関税を課す，第 2 段階として，スマホやパソコンなど 1600 億ドル相当に 15％の追加関税を課す，という 2 段階で実施される予定でした。19 年 9 月から第 1 段階は実施されましたが，12 月に米中貿易協議で，中国が対米輸入を 2000 億ドル以上増やすなどの合意 [11)] に達したことから，第 1 段階の税率を 7.5％に引き下げるとともに，第 2 段階の実施は見送られました。

アメリカがこれほど強気の姿勢をとるのは，アメリカの対中国輸出よりも中国の対米輸出が大きく，関税賦課の影響もアメリカよりも中国の方が大きいと考えているからです。しかし，追加関税によって対中国貿易赤字を減らせても，それが他国への赤字に置き換わるに過ぎません。

ファーウェイ規制　米中ハイテク覇権争いの象徴が，中国通信大手ファーウェイに対する規制です。トランプ政権は米国企業からの技術窃取などでファーウェイを訴追していましたが，2017 年に中国で，中国籍の組織や個人に情報活動への協力を義務付ける「国家情報法」が施行されたのを機に，同社との取引を規制するようになりました。

(1) 政府調達からの排除

「2019 年度国防権限法」に基づき，19 年から，安全保障上容認できないリスクをもたらすとして，政府機関がファーウェイなど中国企業 5 社から通信機器などを調達することを禁止し，20 年からは，中国 5 社の製品を使う企業からの政府調達も禁止しました。

---

10)　「1974 年通商法 301 条」は，アメリカが受け入れがたいと認定した貿易障壁を外国が除去しない場合は，関税引上げなどの一方的措置をとる権限を行政府に与えている規定です。2020 年 9 月，WTO は，中国のみに追加関税を課すことを WTO ルール違反と認定しました。

11)　積み残した問題として，中国の補助金や米 IT 企業への中国市場の開放などがあります。後者は次のことです。中国は 2017 年に，「サイバーセキュリティ法」を成立させ，国内で取得したデータの海外への持出しを規制しました。これをデータローカリゼーションといいます。これに従わないグーグルやフェイスブック，ツイッターは，中国でサービスの全部または一部を提供できない状態にあります。

(2) 輸入規制

　2019 年, 米連邦通信委員会は, 政府の補助金を受けている米通信会社に対し, ファーウェイおよび ZTE から製品を調達することを禁止しました。

(3) 輸出規制

　2019 年, 米商務省は「輸出管理規則」に基づき, ファーウェイと関連会社 68 社をエンティティ・リスト（安全保障上懸念のある企業リスト）に加え, 米国企業が製品等をファーウェイに輸出することを禁止しました。20 年には, 非米国企業に対しても, 米国技術を使って生産した半導体をファーウェイへ供給することを禁止しました。これに対してファーウェイは, 半導体生産の委託先を国内の中芯国際集成電路製造（SMIC）などに切り替えましたが, 米商務省は, 米ソフトウェアやチップ製造装置などの同社への輸出を, 軍事的用途に転用される危険があるとして禁止しました。アメリカの技術から切り離されると, SMIC は半導体を製造できず, ファーウェイは, スマートフォンの生産などに支障を来す可能性があります。ファーウェイ排除の動きは欧州各国にも広がりつつあります。

　アメリカの規制に対する報復として, 中国は「輸出管理法」を成立させ, 2020 年 12 月から施行することにしました。同法は, 中国が生産の 6 割を占めるレアアースなどを輸出許可制にする, 外国企業が中国の安全や利益に危害を加える恐れがある場合は, その企業を禁輸リストに載せることを内容としています。

補助金問題　　アメリカは「中国製造 2025」などの補助金を問題にしています。上海および深圳証券取引所上場企業への補助金総額は, 2018 年で 1562 億元（約 2 兆 4000 億円）で, 13 年の 2 倍になっています。

　補助金には次の問題があります。第一は, 不公正な競争です。WTO は輸出に影響する補助金を原則禁止とし, それ以外の補助金についても報告を求めていますが, 中国は補助金の報告をほとんどしていません。補助金が WTO ルールに抵触する場合は, アメリカがその影響を打ち消す相殺関税を課す可能性があります。

　第二は, 過剰生産問題で, その代表が鉄鋼です。中国地方政府が鉄鋼企業に補助金を支給し続けたため, 国内消費を上回る量が生産され, 輸出が急増し国際市況が悪化し, 各国の鉄鋼企業の経営を圧迫しています。

世界経済の行方　　米中の動向は, 世界経済の行方を左右する大きな要因です。問題は両国の政策が保護主義的であることです。米中が制裁と補助金を振りかざすと, ルールに基づく貿易システムは解体しかねません。

　中国は保護主義的な産業政策を実施する一方で, グローバル戦略を展開しています。2013 年 9 月,「一帯一路」構想を発表しました。これは, インフラ整備を通じて,「シルクロード経済ベルト（一帯）」と「21 世紀海上シルクロード

（一路）」の二つのルートで，東アジアと欧州を結ぶ広域経済圏を形成する構想
です。同年 10 月，アジアインフラ投資銀行（AIIB）の創設を提唱しました。
その目的は「一帯一路」構想に資金的支援を与えることと，国際金融において
中国の影響力を拡大することです。

　1990 年代以降，アメリカは，中国を自由主義的国際秩序に統合し，市場経済
化と民主化を促す関与政策をとってきました。中国は 1978 年に市場経済化を
開始してから 30 年で，GDP で第 2 位になり，先端分野でも成功を収める一方，
安全保障上の懸念を引き起こしています。さらに，アメリカが中心となってつ
くり上げてきた世界経済体制を脅かす可能性もあります。反面，中国の民主化
は進んでいるとはいえません。こうしたことから，アメリカの対中国政策の軸
足は，融和から対立・競争に移りつつあり，「新冷戦」という言葉も生まれて
います。しかし，現状は米ソ冷戦とは異なります。世界が米国陣営と中国陣営
に二極化し対立している状態ではありません。貿易戦争が生じているのは軍事
技術が中心で，他部門では世界的なサプライチェーンは分断されてはいません。

　1990 年代以降，世界経済は通貨・金融危機を克服して成長してきましたが，
現在は，内向き化する大国・アメリカと強権化する大国・中国の対立・競争と
いう要因を抱えるようになりました。大国間の対立と競争がどのような国際秩
序に行き着くのか不透明ですが，世界経済の二極化と分断を避けることを共通
の課題をすることは，安易な楽観論よりも不合理ではないでしょう。

スタディガイド

① リチャード・ガードナー（村野孝ほか訳）『国際通貨体制成立史（上）（下）』東洋経
　　済新報社，1973 年
② 木下悦二『現代資本主義の世界体制』岩波書店，1981 年
③ 猪木武徳『戦後世界経済史』中央公論新社，2009 年
④ ヨゼフ・スティグリッツ，アンドリュー・チャールトン（高遠裕子訳）『フェアトレー
　　ド』日本経済新聞出版社，2007 年
⑤ 吉冨勝『アジア経済の真実』東洋経済新報社，2003 年
⑥ 岩田規久男『金融危機の経済学』東洋経済新報社，2009 年
⑦ アン・ケース，アンガス・ディートン（松本裕訳）『絶望死のアメリカ』みすず書房，
　　2021 年
⑧ アダム・トゥーズ（江口泰子ほか訳）『暴落（上）（下）』みすず書房，2020 年
⑨ 小野塚佳光『ブレグジット×トランプの時代』萌書房，2020 年
⑩ 金成隆一『ルポ　トランプ王国』岩波書店，2017 年
⑪ 大橋英夫『チャイナ・ショックの経済学』勁草書房，2020 年

　①は IMF と GATT を軸に，英米の協力と対立によって戦後世界経済体制が形成される
過程を描いた座右の書。②は「アメリカ体制」の形成と解体という観点から戦後 40 年の
世界経済の展開を描いています。③は市場化や所得分配などの観点からの戦後 60 年史。
④は開発と貧困の削減の観点から自由貿易体制の問題点を指摘しています。⑤はアジア

通貨危機の特徴や原因を明らかにしています。⑥はサブプライムローン問題と世界金融
危機の明解な解説書。⑦は絶望死とそれを生み出した資本主義の欠陥を冷静に分析して
います。⑧と⑨は金融危機後の世界経済を活写しています。⑨は初学者にも読みやすい。
⑩により，トランプを大統領に選んだ，もう一つのアメリカを知ることができます。⑪
は米中貿易戦争の争点を整理しています。

練習問題 13

13.1　IMF の役割と，国際通貨体制の変化について説明しなさい。

13.2　GATT／WTO の役割についてまとめ，自由貿易体制における途上国の位置付けが
　　　どのように変化したか説明しなさい。

13.3　金融危機後のアメリカおよび世界経済の変化についてまとめなさい。

第 14 章

経済学の歴史

本章のねらい　本章では,経済学の歴史を振り返ります。人間は誕生以来,さまざまな財を生産し,消費することで生活してきました。こうした経済活動は人間の最も基本的な営みです。しかし,学問体系としての経済学が誕生したのは,西ヨーロッパに市場経済という仕組みが普及し始めた 17 世紀頃です。以来,経済学者はそれぞれが生きた時代の課題に取り組みながら自らの理論を構築し,それに基づいて政策提言を行ってきました。

　それでは,経済学の歴史を学習することにはどのような意味があると考えられるでしょうか。もちろん過去の偉大な経済学者の考え方を知ることはそれ自体興味深いことです。しかし,そうした知的好奇心のほかにも経済学の歴史を学習することには次のような効用があると考えられます。

　第一に,経済学が現在直面している課題を解決するヒントが過去の学説のなかにある（かもしれない）ということです。第二に,経済学を学習していくうえでの有益な見取図を手に入れることができるということです。

14.1　経済学の歴史を学習する意味

14.1.1　現在のために過去に学ぶ

　経済学は,社会の経済的諸関係を分析する社会科学の一分野です。過去の経済学者はいずれも,彼らが生きた時代の経済的諸関係やさまざまな経済現象を対象とし,過去の経済理論に学びながら自らの理論を構築してきました。経済学あるいは社会科学の特徴は,自然科学とは異なってその対象である社会が時代とともに変化していくということです。

　たとえば,学問としての経済学が資本主義的経済システムを研究対象としているとしても,19 世紀半ばにイギリスで確立したシステムと 21 世紀の現代とでは,同じ資本主義といっても多くの点で異なっているでしょう。したがって,ある時代の経済現象を分析することによって構築された経済理論が永遠の真理

であるということにはなりません。と同時に，新しくみえる経済問題であって
も実は過去に似たような問題が起こっていて，その問題に取り組んだ当時の経
済学者たちの考え方を学習することで現在の課題の解決のための糸口になる，
ということもあるでしょう。したがって，経済学の歴史を学習することは，経
済学が現在直面している課題を解決するために有用であると考えられます。

14.1.2　経済学の見取図を獲得する

　過去の偉大な経済学者は，生きた時代の経済現象を分析するために過去の経
済理論に多くを学びながら自分の理論を構築しました。したがって，経済学の
歴史を振り返ってみると，経済理論の基本的な特徴あるいは経済学をどのよう
な学問と考えるのかによって大きく二つの考え方に分けることができます。た
とえば，松嶋（1996）は，それらを「社会的再生産システム」としての経済把
握と「稀少性システム」としての経済把握と，またパシネッティ（2017）は，「生
産パラダイム」と「交換パラダイム」と，それぞれ呼んでいます（本章では以後，
「生産の経済学」および「交換の経済学」と呼びます）。経済学は現在においても
もこれらの伝統的な経済把握あるいはパラダイムを基礎にしてそれぞれ研究が
すすめられていると同時に，これらの伝統には収まらない方向にも展開してい
ます[1]。

　このように経済学の歴史をとらえることで，今後経済学を学習していくうえ
での有用な見取図を手にすることができるでしょう。

14.1.3　本章の構成

　本章は以下のように構成されます。14.2 節で生産の経済学として古典派経済
学を，14.3 節で交換の経済学の誕生として限界革命を，14.4 節でケインズ経済
学の誕生とその批判を概観します。その後 14.5 節で，現代経済学の出発点とし
ての企業についての経済学的分析と情報の経済学およびゲーム理論について学
習します。

14.2　生産の経済学－古典派経済学

14.2.1　フランソワ・ケネー

　一国の経済システムを生産の観点から捉えようとした最初の試みとして，重
農主義者であるフランソワ・ケネー（François Quesnay，1694 ～ 1774 年）に
よる『経済表』（1758）を挙げることができます。ケネーは，社会を地主階級，

---

1)　この点について詳しくは，瀧澤（2018）を参照。

生産階級，不生産階級によって構成されるものと捉えます。ここで生産階級とは農業に従事する階級であり農業資本家および農業労働者を含みます。農業に従事する階級が生産階級と呼ばれるのは，農業のみが投入を超えた産出を生み出すことができると考えられているからです。このように捉えたうえでケネーは経済システムを，生産階級が生産した生産物が循環しながらそれぞれの階級に分配され，社会の構造を維持しつつ再生産していくシステムとして捉えました。

　ここには，生産の経済学の系譜に属する経済学者が経済システムを分析するときの中心的な研究課題，焦点が示されています。

14.2.2　アダム・スミス

　学問としての経済学は，アダム・スミス（Adam Smith，1723 ～ 90 年）の『国富論』（1776）によって成立したといわれています。スミスが生きた時代は，18 世紀の商業における覇権（政治的・軍事的力を用いて他国を抑えること）をヨーロッパ諸国が争った時代でした。当時は，国の富は貨幣すなわち金銀であり，それは貿易の差額によって得られるという考え方（重商主義）が主流でした。スミスはこうした考え方を，拡大しつつある市場経済の研究を通して批判しました。その批判の著作が『国富論』です。この著作のタイトルにも示されているように，スミスの関心は，国の富とは何か，ということでした。スミスによれば，富とは国民の年々の労働によって生産されるさまざまな生産物（消費財）です。スミスは，富は農業によってのみ創造されるというケネーの考え方を拡張し，労働によって生産物が生産される産業はすべて生産的であると考えたのです。

　『国富論』は，その冒頭を「分業（工場内分業）」から始めています。分業が行われることによって労働の生産力が飛躍的に上昇し以前とは比較にならない大量の商品を生産することが可能となります。スミスは，市場経済に基礎づけられた分業が国を富裕にするのだと考えました。また，労働人口に占める生産的労働に従事する労働者の数が増加すればするほど，その分だけ国の富は増加していくことになります。こうしてスミスによれば，労働の生産力と労働人口に占める生産的労働の割合によって国の豊かさが決まるということになります。

　市場経済の特徴は，交換によって社会的再生産が実現するということです。市場経済では，社会的分業が広く行われているからです。社会的分業とは，社会で生活している人々が，農業や工業，商業などのさまざまな部門に特化して労働を行っている，ということです。スミスは交換を，人間に備わっている交換本性と利己心によって説明します。人間は社会で生きていくためには，自分の必要とするさまざまな商品を交換によって手に入れなければなりません。スミスは，交換は相手の利己心を刺激することによって成立すると考えました。

私たちがお店でなんらかの商品を購入するのはそれが欲しいからであり，お店がその商品を販売するのは貨幣が欲しいからです。こうして市場参加者たちは自発的に自分の利益だけを考えて買いたいものを買い，売りたいものを売っています。その結果，あたかも「見えざる手」に導かれるようにして社会の生産物が最大化されます。この考え方は，個人の私的利益を追求する行動が市場を通じて社会の最大の利益を実現し，調和的に社会秩序を達成する，ということを含んでいます。すなわち，社会契約論者の考えとは異なり，社会秩序はなんらかの力が存在しなくても達成されるのです。

　では，市場経済においてさまざまな商品が交換されるときのその交換比率＝価格はどのようにして決まるのでしょうか。スミスはその商品1単位を生産するために費やされる労働量によって価格が決まると考えました。この考え方は労働価値論と呼ばれるものです。スミスの労働価値論には二つの異なる考え方（投下労働価値論と支配労働価値論）が混在しており，また多くの誤りも含んでいました。

　この点も含め，その後の経済学の歩みはスミスが構築した理論を中心とした多くの論争によって進展していくことになります。その中には，トーマス・ロバート・マルサス（1766 ～ 1834 年）や，ジョン・スチュアート・ミル（1806 ～ 73 年）といった人々がいますが，ここでは，デビッド・リカード（David Ricardo，1772 ～ 1823 年）とカール・マルクス（Karl Marx，1818 ～ 83 年）を取り上げます。

14.2.3　デビッド・リカード

　リカードはスミスの投下労働価値論を採用し，『経済学および課税の原理』（1817）を著しました。ここでは，リカードの理論の中で後世に最も影響を及ぼした比較生産費説といわれる貿易に関する理論および資本主義経済の長期的趨勢についてリカードがどのように考えていたのかを概観します。そのうえで経済学という学問の性格についてのリカードの考え方を説明します。

　スミスは分業の利益という観点から自由貿易を主張しますが，その主張に理論的な裏付けを与えたものが比較生産費説です。リカードによれば，ある一定の仮定の下では，ある国が他国に対してすべての生産物の生産において労働生産性が劣っているとしても，相対的に得意とする生産物の生産に特化し，その生産物を輸出することで他国と自由貿易を行えば，双方の国にとって貿易を行わない状態よりも利益は大きくなります。比較優位とは，相対的に得意ということであり，各国は比較優位財の生産に特化して自由貿易を行うことでその国民の厚生水準は高くなるのです（詳しくは補論を参照してください）。

　さて，資本主義経済においては，生産は利潤を目的として行われ，その利潤が再び資本として蓄積されながら社会的再生産が実現していきます。リカードは，資本蓄積の進行が経済システム，特に分配関係にどのような影響を及ぼす

のか，ということに関心をもっていました。リカードによれば，資本蓄積の進行につれて労働者に対する需要が増加し，その結果として人口が増加していきます。増加した人口を養うためにより生産性の劣った土地で穀物を生産しなければならなくなりますが，このことは穀物価格を上昇させることになります。リカードによれば，賃金は労働者の生存費によって決まるので穀物価格の上昇は生存費つまり賃金を上昇させることになります。賃金の上昇は利潤を低下させ，最終的には利潤ゼロの定常状態に到達することになります。したがって，自由貿易によって穀物を安価に輸入することができれば，利潤の低下を遅らせることができる，このように考えてリカードは自由貿易を主張したのです。

またリカードは，経済学という学問を次のように定義しました。重要と考えられるので引用しておきます。

「大地の生産物 – すなわち，労働，機械，および資本の結合充用によって地表から得られるすべての物は，社会の三階級，すなわち，土地の所有者，その耕作に必要な資本（ストック）つまり資本（キャピタル）の所有者，およびその勤労によって土地が耕作される労働者のあいだに，分割される。…この分配を左右する法則を決定することが，経済学における主要問題である」（『リカードウ全集 I』堀経夫訳，雄松堂書店，1972 年，5 ページ）。

ここでのリカードによる経済学の定義と，先にみたケネーによる経済学の中心的課題を合わせれば，生産の経済学における分析の特徴，焦点が明らかになるでしょう[2]。

14.2.4　カール・マルクス

マルクスが生きた時代は，ほぼ 10 年周期で恐慌が発生していました。恐慌とは景気の循環過程が後退局面に入り，生産や雇用，所得などが減少して倒産や失業者が急激かつ大規模に増大する現象です。産業革命を経て確立した資本主義経済には，恐慌の発生や労働者の貧困など，固有の問題が露呈し始めていました。そこでマルクスは当時の覇権国であったイギリスの資本主義経済の現実を分析しながらスミスやリカードなどの著作を徹底的に研究し，その成果を『資本論』（1867）として出版しました。

マルクスもスミスやリカードが採用した労働価値論を引き継ぎます。この下で，等価交換を前提としながら資本が利潤を獲得するメカニズムを次のように説明しました。マルクスは，労働と労働力を区別し，市場で取引されるのは労働ではなく労働力だと考えます。その取引（労働力の売買）の後で生産過程において行われる労働者の行為が労働です。労働力の価値は労働者が生きていくためのさまざまな商品の生産に必要な労働時間によって規定されますが，労働

---

2)　松嶋は，「ケネー的経済把握（循環過程としての経済把握）を読みこんでふくらませたリカード・モデル」と表現しています（松島 1996，18 ページ）。

者は生産過程でこの労働時間を超えて労働を行います。マルクスは，この差，すなわち労働力の価値を超えて労働者が創り出す価値を剰余価値と呼び，これが利潤の源泉であると考えました。こうして，生産過程で生産手段と労働力を合体させて剰余価値を生産し，貨幣，商品と形を変えながら価値増殖を繰り返す運動体を資本と定義します。

　またマルクスは，資本蓄積の進行につれて失業者が増大し，労働者は貧困化していくと考えました。資本主義経済はそれまでの経済システムと比べて飛躍的に労働の生産力を上昇させます。これは個々の資本が他の資本よりも競争上優位に立とうとして生産する商品の価格を引き下げようとすることから生じます。労働の生産力が上昇するということは，同じ量の商品を生産するための労働者（労働時間）はより少なくてすむ，ということを意味しています。したがって，資本蓄積によって雇用される労働者も増えますが，労働の生産力の上昇によって雇用される労働者の増加率は低下し，結局失業者は増大していくとマルクスは考えたのです。

　他方でマルクスはケネーの経済表にヒントを得て，資本蓄積を行いながら社会的再生産が実現する条件を，再生産表式と呼ばれる理論を用いて分析しています。マルクスは，同じ規模で再生産が繰り返される状態を単純再生産，資本蓄積を伴って再生産が繰り返される状態を拡大再生産と呼びます。そして産業を生産財生産部門と消費財生産部門に分割し，それぞれの部門で需要と供給が一致しながら経済成長していく（均衡成長）条件を明らかにしました。

14.3　交換の経済学－限界革命

14.3.1　限界革命

　これまでの経済学者が労働価値論に基づきさまざまな経済現象を分析していたのに対して，1870 年代に新たな分析手法が開発されました。これは限界効用理論と呼ばれ，オーストリアのカール・メンガー（Carl Menger，1840 ～ 1921 年），フランスのレオン・ワルラス（Marie Esprit Léon Walras，1834 ～ 1910 年），イギリスのウィリアム・スタンレー・ジェヴォンズ（William Stanley Jevons，1835 ～ 82 年）の三人の経済学者によって独立に発表されました。この新たな経済理論の登場は経済学説史上限界革命と名付けられています。もちろん三人が三人ともに全く同一の理論を構築したわけではありません。しかし，限界分析と均衡分析を特徴とする現代のミクロ経済学の基礎を築いたという意味で経済学の革新を成し遂げたのです。これが革命と呼ばれているのは，以後こうした分析手法が経済学の主流となったということと同時に，経済学者の問題関心を大きく変化させたということにもよっています。それは経済学を交換によっ

て基礎づけようとした，ということです。

彼らは，人間がある財・サービスを一定量所有あるいは消費することで感じる効用（満足度）の総和と，その財の所有量あるいは消費量を 1 単位増加させたときの効用の増分である限界効用とを区別し，特に後者に着目して経済分析を進めていきます。さて，私たちの日常感覚では，激しい運動をした後の一杯目の冷たい水は非常においしいですが，二杯，三杯と飲んでいくにつれてそのおいしさは次第に小さくなっていきます。つまり追加の 1 単位の効用すなわち限界効用は徐々に小さくなっていきます。これを限界効用逓減の法則といいます。

市場参加者は与えられた制約の下でそれぞれ自分の効用を最大化しようとして取引を行います。消費者は，自分の予算の範囲内で自分の効用を最大化するように，さまざまな財の購入量を決定しようとします。その場合の購入量は，財の限界効用の比率が財の価格の比率と等しい点で決まります。これを限界効用均等の法則といいます。

このような限界理論は，供給の分析にも拡張されます。企業は与えられた技術という制約の下で利潤を最大化しようとして生産を行います。こうして，消費者の効用最大化行動と企業の利潤最大化行動から，それぞれ右下がりの需要曲線と右上がりの供給曲線が導き出されます。そして需要曲線と供給曲線の交点（均衡点）で財の取引量と価格が決定されることになります。そしてこの均衡点においては，効率的資源配分がもたらされることが明らかにされています。このような市場経済の分析を均衡分析と呼ぶのです。このような限界分析と均衡分析は，特にワルラスによって一般均衡理論として体系化されました。そこでは経済システムは，一連の連立方程式体系として記述されています。

14.3.2 新古典派経済学

限界革命以後，この潮流は多くの後継者たちによってより精緻に，より広範に展開され，現在では標準的経済理論の位置を占めています。たとえばイギリスの経済学者であるアルフレッド・マーシャル（Alfred Marshall, 1842 ～ 1924 年）は，市場システムの分析を，三つの時間区分にそって展開しました。またイギリスの経済学者であるジョン・リチャード・ヒックス（John Richard Hicks, 1904 ～ 89 年）は，一般均衡理論を精緻に展開，体系化し『価値と資本』（1939）を出版しました。

こうした展開の中で，経済学の方法論にも革新がもたらされました。古典派経済学者は，先にみたようにその分析を階級関係に注目しながら行っていました。すなわち，資本主義経済を構成している資本家階級，労働者階級，土地所有者階級に，社会全体で生産された生産物がどのように分配されるのか，という観点から研究を進めていました。それに対して，限界革命以後，研究の関心が交換に変化するにしたがって，個人に焦点があてられるようになります。す

なわち，社会を個人の和から成り立つものと考え，経済現象を個人の行動や個人間の相互作用の結果として説明しようとします。そして個人の主体的な行動が市場を通じていかに調整されるのか，について関心をめぐらせます。こうした方法論を方法論的個人主義と呼びます。これは階級概念から出発する古典派経済学や社会は個人に還元できないとする考え方とは大きく異なっています。さらに個人はなんらかの選択を行う場合には合理的に推論を行うと考えます。こうした理論を合理的選択理論と呼びます。このような方法論を採用する経済学を新古典派経済学と呼ぶのです。

　新古典派経済学の特徴は，次のライオネル・ロビンズによる経済学の定義にみることができます。

　「経済学は，代替的用途を持つ稀少な手段と，目的との間にある関係性としての人間行動を研究する科学である」（『経済学の本質と意義』小峯・大槻訳，京都大学学術出版会，2016 年，17 ページ）。

14.4　ケインズ理論の登場とその批判

14.4.1　ケインズ理論の登場

　資本主義経済は 1929 年 10 月のニューヨークのウォール街の株価大暴落によって深刻な動揺にさらされました。そしてその後の先進資本主義諸国は，長期的な停滞に陥ることになります。それが世界大恐慌です。この世界大恐慌によってたとえばアメリカ合衆国では失業者数が 1200 万人にも達しました。こうした時代を背景にして登場したイギリスの経済学者がジョン・メイナード・ケインズ（John Maynard Keynes，1883 ～ 1946 年）です。ケインズはマーシャルの弟子として，つまり新古典派の経済学者として研究をすすめていましたが次第に批判に転じ，自らの理論を構築することになります。それが『雇用，利子，および貨幣の一般理論』（1936）です。

　新古典派の基本的な考え方は市場参加者が自由にそれぞれの選択を行うことを通じて社会に調和をもたらすというものです。また彼らは，「セーの法則」を信奉していました。すなわち，供給は必然的にそれに見合う需要を生み出すと考えていました。ケインズはこうした考え方を批判し，のちにマクロ経済学と呼ばれる新たな経済学を提示したのです。マクロ経済学とは GDP や物価，失業率といったマクロ変数間の関係を研究する分野です。

　ケインズは『一般理論』の中で先進資本主義国の国民所得の決定理論を示し，各国の生産水準は，家計の消費需要，企業の投資需要および政府の公共投資による需要の水準によって決定されると説明しました。これを有効需要の原理といいます。有効需要とはたんなる需要ではなく貨幣支出に裏付けられた需要の

ことです。

　いま，経済が不況に陥っており多くの失業者が存在している，すなわち労働力の超過供給が発生しているとします。市場による需要と供給の調整メカニズムによれば，超過供給が発生している場合には，価格が低下することで需給が一致し，超過供給は解消されることになります。すなわち，賃金が下落することで失業は解消されるはずです。しかし実際には，賃金は労働市場における需要と供給の力によって伸縮的に動きません。これを賃金の下方硬直性といいます。

　しかし，仮に賃金が伸縮的に動く場合であっても失業が解消されない可能性があります。ここで注意すべきは，労働需要は派生需要であるということです。企業が労働者を雇用しないのは，生産した財・サービスが満足のいく利潤を伴って販売することができない，すなわち需要が不足しているからでしょう。しかし，財・サービスの需要が不足しているとすれば，再び市場の需要と供給の調整メカニズムによって価格が低下し，需要不足は解消されるはずです。こうして需要不足が解消していくに伴って労働に対する需要も回復し，失業も解消されると考えられます。しかし，ケインズによればそうはならない可能性があるのです。

　一般的に考えれば，貨幣は何らかの財・サービスを購入するために使用するか，そうでなければ利子を得るために他人に貸し出すか，そのどちらかに用いられると考えられます。しかし，ケインズは，人々は財・サービスの購入も他人に貸し出すこともせずにただ手元に置いておきたいと欲するものだと考えました。これを流動性選好といいます。流動性とは，さまざまな財・サービスと容易に交換できるという貨幣の持つ性質のことです。もしそうだとすれば，財・サービスの価格が低下したとしても，消費需要の増加に結びつきません。また，貨幣を他人に貸し出そうともしなければ，貨幣供給は増加せずに利子率は下げ止まり，企業の投資需要も増加しません。こうして，人々の流動性選好によって消費需要も投資需要も増加せずに財・サービスが売れ残り，企業は賃金が仮に下がったとしても労働者を雇用しようとしないかもしれません。つまり，失業は有効需要の不足により発生しているのです。ケインズは，消費需要も投資需要も不足している不況期には政府が公共投資によって需要を創出することで失業を解消できると考えたのです。

　ケインズの理論の登場はしばしばケインズ革命と呼ばれます。それはケインズの理論がそれまでの経済理論に共通する二つの命題すなわち，「見えざる手」と「セーの法則」を批判し新しい理論を構築したからです。

　こうして第二次世界大戦後の先進資本主義国においては，政府の経済過程での役割が増大し，いわゆる「大きな政府」が定着することになります。経済学においても不況の時にはケインズが考えたように政府が公共投資を行って失業者を減少させ，いったん完全雇用が達成されたならば新古典派的な市場メカ

ニズムが機能すると考える<u>ポール・サミュエルソン</u>（Paul Anthony Samuelson，1915 〜 2009 年）を中心とする<u>新古典派総合</u>と呼ばれる経済学が主流になりました。

14.4.2　ケインズ批判

　こうしたケインズ的な介入政策も次第に批判にさらされるようになります。1970 年代には，二度の石油危機（オイルショック）や賃金の大幅な上昇による利潤の減少によって先進資本主義国は長期的な停滞に陥りました。さらに，景気停滞の下での物価上昇という<u>スタグフレーション</u>と呼ばれる事態もみられるようになっていました。需要創出政策は物価上昇を引き起こすのみで，期待された景気回復は実現しないようになっていたのです。このような状況の下でケインズ的な介入政策への批判も強まっていきました。ケインズ的な介入政策は経済成長と福祉の両立を追求するものでした。政府は公共投資や福祉給付などの支出を恒常的に行うようになっていました。そのために，こうした支出のための税負担や財政赤字の問題，労働意欲の低下などインセンティブの問題，さらには「大きな政府」による非効率性などが指摘されるようになったのです。

　ケインズ批判の中心になったのは，<u>ミルトン・フリードマン</u>（Milton Friedman，1912 〜 2006 年）を中心とする一群の経済学者，<u>マネタリスト</u>と呼ばれる人々です。彼らは，失業が発生していたとしても労働市場において賃金が伸縮的に動くことで失業は解消されるので，非自発的失業は存在しないと考えていました。

　彼らによれば，政府による需要創出政策は景気政策として有効ではありません。政府が有効需要創出政策を採ったとすれば，需要の拡大によって物価は上昇するでしょう。物価上昇に伴って企業は供給を増加させようとして投資を行い，失業者を雇用します。しかし企業はしばらくして，単に物価が上昇しただけで自らの商品に対する需要が拡大したわけではないということに気づきます。その場合には企業は供給を減少させ，雇用を手控えることになります。こうして失業水準も元に戻り，結局は物価が上昇しただけということになります。ここでの失業水準には非自発的失業は含まれません。このような考え方をフリードマンは<u>自然失業率仮説</u>として提示しました。マネタリストによれば，金融政策の役割も不安定な物価上昇を抑制するために貨幣の供給量を安定させることに限られます。このようなマネタリストの考えは<u>貨幣数量説</u>に基づくものです。この考え方によれば，貨幣の供給量の増加は単に比例的な物価の上昇をもたらすに過ぎません。

　こうして，ケインズ的な介入政策や「大きな政府」はさまざまな方向から批判にさらされることになりました。1970 年代の後半から，市場の調整メカニズムを重視する考え方が再び主流を占めるようになってきました。これは政策的な教義にも大きな影響を与え，いわゆる「小さな政府」が志向されるようになっ

ていきました。

14.5 現代経済学の展開

14.5.1 企 業

　資本主義経済においては，政府と並んで企業も重要な経済主体です。ここでは市場と企業の関係について経済学者がどのように考えてきたのかを簡単にみておきます。

　市場は価格メカニズムを通じて経済システムを調整しています。他方，企業においては企業家（資本家）が企業内組織を調整して生産を行っています。市場と企業はともに経済システムを調整するための制度なのです。本格的な企業の経済学的分析はロナルド・コース（Ronald H. Coase，1920 〜 2013 年）によってすすめられました。コースの問題意識は次のようなものです。すなわち，市場が効率的な資源配分を行っているとすれば，なぜ企業が存在しているのだろうか。すなわち，市場を，資源配分とその価格付けが行われる場と考えるならば，企業も同じように（特に労働という資源について）資源配分（労働者のさまざまな部署への配置）とその価格付け（賃金体系）を行っています。

　コースは，この問題に後に取引費用と呼ばれるようになる考え方をもってアプローチしました。私たちは普段は意識していませんが，市場を利用する場合にはさまざまな費用が掛かります。適切な価格を発見するための費用や取引を行う場合の交渉や契約などにかかる費用です。市場での取引には費用が掛かるのです。他方，取引を企業内部に組織化する場合にもさまざまな費用がかかります。これまでは市場を通じて購入していた生産のための投入物を，自社で生産するといった場合にはいうまでもなくさまざまな費用がかかります。コースは，市場を利用する費用と取引を企業に組織化する費用とを比較し，後者のほうが安価であればそこに企業が出現すると考えました。

　またコースは，企業の本質的な特徴は企業家の権限にあると考えました。市場と企業とは，ともに資源配分とその価格付けを行っているにしても次のような違いがあります。市場においては，市場参加者の自発的な取引によって資源配分と価格付けが行われるのに対して，企業においては，企業家の権限によって資源配分と価格付けが行われています。特に雇用契約においては，企業家の権限の役割が重要になります。

　こうしてコースは，企業を市場と同じように資源配分とその価格付けを行う経済的制度であり，市場との違いは企業家の権限が果たす役割にあると考えたのでした。このような取引費用という概念を用いて企業の経済的分析を行おうとする手法は，オリヴァー・ウィリアムソン（1932 年〜）によって体系的に展

開され，新制度学派と呼ばれる潮流を生み出すことになりました。

　20世紀前半から先進資本主義諸国において企業規模が巨大化し株式会社制度が普及するようになってくると，所有と経営の分離が必然化してきます。企業における所有と経営の分離に伴って生じる問題を分析する一つの手法として，プリンシパル・エージェント理論があります。プリンシパル（依頼人）が自分の目的を達成するための意思決定や行為をエージェント（依頼人）にとらせるためにはどうすればよいのか，という観点から企業を分析します。たとえば，株式会社制度の下では，企業の所有者は株主ですが，実際に企業を経営しているのは経営者です。両者の利害は異なり，また保有する情報についても大きな差があると考えられます。したがって所有者である株主は自分の目的に沿った経営を経営者に行ってもらうことが重要になります。こうした関係は，所有者と経営者だけでなく，経営者と労働者，資金の貸手と借手の間にも存在しており，両者の利害対立を抑制するために，適切な契約やインセンティブメカニズムを設計することが重要になっています。

14.5.2　情報の経済学

　フリードリヒ・ハイエク（Friedrich August von Hayek, 1899 ～ 1992 年）は市場プロセスを検討の俎上に載せることで経済学に知識の問題を導入しました。ハイエクは社会主義計画経済論争に参加する中で，社会主義体制に対してと同様に完全競争市場にも批判的になっていきました。ハイエクによれば，市場の最も本質的な役割は情報を伝達することです。市場とは，多数の個人の間に分散している知識を伝達する仕組みなのです。この知識には，暗黙知（言語化できない，説明できないような知識）や，未だ知られていないような情報も含まれます。市場を通じて，このような情報が発見，利用される。これがハイエクにとっての市場の最も重要な機能です。したがって，社会に偏在する情報を，たとえば単一の中央集権的主体が集約することは不可能であり，これに基づいて経済計画を立案する社会主義体制は非合理的な経済秩序ということになります。また，市場参加者が取引に必要な完全な情報を保有しているという完全競争市場の想定は，市場の本質を捉えそこなっているということになります。

　ハイエクは，市場というメカニズムにとっての知識・情報の問題を考察していましたが，1970 年には，ジョセフ・スティグリッツ（Joseph Eugene Stiglitz, 1943 年～），ジョージ・アカロフ（George Arthur Akerlof, 1940 年～），マイケル・スペンス（Andrew Michael Spence, 1943 年～）によって，市場参加者にとっての情報の非対称性の問題が考察され，情報の経済学が発展していきます。情報の非対称性とは，取引を行う市場参加者の間で情報の保有量に差がある状態をさしています。

　アカロフはまず中古車市場に注目します。中古車市場では，中古車の売手だけがこの車の本当の品質を知っています。そして売手にはできるだけ高く車を

売りたいというインセンティブがあります。中古車の価格が平均的な品質に対応して価格付けされているとすれば，この価格は高品質の中古車の価格よりも安価だということになります。すると，高品質の中古車の売手は中古車市場への供給をやめるかもしれません。こうして市場には低品質の中古車だけが供給されることになり，最後には売手と買手との間で価格が成立せず市場が崩壊することになります。こうした事態を逆選択（逆淘汰）といいます。このような問題は，保険市場などでもみられます。こうした事態は，たとえば中古車のディーラーが提供する保証制度などによって避けることができるでしょう。

　逆選択は，取引を行う前の段階での情報の非対称性の問題ですが，取引あるいは契約を行った後の段階での情報の非対称性の問題をモラルハザードといいます。たとえば，自動車保険に加入することで事故を起こしたとしても自分の負担がなくなれば，それまでは注意深く運転をしていた人でも，運転が荒っぽくなるといった場合です。

　スペンスは，情報の非対称性の問題に対して以下のようなアプローチを採用しました。企業が新たに労働者を採用するというケースを考えます。この場合には，求職者が自分の能力を知っていて企業側は個々の求職者がどれくらいの能力をもっているのかわからないという情報の非対称性があります。それでは企業側はどのようにして優れた能力をもつ求職者を判断するのでしょうか。それは費用（金銭的な費用に限らず，時間や努力なども費用と考えます）のかかる資格（たとえば学歴など）によって求職者の潜在的な能力を判断するというものです。ある求職者がなんらかの資格をもっているとすれば，その資格をとるために時間をかけ努力をしてきたということを意味するでしょう。このように，個人の選択，たとえば努力をするかしないかによって変更の余地があると考えられるものがシグナルとして機能する（シグナリング）ということになるのです。

　こうした情報の経済学は，現在，労働経済学や産業組織論，金融論などさまざまな分野で応用されています。

14.5.3　ゲーム理論

　現代の経済学においては，さまざまな分野でゲーム理論と呼ばれる分析手法が採用されています。ゲーム理論は，ジョン・フォン・ノイマン（John von Neumann，1903 ～ 57 年）とオスカー・モルゲンシュテルン（Oskar Morgenstern，1927 ～ 77 年）の共著である『ゲームの理論と経済行動』（1953）の出版によってその誕生が告げられた比較的新しい応用数学の一分野です。

　私たちの生活している社会では，さまざまな経済主体の行動は相互に依存しあっています。企業の行動を考えてみましょう。いうまでもなく企業の行動原理は利潤の最大化ということです。企業はできるだけ多くの利潤を得るために製品開発のための投資や製品価格の決定，また生産量などについて経営戦略を

たてます。しかし自社のこうした経営戦略だけでは自社の利潤は決定されません。ライバル企業がどのような経営戦略をたて，どのように製品の開発や生産量について意思決定を行うかによって大きな影響を受けるからです。こうして企業の意思決定，行動はお互いに影響を及ぼしあい，その結果としてそれぞれの企業のパフォーマンスが決定されるということになります。ゲーム理論は，このように相互に依存しあう経済主体の意思決定を研究する分野です。ゲームは，プレイヤーの数，プレイヤーの選択する戦略，戦略を選択したときに得られる利得，の三つの要素によって定義されます。

　ゲーム理論で有名なのは，「囚人のジレンマ」と呼ばれるゲームで，その構造は次のようなものです。二人（A・B）の重大犯罪の容疑者がそれぞれ取調室に隔離されています。この二人は軽犯罪で逮捕されましたが，重大犯罪についてはまだ証拠が得られていません。ここで，二人は黙秘するか自白するかの選択に直面します。二人が自白すれば両者とも懲役 8 年，黙秘すれば両者とも懲役 1 年，一方が自白し，一方が黙秘した場合，自白した容疑者は懲役 3 カ月，黙秘した容疑者は懲役 10 年となります。このゲームは表 14.1 のように表現することができます。

表 14.1　**囚人のジレンマの数値例**

		B	
		黙秘	自白
A	黙秘	1 年，1 年	10 年，3 カ月
	自白	3 カ月，10 年	8 年，8 年

　二人の容疑者が合理的であり自分の刑を軽くすることを考えれば，それぞれ相手が黙秘しようが自白しようが自分は自白するほうが有利となります。結果として二人の容疑者はともに自白を選択し，懲役 8 年となります。このような（自白，自白）の戦略の組み合わせをナッシュ均衡と呼びます。ナッシュ均衡においては，自分だけ戦略を変えたとしても刑期を短くすることはできず，行動を変えるインセンティブはありません。しかし，仮に二人の容疑者が何らかの方法で協力して戦略を選択することができるならば，二人にとって（黙秘，黙秘）を選択し，懲役 1 年に短くするほうが望ましいでしょう。

　このゲームがジレンマといわれるのは，個人が合理的に自己の利益を追求した結果として，社会的には非合理な結果をもたらすからです。すなわち，それぞれの容疑者が自分の懲役を短くしようと意思決定する結果として，二人にとってより望ましい結果が実現しないことになるのです。

　先にみたアダム・スミスは，利己心をもつ人々の自由な行動が市場を通じて調和的に社会秩序を達成すると考えました。すなわち，市場参加者たちが自らの利益を最大化しようと行動する結果として（個人合理性），社会の生産物が

最大化されると同時に効率的な資源配分が行われる（社会合理性）と考えました。しかし，個人合理性と社会合理性が一致するという可能性は，経済主体の意思決定，行動が相互に依存しあい影響しあう環境においては必ずしも保証されません。

このようにゲーム理論は，人々の利害の対立と協調を分析する枠組みを持っており，経済学はこの枠組みを用いて新たな知見を生み出しています。

補論　比較生産費説について　A 国と B 国が労働を生産要素としてワインと服地を生産しており，各国において各財を 1 単位生産するために必要な労働量は表 14.2 のとおりとします。また，労働の国際移動は行われないものとします。

表 14.2　**比較生産費説の数値例**

	ワイン	服地
A 国	80	90
B 国	120	100

A 国は両財の生産において B 国に対して優位にあります。しかし，A 国が両財を輸出し，B 国は輸出する財を持たないのではありません。

A 国は服地については B 国の 90％の労働量で生産できますが，ワインについては B 国の 66.7％の労働量で生産できます。A 国は両財の生産において優位にありますが，ワインの生産において優位度が高く，服地の生産において優位度が小さいということになります。このような場合，A 国はワインに比較優位を持ち，服地に比較劣位を持つといいます。

他方 B 国はワイン生産においては A 国の 150％の労働量で生産できますが，服地生産においては A 国の 111％の労働量で生産できます。B 国は両財の生産において A 国に劣っていますが，ワイン生産において劣位度が大きく，服地生産において劣位度が小さいということになります。このような場合，B 国は服地に比較優位を持ち，ワインに比較劣位を持つといいます。

双方の国は比較優位を持つ財を相互に輸出します。比較優位を持つとは「相対的に得意」ということです。「相対的に得意」とは，両財の生産において優れている A 国にとっては，「優位度が大きい」ということ，両財の生産において劣位にある B 国にとっては，「劣位度が小さい」ということです。

スタディガイド

① 小田中直樹『ライブ・経済学の歴史』勁草書房，2003 年
② 中村達也ほか『経済学の歴史』有斐閣，2001 年
③ 松尾匡『対話でわかる痛快明快経済学史』日経 BP 社，2009 年
④ 松島敦茂『現代経済学史 1870 ～ 1970』名古屋大学出版会，1996 年

⑤　ルイジ・パシネッティ『ケインズとケンブリッジのケインジアン』日本経済評論社，2017 年

⑥　宮崎義一『近代経済学の史的展開』有斐閣，1967 年

⑦　瀧澤弘和『現代経済学』中公新書，2018 年

⑧　経済学史学会編『経済思想史辞典』丸善，2000 年

⑨　伊藤光晴編『現代経済学事典』岩波書店，2004 年

　①から③は標準的な経済学説史のテキスト。それぞれ特色のある構成になっているので，実際に手に取ってみて気に入ったものを読んでみるとよい。経済学の歴史には，経済社会の把握の仕方によって「古典的パラダイム」と「近代的パラダイム」と呼ばれる二つの考え方が存在している。前者は「生産パラダイム」，後者は「交換パラダイム」とも呼ばれる。④と⑤はこれらのパラダイムの考え方を経済学の歴史に沿って説明している専門書。⑥は「ケインズ革命」以後の近代経済学の歴史的展開をその「現代資本主義像」を明確にすることによって整理した専門書。現代の経済学は，本文で言及したような経済学の定義には当てはまらないようなさまざまな方向にも発展している。それらについては⑦を読んでみるとよい。⑧と⑨は辞典（事典）であるが，手元に置いておくと安心。読み物としても面白い。

練習問題 14

14.1　生産の経済学における経済分析の特徴を説明しなさい。

14.2　次の文章 A，B の正誤について述べた下記の選択肢①～④の中から正しいものを一つ選びなさい。

　　　A　古典派経済学者は，国の富の源泉は労働だと考え，経済現象を労働価値論に基づいて分析した。

　　　B　新古典派経済学者は，社会現象はその社会を構成する個人の行動から説明するべきだと考え，方法論的個人主義といわれる分析手法を採用した。

　　①　A，B ともに正しい。　　　②　A は正しく，B は誤りである。

　　③　A は誤りで，B は正しい。　　④　A，B ともに誤りである。

14.3　次の文章の空欄 A，B に当てはまる最適な語句を答えなさい。

　　　ケインズはその著作　　A　　において，不況期に失業者が増大しているときには，政府が公共投資によって　　B　　を創出すべきであり，そのことによって景気は回復すると説いた。

14.4　「見えざる手」のメッセージと囚人のジレンマのメッセージをそれぞれ説明しなさい。

練習問題の略解

第1章

1.1 1.2.1 項参照

1.2 1.2.3 項参照

1.3 1.3.2 項参照

第2章

2.1 A 需要　B 供給　C 供給　D 下落（低下）　E 効率　F 見えざる手

2.2 (a) 否である。おカネを払ってでも買いたいと思うような，その財の消費を増やすことに価値（便益）を見出している人が存在しても，財の増産のためにかかる費用がその便益を上回るなら，費用に見合った便益が発生しないので，そのような生産活動は社会全体の損失となる（2.3.2 項を参照）。

(b) 否である。「効率的な資源配分」が達成されるということは，資源の無駄のない利用によって人々の経済厚生が最大限に高まることを意味する。食品業者が商品の品質を誤魔化せば多くの消費者の経済厚生が悪化するから，そのような状態は効率的とはいえない（2.3.1 項の注2を参照）。

2.3 価格が財1単位につき p^* 円のとき q^* まで人々が財を買うのは，人々が oq^* 間の消費について1単位あたり p^* 円かそれ以上の価値（便益）を見出しているからである。更に価格が p^* 円を多少上回ったとしても，人々の財需要は，q^* より減るものの，なおもプラスである。このことは，人々が q^* までの消費のうち，少なくともその一部に対しては財1単位につき p^* 円を超える便益を見出していることを示している。

　一方，供給曲線より，生産者は価格が1単位につき p^* 円を下回ったとしても，oq^* 間のうちの一部を生産する。これは，q^* 未満の生産については財1単位につき p^* 円未満の費用しかかからないことを示している。

　以上より，oq^* 間の生産活動においては生産者の費用負担（p^* 円未満）を上回る便益（p^* 円を超える）が人々の間に必ず発生する。よって，oq^* 間の生産活動はすべて行われるのが望ましく，生産量が q^* 未満（たとえば図 q_1）に留まることは，「$q_1 q^*$ 間の生産がもし行なわれていとしたら人々が得ていたはずの純便益（便益と費用の差）」が失われることを意味するから，社会的な損失である。

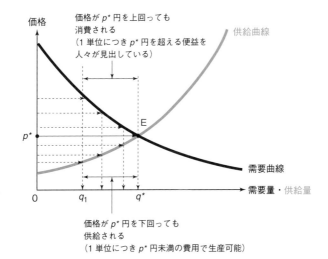

209

第 3 章

3.1 A　市場の失敗　B　寡占　C　独占　D　自然独占　E　外部性　F　外部性の内部化　G　非排除　H　非競合（G と H は逆でも可）　I　フリーライダー　J　非対称　K　逆選択（逆淘汰）

3.2 （解答例）

負の外部性の例：住宅街に奇抜な家が立つことで，地域の景観が損なわれる。

正の外部性の例：ある人が自宅の庭に立派な庭園をつくることで，地域の景観が良くなる。

3.3 （解答例）

公共財の例：混雑していない無料の駐輪場。

クラブ財の例：混雑していない有料の駐輪場。

コモンプール財の例：混雑している無料の駐輪場。

第 4 章

4.1 A　550　　B　440

4.2 $\dfrac{210-200}{200} = \dfrac{10}{200} = 0.05 = 5\%$

4.3 A　付加価値　　B　労働

4.4 A　6　　B　民間投資　　C　景気循環

4.5 a.　誤り。美容師が髪を切るのはサービスの生産である。

　　　b.　正しい。株や土地の売買そのものは付加価値の生産とはいえないため，GDP に含まない。

　　　c.　誤り。土地の賃料はそれによって生み出されるサービスの対価であり，GDP に含まれる。

　　　d.　誤り。環境の破壊は直接 GDP にカウントされない。

第 5 章

5.1 4

A：誤り。租税負担率は GDP ではなく，国民所得で除します。

B：誤り。所得再分配機能とは，生産要素市場への貢献度とそれぞれの要素市場の価格に対応する賃金・給与，利子・配当，地代によって所得が分配された後，税制と社会保障制度の両方によって所得を再分配します。経済活動の結果，生じた所得格差を是正します。

5.2 （1）　一般歳出　　　（2）　補正

（1）国債費は主に債務償還費と利払費です。地方交付税交付金は地方に移す財源です。それら以外は基本的施策に充てられます。

（2）当該年度が始まり，本予算の執行中に災害や外国発の経済危機などで日本の経済状況が急激に変化すると，迅速な財政出動が要請されます。本予算での対応が困難な場合は補正予算を組みます。

5.3 b, d

a　誤り。非競合性の特徴をもつ財・サービスには，非排除性の特徴を持つケースと排除性の特徴を持つケースがあります。前者の場合のみフリーライダー問題が生じます。

b　正しい。好況時には所得が増えますが，累進的所得税が課されるので所得の伸びほど可処分所得は増えません。これによって消費の増加を抑制し，したがって，有効需要の増加を抑制することを通じて景気の過熱を抑えます。また法人利潤も増大しますが，法人税によって投資の増大を抑え，景気の過熱の抑制に効果を発揮します。不況期には非自発的失業が増大しますが，雇用保険給付金が支払われます。

これは消費の安定に寄与し，景気を下支えします。

c　誤り。暫定予算も本予算や補正予算と同様に国会の審議・議決を必要とします。

d　正しい。建設公債は公共事業費，出資金，貸付金の財源のために国会の議決を経た金額の範囲内で発行することができます。

第6章

6.1　(1)　④　　(2)　①　　(3)　②　　(4)　④

6.2　(1)　モラルハザード　　(2)　逆選択

6.3　(1)　①　　(2)　③

第7章

7.1　預金を集めて貸し出す「金融仲介機能」，預金を介して支払いを完了する「決済機能」，預金という通貨を供給する「信用創造機能」が銀行の役割です。

7.2　日本銀行券（お札）を発行する「発券銀行」，民間銀行に預金口座を提供する「銀行の銀行」，政府の預金勘定を保有する「政府の銀行」が日本銀行の役割です。

7.3　民間金融機関と国債等の売買をする「オペレーション」が日本銀行の主たる政策運営手段です。

第8章

8.1　○医師と患者：

　　患者がプリンシパルで，エージェントが医師というプリンシパル・エージェント関係が二者間で存在しています。

　　プリンシパルである患者はエージェントである医師に医療行為業務を委託（正確には委任）しています。

　　○弁護士と依頼人：

　　依頼人がプリンシパルで，エージェントが弁護士というプリンシパル・エージェント関係が2者間で存在しています。

　　プリンシパルである依頼人はエージェントである弁護士に弁護業務を委託（正確には委任）しています。

　　プリンシパルがスーパーマンのように全知全能であれば，実はモラルハザードのようなエージェンシー問題は起きません。両ケースとも，プリンシパルに専門的な知識が欠如している，物理的資源が不足している（時間が足りない，体力がない），プリンシパルが保有している情報が不足している，といったプリンシパルの能力の不備があります。そのプリンシパルの能力の不備につけこんで，エージェントはこっそり隠れて約束を破ったり，なまけたり，さぼったり，私利私欲に走ったりする可能性があります。これがモラルハザードです。モラルハザードはエージェンシー問題の一つです。

8.2　株式会社の機関設計としての選択肢は合計で三つあります。監査役設置会社，指名委員会等設置会社，監査等委員会設置会社です。パナソニックは監査役設置会社（2019年8月1日現在）となっています。

8.3　株式を取得する目的はそれぞれ異なります。企業を支配する目的の場合，株式の50％以上を取得することが一番確実な方法となります。支配しないまでも，企業経営の方針に自分の意見を反映させることが目的で，大株主になる場合もあります。企業同士が強固な提携関係を確保しようとする場合，相互持合いで株式を取得し合うことが行われています。株式の値上がり益を目的とする場合，株価の変動によって短期売買を繰り返すことになります。目的によって，長期保有か短期保有かという行動も異なってくると考えられます。

第 9 章

9.1 a. 誤…労働力調査では，15 歳以上人口を，労働力人口と非労働力人口に大きく分けている。

b. 誤…完全失業者とは，働こうとする意志があるにもかかわらず就業できない者なので，就業していなくても働く意思がなければ，非労働力人口に含まれるので，誤り。

c. 誤…労働力人口は基本的に，働く意思がある人なので，完全失業者も含まれる。

d. 正…完全失業率とは完全失業者数を労働力人口で割った割合である。

e. 正…労働力率とは労働力人口を 15 歳以上人口で割った割合である。

9.2 労働力率は，15 歳以上人口に占める労働力人口である。この場合，15 歳以上人口が 100 人，労働力人口は，50 人（就業者）＋ 5 人（完全失業者）＝ 55 人なので，労働力率は 55 ÷ 100 ≅ 0.55（55％）となる。また完全失業率は，完全失業者÷労働力人口 ＝ 5 ÷ 55 ≒ 0.09（9％）となる。なお参考までに，非労働力人口は，40 ＋ 5 ＝ 45 となる。

9.3 完全失業率＝完全失業者÷労働力人口であることから，労働力人口＝完全失業者÷完全失業率となり，労働力人口＝ 1 万 ÷ 0.05 ＝ 20 万人となります。

9.4 労働力率＝労働力人口÷ 15 歳以上人口であることから，労働力人口＝ 15 歳以上人口÷労働力率となり，

　　　15 歳以上人口＝労働力人口÷労働力率＝ 7000 万 ÷ 0.7 ＝ 10000 万人

となります。また 15 歳以上人口＝労働力人口＋非労働力人口なので，

　　　非労働力人口＝ 15 歳以上人口－労働力人口＝ 10000 万 － 7000 万 ＝ 3000 万人

となります。

別解）　非労働力人口の比率は，1 － 0.7 ＝ 0.3（30％）となり，非労働力人口の比率＝非労働力人口÷ 15 歳以上人口となることから，

　　　非労働力人口＝ 15 歳以上人口×非労働力人口の比率＝ 10000 万× 0.3 ＝ 3000 万人

となります。

第 10 章

10.1 （A，B）⑤，（C，D）⑤

10.2 貿易収支（①，②）＝ 800 － 480 ＝ 320 億円

サービス収支（③，④）＝ 15 ＋ 3 ＝ 18 億円

貿易・サービス収支（①〜④）＝ 338 億円

第一次所得収支（⑤，⑥）＝ － 40 ＋ 2 ＝ － 38 億円

第二次所得収支（⑦）＝ － 12 億円

経常収支（①〜⑦）＝ 288 億円

10.3 2019 年　20 億円× 360 トン ＝ 7200 億円 ＝ 7200 億× $\frac{1}{150}$ ドル ＝ 48 億ドル

2020 年　30 億円× 220 トン ＝ 6600 億円 ＝ 6600 億× $\frac{1}{120}$ ドル ＝ 55 億ドル

したがって，7 億ドル増加した。

第 11 章

11.1 貿易の制限，エネルギー不足などによる物資の供給制約と，過剰な通貨供給により，激しいインフレが発生。傾斜生産方式採用や占領軍からの原料エネルギー供給などによる生産の回復と，ドッジ・ラインによる復興金融金庫の新規融資の停止，均衡予算の編成により，インフレが終息。

11.2 旺盛な民間設備投資，その背景としての技術革新の進展，投資を可能にする高い家

計貯蓄率，農業機械化による農村から都市への労働移動や労働力人口の増加などによる潤沢な労働供給と進学率上昇などによる高い労働生産性の実現，所得増や世帯数増加による国内消費市場の拡大，小さな政府による民間への相対的に大きな資源配分，産業基盤整備などの産業政策，沿岸部の工業地帯への安価な石油など天然資源の輸入と利用など。

第 12 章

12.1 ニクソン・ショックを契機に急速に進んだ円高ドル安を食い止めるため，政府は内需拡大によって国際収支の黒字を減らそうと考えた。金融緩和と財政出動により，通貨供給量の伸びが高まるなど物価上昇の素地ができあがっていた中で，輸入に頼っていた原油の価格が第一次石油危機のためによって急上昇したことが激しいインフレーションにつながった。

12.2 1985 年 9 月のプラザ合意による急激な円高ドル安に伴い「円高不況」と呼ばれる景気後退を迎えたため，日本銀行は金融緩和を行った。当時の政策金利であった公定歩合は，当時の史上最低水準であった 2.5％まで低下した。これに加え，金融機関による不動産担保融資も拡大され，建設投資が盛んになった。資金を借り入れてまで，値上がりを期待して土地や株式に投資する人が増えた。

12.3 不良債権とは，金融機関が企業に行った融資が返済されなくなる状況を指す。バブル崩壊で地価が下落した結果，融資を行った際に担保にとっていた土地を処分しても，貸したおカネを回収できなくなる事態になった。金融機関の中には，貸出などの資産が目減りし，債務（家計から集めた預金など）を上回る債務超過に陥り，破たんするところも出てきて金融危機と呼ばれる状況となった。金融危機への警戒感が強まるなか，90 年代後半には金融機関による貸し渋りが起き，企業が設備投資をしにくくなる事態にもなった。

12.4 近年の金融政策は非伝統的金融政策と呼ばれる。政策金利（無担保コールレート・オーバーナイト物）を誘導しながら世の中の金利を動かすという伝統的な金融政策とは異なる。金融機関が保有する日本銀行当座預金の残高を増やすことで貸し出しが拡大する効果を狙ったり，日本銀行が株式や土地などのリスク資産を購入したりすることで，人々のリスク資産への投資を促すような政策を行っている。結果的に円安ドル高につながったことなどで日本経済の活性化につながったという評価もある一方で，国債，株式などの金融市場の価格決定をゆがめているのではないかなどの批判もある。

第 13 章

13.1 国際収支の赤字を埋めるための短期資金を貸し付けることと，貿易を拡大し経済成長を促進するために固定相場制を維持することが IMF の主要な役割である。冷戦下の対外援助によりアメリカの国際収支が赤字となり，ドルの信認が揺らぎ，1958 年以降，国際通貨危機が発生した。アメリカは 1960 年代は固定相場制を維持するためにさまざまな政策をとるが，それが自国の政策的自律性を侵害するようになると，金ドル交換を停止し，通貨投機を煽り，固定相場制を崩壊に導いた。その後，スミソニアン協定を経て，1973 年より，主要国は変動相場制に移行した。

13.2 貿易障壁を軽減すること，通商上の差別待遇を除去し諸国を平等に扱うこと，多国間で通商交渉を行うことが GATT／WTO の主要な役割である。1950 〜 70 年代には，途上国は保護主義をとり国内市場の開放には消極的であった。そのため，相互主義に基づく多角的貿易交渉に参加しえず，自由貿易体制の外で特別待遇を求めていた。1980 年代以降，開発政策が自由化に収斂すると，途上国は自由貿易の利益に期待し，ウルグアイ・ラウンドを境に多角的貿易交渉に積極的に参加するようなった。しか

し，途上国は期待した利益を得ておらず，開発と貧困の削減に貢献する貿易システムを形成するという課題が残されている。

13.3 アメリカでは，公共空間占拠運動「ウォール街を占拠せよ」が起こり，不公正な社会への批判が高まった。特に所得分配の不平等が大きな問題となった。1970 年代までは生産性上昇に比例して賃金が上昇していたが，1980 年代以降，生産性が上昇する一方で賃金は横ばい状態であり，白人労働者を中心とする中間層の没落が進んだ。ラストベルトでは人々は働く意欲を失い，白人中年層では絶望死が生じている。

金融危機後の世界経済では，中国の存在感が高まった。中国は 2015 年に「中国製造 2025」を発表し，それに反発するアメリカとの間でハイテク覇権争いが生じ，制裁関税，ファーウェイの排除，補助金などをめぐって対立している。こうした状態は「新冷戦」ともいわれるが，米中の相互依存関係は深化しており，戦後の米ソ冷戦とは異なる。

第 14 章

14.1 経済システムを，社会で生産された生産物が循環しながらそれぞれの階級に分配され，社会の構造を維持しつつ再生産していくシステムとしてとらえる点にその特徴がある。

14.2 ①

14.3 A：雇用，利子，および貨幣の一般理論　　B：有効需要

14.4 「見えざる手」においては，利己心を持つ人々の自由な行動が市場を通じて調和的に社会秩序を達成すると考え，市場参加者たちが自らの利益を最大化しようと行動する結果として，社会の生産物が最大化されると同時に効率的な資源配分が行われるとした。しかし，囚人のジレンマにおいては，個人が合理的に自己の利益を追求した結果として，社会的には非合理な結果をもたらす可能性があることを明らかにしている。

索　引

編者紹介

鳴 瀬 成 洋
（なる　せ　しげ　ひろ）

1982年　九州大学大学院経済学研究科
　　　　博士課程単位取得
現　在　神奈川大学経済学部教授

飯 塚 信 夫
（いい　づか　のぶ　お）

2004年　千葉大学大学院社会科学研究科
　　　　修了（修士（経済学））
現　在　神奈川大学経済学部教授

ⓒ　鳴瀬成洋・飯塚信夫　2021

2010年4月5日　初版発行
2021年5月25日　改訂版発行

初めて学ぶ人のための
経 済 入 門

編　者　鳴瀬成洋
　　　　飯塚信夫
発行者　山本　格

発行所　株式会社　培 風 館
東京都千代田区九段南4-3-12・郵便番号102-8260
電話(03)3262-5256(代表)・振替00140-7-44725

前田印刷・牧製本

PRINTED IN JAPAN

ISBN978-4-563-06204-0　C3033